류성룡, 7년의 전쟁

류성룡, 7년의 전쟁

《징비록》이 말하는
또 하나의 임진왜란

이종수 지음

생각
정원

일러두기

1 본문 속 날짜는 모두 음력 기준이다.
2 본문 속 인용문의 경성, 한양, 한성 등은 모두 '서울'로 통일했다.
3 국립국어원 외래어 표기법 규정 중 '제4장 인명, 지명 표기의 원칙' 제2절 동양의 경우에 따라 중국 인명은 한자
　음대로, 일본 인명은 현지음으로 표기하고 한자를 병기했다.　예) 이여송李如松, 고니시 유키나가小西行長
4 본문의 《징비록》 우리말 번역은 김시덕 역해 《교감해설 징비록》(아카넷, 2013)을 따랐다.
5 본문의 《난중일기》 우리말 번역은 노승석 역 《난중일기》(동아일보사, 2005)를 따랐다.
6 기타 본문 속 인용문은 기존 번역을 참고해 저자가 윤문 과정을 거쳤다.
7 각장의 표제지에는 해당 장에서 전개된 임진왜란의 주요 사건과 당시 류성룡의 위치를 함께 표시했다.
8 부록 '류성룡의 삶과 함께 살펴보는, 임진왜란 연표'는 《선조실록》《선조수정실록》《징비록》《서애선생연보》
　및 여러 연구서를 참고해 작성했다. 음력, 조선식 날짜를 따랐다.

그
의
전
쟁
,
임
진
왜
란

7년의 전쟁이었다. 그 긴 혼란 속에서 한결같은 고민으로 제자리에 충실
한 누군가가 있었다. 다행히도 그가 그 나라, 조선의 수상이었다. 나라의
전쟁을 자신의 전쟁으로 치러낸 것이다. 임진왜란은 그렇게 '그의 전쟁'
이 되었다.

전쟁이 끝난 뒤 그는 말한다. 이 치욕을 잊을 수는 없겠다고. 지난날의
잘못을 되풀이해서는 아니 되겠다고. 그러니 기록으로 남겨 경계해야 하
겠다고. 서애西厓 류성룡柳成龍(1542~1607)의 《징비록懲毖錄》은 그렇게 세상
에 나왔다. 수상의 자리에서 전쟁을 치러낸 인물의 솔직한 고백이니, 그
내용이 궁금하지 않을 수 없다.

임진왜란에 대한 기록이라면 일단 정사正史인 선조 대의 실록을 비롯해
서 이순신李舜臣의 《난중일기亂中日記》, 그리고 당대 문집들 가운데 전하는
기록들도 적지 않다. 하지만 《징비록》은 이들과는 좀 달리 만나야 할 글이
다. 하루하루의 사건을 기록한 일기日記도, 후일담 형식의 회고록도 아니
다. 류성룡 자신이 서문에서 밝힌 그대로 반성하기 위해서, 후일을 대비하

기 위해서 마음먹고 써 나간 대단히 '의도적'인 기록이다. 그 형식과 목적에서 전례를 찾기 어려운, 그 존재 자체로도 매우 특별한 저술인 것이다.

그렇다고 《징비록》이 역사적인 가치로만 빛나는 것은 아니다. 작품으로서도 빼어난 한 편의 멋진 '이야기'다. 도요토미 히데요시의 야망에서 시작하여 이순신의 장렬한 죽음으로 마무리한, 선명하면서도 설득력 있는 구성과 전쟁을 해석하는 저자의 시각이 돋보이는 작품이다.

매력적인 작가, 류성룡이 궁금했다. 그의 생각, 《징비록》이라는 하나의 작품을 구상하고 써 나갔을 그의 마음속은 어떠했을까. 이 참혹한 전쟁의 기록은 돌아보고 싶지 않은, 자신의 아픔을 다시 들추어내는 고통에 다름 아닐 터인데.

그랬을 것이다. 류성룡은 두 번의 전쟁을 겪는다. 한 번은 우리가 알고 있는 임진왜란. 그리고 또 한 번은 그 비극을 되새기며 기록해 나갔을 혼자만의 전쟁. 그를 안다는 것은 바로 그가 견뎌낸 이 두 번의 전쟁을 안다는 뜻이 아닐까. 그 끔찍한 전쟁을 돌이켜보느라 힘겨웠을, 그러면서도 이런 작품을 남기고자 했던 그 마음이 예사로울 수는 없다. 그런 글을 쓰겠다고 결심할 수밖에 없는, 그 마음이 처한 상황 말이다.

—

류성룡은 어떤 사람이었을까. 그동안 그에 대한 대략적인 인상은 이런 정도였다. 퇴계退溪 이황李滉의 큰 제자. 재상의 자리에서 10년에, 그것도 영의정으로 5년. 다시 말해 탁월한 실력에 출세도 남다른 전형적인 엘리트 관료였다. 당파 간의 다툼이 예사롭지 않았던 선조 대에 남인南人의 영수로 거론되고 있으니 이 또한 권력 있는 고위 관료의 전형적인 모습이다.

그렇다고 정권을 지키기 위한 투쟁에 격렬하게 나서지는 않았다. 의연히 벼슬을 내던지고 산림山林으로서 여론을 장악하는, 그런 유형도 아니었다. 명재상으로 불리고는 있으되 영웅적인 카리스마로 빛나지도 않는다. 무슨 일을 했는지 딱히 내세워 말하기도 애매하니. 어느 쪽으로 가닥을 잡기엔 좀 모호한, 그런 인물이다. 궁금해서 그 내면을 파헤치고 싶을 만큼, 눈에 띄는 이름은 아니었던 것이다.

그런데 이《징비록》앞에서 그에 대한 생각이 흔들리기 시작했다. 세상에 떠도는 그의 이미지와 이 책의 저자 사이에는 묘한 괴리감이 있다. 그는 어떤 사람이었을까. 신분과 자리가 그러하다 보니 그에 관한 기록 자체가 부족하지는 않다. 특히 임진왜란 기간 동안 그의 이름은 거의 매일이라고 해도 좋을 정도로 실록에 자주 등장한다.

하지만 그 기록들 사이에서도 좀처럼 류성룡의 이미지가 선명하게 잡히지는 않았다. 그에 대해 극도로 비판적이던 북인北人 집권기의《선조실록宣祖實錄》과, 그보다는 조금 나았으나 그렇다고 호의적일 이유는 없었던 서인西人 집권기의《선조수정실록宣祖修正實錄》사이에서. 진짜 그의 모습을 만나기는 여전히 어려웠다.

결국 그가 남긴 글들로 돌아왔다. 생각해보면 당연한 일. 시에서 편지, 이런저런 기記와 논論들, 심지어 전쟁 중에 올린 수많은 장계들까지. 거기, 전혀 다른 류성룡이 있었다. 혼자만의 전쟁을 치러야겠다고 생각한, 그 사람의 마음이 있었다.

더하여《서애선생연보西厓先生年譜》. 연보는 누군가의 삶을 가까이에서 지켜본 이가, 그 평생 가운데 고르고 골라낸 의미 있는 '사건'들로 한 인물을 그려내는 작업이다. 류성룡의 경우에는 막내아들인 진이 연보의 기초 작업을 했으며, 류성룡 자신은 스승인 퇴계 이황의 연보를 찬撰하였다.

그런데 그 연보가 끝나가던 어느 해의 기록. 류성룡이 낙향하여 첫 봄을 맞던 3월의 한 장면 때문에 오래도록 먹먹했다. 임진왜란이 끝난 이듬해인 1599년 봄, 옥연정사의 작은 마당에 꽃이 피었다. 그것도 복사꽃. 유난히도 꽃을 좋아하는 그였으나… 그조차도 온전히 애완할 수 없는 마음 앞에서 뒤척이고 있었다. 이런 사람이라면, 정말 한번 만나보고 싶었다.

—

어떤 형식으로, 어떤 구성으로 그의 삶을 이야기할 수 있을까. 사료를 따르기로 했으나 그것만으로는 아쉬웠다. 사료와 사료 사이에 숨은 그의 마음을 알고 싶은 것이었으니. 결국, 서사에 기대어 가기로 했다. 그렇지만 이 책이 상상으로 펼쳐가는 소설은 아니다. 조금 느슨한 느낌의 평전이라 하면 좋겠다.

본격적인 평전은 아니므로 인물의 전 생애를 살펴보지는 않을 것이다. 그가 겪었던, 그를 류성룡으로 기억하게 해준 그 전쟁에 집중하기로 했다. 이 책 속의 임진왜란은 서애 류성룡, 그의 전쟁이다. 그가 《징비록》을 통해 임진왜란을 되새겼으니, 나는 류성룡이 자신의 책 속에서 차마 다 말할 수 없었던 그 마음의 전쟁에 대해 담고자 했다.

역사 속의 누군가를 바라보며, 혹 열망하는 까닭은 이 가난한 시대의 무기력함 때문일 것이다. 전쟁보다 그리 나아 보이지 않는 오늘의 어두운 현실 속에서. 그 7년의 전쟁을 치러낸 누군가를, 종사와 백성을 지키고자 오직 제자리에 충실했던 누군가를, 그리고 책임진 자로서의 부끄러움까지 솔직하게 고백했던 누군가를 떠올려본다.

그 한 사람의 힘으로 바꿀 수 있을 만큼, 그렇다고 믿을 만큼. 우리가 처한 상황은 단순하지 않지만, 우리의 생각 또한 한가롭지는 않지만. 그래도 그런 누군가를 불러내보고픈 마음까지 탓할 수는 없지 않을까. 그가 말하지 않았던가. 지난 일을 돌아보며 앞일을 헤아리라고. 이 시대에도 여전히, 덜하지 않은 울림이다.

복사꽃이 피었다. 돌아온 첫봄. 옥연정사*에 복사꽃이 피었다. 서애는 방문을 열어젖힌 채 마당가의 꽃나무를 바라보고 있었다. 뭉클했다. 이처럼 눈부신 봄 햇살을, 그 아래 저 붉은 꽃잎을 한가로이 만난 것이 언제 일이었던가. 사랑스러웠다. 그렇게 여러 날을, 오직 그 꽃을 보기 위해 아침을 기다렸다.

작은 마당 위로 따사로운 봄빛이 조용히 머무르는 중이었다. 몇 걸음 되지도 않을 이 공간이 허물어진 내 마음을 지켜주는 벗이었으니. 봄빛이 유독 그 꽃을 사랑했음일까. 꽃나무는 봄빛 속에 오롯이 향기로웠다. 그 화사함에 눈이 시려왔다. 담장 아래로 내려다보이는 강줄기도, 그 너머의 고향 마을마저도 그저 먼 세상 같기만 했다. 절벽에 바짝 붙여 세운 이 작은 집은 세상과는 무관했으나 그래도 계절만은 무심하지 않았던 게다.

유난히 맑은 기운이었다. 바람이 스쳤다. 작은 꽃잎들이 흩날리기도 했다. 봄이… 한창이었던 것이다. 봄도, 여름도, 가을도, 그리고 겨울마저도

---

* 옥연정사玉淵精舍. 류성룡이 1586년 '이곳에서 늙을 계획'으로 지었다는 작은 집으로, 현재 기문이 남아 있다. 낙향 후 이 집에 머물며 《징비록》을 저술했다.

잊고 지낸 것이 벌써 몇 해이던가. 계절은 여전히 제 일을 놓지 않았으나 그 한 자락을 누릴 수 없었던 날들. 그래서일까. 이 작은 기쁨을 잠시라도 붙들어두고픈 마음이었다. 짧은 봄이 아쉬웠다. 아무 근심 없는 사람마냥 그렇게 복사꽃에 묻혀 하루를, 또 하루를 지내고 있었다.

누구인가. 이 작은 기쁨을 흩트리는 자는. 간죽문看竹門으로 오르는 발소리가 들렸다.

"대감마님, 새로 부임하신 감사께서 뵈옵기를 청하십니다."

고향집을 지켜오던 가복家僕이었다. 소식을 전하는 목소리가 조심스러웠다. 누구도 이곳으로 들이지 말라고 명했던 까닭이다. 오래도록 집안을 살펴왔으니, 세상을 등져야 하는 주인의 마음을 모르지는 않을 것이다. 하지만 한준겸*이라면… 나의 종사관從事官으로 그 힘든 시간을 함께 보낸 이가 아니던가. 게다가 감사의 전언을 함부로 물릴 수도 없는 노릇이었을 터. 어쩌면 내게 작은 위로가, 힘이 될 수 있으리라 생각했는지도 모르겠다.

아랫사람에게까지 걱정을 끼치고 있었구나…. 하긴 아직 몸을 온전히 추스르지 못한 상태였다. 지난겨울, 바짝 마른 채 병든 몸을 끌고 고향으로 돌아왔으니. 간신히 숨이 붙어 있을 뿐, 모든 기력이 쇠한 사람처럼 넋이 빠진 채 돌아왔으니. 그리곤 누구도, 그 누구도 만나지 않겠다고. 그렇게 세상에서 돌아앉았다.

한준겸이 경상 감사로 부임한다 했던가. 어찌 반가운 마음이 없으랴.

---

* 한준겸韓浚謙. 1557~1627년. 1586년 문과 급제. 전란 시 도체찰사都體察使 류성룡의 종사관으로 활약했으며, 경상도 관찰사, 호조 판서 등을 거쳤다. 인조의 장인으로, 인조반정 후 서평부원군西平府院君에 봉해졌다. 자는 익지益之, 호는 유천柳川.

전란을 함께 치렀던 옛 종사관의 인사였다. 자신이 떠난 조정에서, 그래도 아직 자리를 지켜주고 있으니 고맙기도 했다. 하나라도 그저 보아 넘기지 못하는 이 체찰사* 아래에서, 그의 애씀이 어떠했을지 잘 알고 있었다. 보고 싶었다. 이 인사쯤은… 받아도 좋지 않을까. 이 험한 시절에, 나를 찾고자 하는 그 따뜻함에 마음이 흔들렸다.

주저하는 스스로가 서글펐다. 그랬었지. 옛 종사관의 인사를 거절해야 할 만큼… 나는 여전히 위태로운 처지였다. 게다가 아직 누구와 마주할 만큼 마음을 다스리지 못했던 게다. 그를 위해서라도 만나지 않는 편이 낫겠다. 류성룡의 사람이라, 다시 입질에 오르지 않는 편이 낫겠다. 나를 향한 무서운 시비는 아직 멈추질 않았으니.

세상과 다시 이어지고 싶지 않았다. 애써 담담함으로 마음을 억눌렀다. 그를 보고픈 마음은 간절했으나 그저 한 줄 글월 속에 그리움을 담을 뿐이다.

"감사께 이 서찰을 전해드리거라."

옥연정사에서 맞은 첫봄, 복사꽃과 함께 맞은 첫봄. 하지만 감히, 아무도 만나지 못하던 날들이었다. 이제 더 이상 나를 찾지 않아도 좋겠다. 나를 위해, 나와 세상을 이어주려 하지 않아도 좋겠다. 하지만 나, 이대로 괜찮은 건가. 정말 세상에서 돌아온 것인가.

그러다 문득, 마당가의 그 복사꽃이 새삼스레 눈에 들어왔다. 이 봄, 나를 지탱하게 해준 꽃이었다. 하지만 순간. 그 꽃이 낯설었다. 대체 이 꽃이 무엇인가. 내 마음과, 나와 무슨 상관이란 말인가. 전란을 함께 건넌 누군가의 인사도 받을 수 없는 처지에 그저 복사꽃인가. 아니, 그래서 복

---

* 체찰사體察使. 국가 비상시에 군정을 총괄하던 임시직으로, 전쟁 시 최고의 군직이다. 보통 체찰사는 종1품 이상, 도체찰사는 정1품 재상이 맡았다. 임진왜란 시에는 각 지역별로 도체찰사를 임명하기도 했다.

사꽃인가. 이 또한 내겐 과분한 것인가. 이런 작은 기쁨마저도 내겐 사치일 뿐인가.

기해년己亥年(1599) 삼월. 화색禍色이 날로 더 심해지자, 선생이 찾아온 손님들을 접대하지 못했다. 한준겸이 경상 감사가 되어 선생을 찾아 뵙고자 하였으나 선생은 글을 보내 사양했다. (…) 이때 정사精舍에 복사꽃이 만발하였다. 선생이 오랫동안 아껴 감상하다가 문득 생각하기를. '이 물건이 대체 나와 무슨 관계가 있는가. 심체心體는 맑고 비어, 한쪽으로 치우쳐 집착해서는 아니 되겠다.'

— 《서애선생연보西厓先生年譜》 1599년 3월

날이 저물도록 자리에서 움직이지 못했다. 꽃에 기울어진 마음이라니. 꽃 때문은 아니었을 게다. 하필, 봄이었을 뿐이다. 하필, 복사꽃이 피었을 뿐이다. 하여, 마음을 기울였을 뿐이다. 이 짧은 생명에게라도 기울어질 정도로 마음, 힘겨웠던 것인가. 나의 집착이 어찌 복사꽃 때문이겠는가.

내가 마음 기울였던 일을, 평생을 마음 기울였던 그곳을 잊지 못해서일까. 서울에서, 그 전란에서 벗어나지 못해서일까. 어쩌면 잊어서는 아니 되는 것일까. 서울에서 돌아온 나는, 나의 한쪽일 뿐. 나는 온전히 돌아오지 못했다. 아직 지난 전란 가운데 서성이고 있는 나의 괴로움을 거두어들이지 못했다.

임진년壬辰年(1592)에 시작된 그 전란. 7년의 세월이었다. 죽음으로 그 시절을 건너간 이들이 떠올랐다. 그리운 얼굴들…. 나라 앞에 목숨을 바친 그들을 위해 살아 있는 나는 무엇으로 살아 있어야 하는가. 함께했던 시간들이 간절했다.

그 전란의 시작부터 끝까지. 어느 한순간 마음 풀어놓을 날이 있었던가. 돌이키고 싶지 않은 기억이었다. 하지만 기억을 막아서는 벽들은, 기억하고 싶지 않은 괴로움은 그런 처참함 때문만도 아니었다. 슬픔 때문만도 아니었다. 부끄러움이었다. 그랬다. 부끄러움이었다.

잊고 싶다. 그럴 수 있다면 잊어버리고 싶다. 다시는 들추어 돌아보고 싶지 않다. 하지만 잊을 수 없을 것 같다. 이 봄의 복사꽃마저도 온전히 애완할 수 없는 마음인 것을. 차라리 다시 만나야 한다면. 그것이 내가 해야 할 마지막 일이라면. 마음먹고 제대로 만나야 할 일이다.

돌이켜보지 않는다면 기록할 수 없을 터. 기록하지 못한다면 기억되지 못할 것이다. 기억하지 못한다면 다시 그 비극을 만나게 될지도 모를 일이니… 고통을 이기고, 다시 부끄럽지 않기 위해서. 내가 겪은, 우리가 겪은 전쟁에 대해, 그 끔찍한 비극에 대해 이야기해야 한다. 누군가 해야 할 일이라면 내가 해야 할 일이다. 나는 한 나라의 수상이었다. 이제 복사꽃을 놓아줄 때다. 채 수습하지 못한 나를, 기억하고 싶지 않은 그때의 부끄러움을… 불러야 할 때다.

먼 길을 돌이켜보았다. 어디부터 그 기억들을 불러내야 하는가. 이 길고 긴 전쟁은 도대체 어디에서 시작된 것일까. 돌아본 그곳에는 여전히 핏빛 절망이 그득했다. 저도 모르게 질끈 눈을 감았다. 이제, 혼자만의 전쟁을 치러야 할 것이다.

깊은 숨을 내쉬었다. 그리고 그 전란 속으로 걸어 들어가기 시작했다. 돌이켜 반성하고, 삼가며 앞일을 헤아릴 일이다. 징계하고 삼가라…. 징懲, 비毖, 그래야 하지 않을까.

1장

첫 장계 狀啓

·

1592년
4월13일
~
4월20일

류
❸ 서울

❹ 밀양
❷ 동래
❶
부산

❶ 4월 13일 일본 고니시 유키나가의 제1군
  부산 상륙, 임진왜란 시작.
  4월 14일 일본 제1군에 부산성 함락. 부
  산첨사 정발 전사.

❷ 4월 15일 일본 제1군에 동래성 함락. 동
  래부사 송상현 전사.

❸ 4월 17일 전란을 보고하는 경상좌수사
  박홍의 첫 장계 서울에 도착.

❹ 4월 18일 일본 제1군에 밀양 함락.

임진년 4월 17일 아침

___

계절도 제 안의 푸름에 지쳐 나른하기까지 한, 늦은 봄날의 그 아침이었
다. 구중궁궐 안의 임금도, 입궐을 준비하던 대신들도, 숙직하던 승지도,
어제와 다를 것 없는 하루를 시작하려던 참이었다. 그때, 한 통의 장계가
도착했다. 남쪽 바다에서 밤낮을 잊으며 달려온 그 장계로 인해 조정은
어제와는 전혀 다른 하루를 시작해야 했다. 임진년 4월 17일이었다.

> 4월 17일 이른 아침에 처음으로 변경의 보고가 조정에 도착하였는
> 데 좌수사 박홍朴泓의 장계였다. (…) 부산이 함락되었다는 소식이 또
> 들어왔다. 이때 부산은 적에게 포위되어 사람이 성 안팎을 통행할 수
> 없었으며, 박홍의 장계에는 '높은 곳에 올라 바라보니 성안에 붉은 깃
> 발이 가득하였으므로, 이로써 성이 함락되었다는 것을 알았습니다'
> 라고 쓰여 있었다.
>
> — 《징비록》

믿기 어려운 급보였다. 왜군이 부산포를 함락했다고 했다. 그렇게 순식
간에 부산이 무너져버렸다. 그다음은 어디인가. 어쩌면 이 장계를 뒤따르
듯, 적병 또한 밤낮을 달려 서울로 향하고 있는지도 모른다. 빈청에 모인

신료들은 아직도 얼떨떨한 상태였다. 어찌 이런 일이 터졌단 말인가. 그제야 문득 적군이 들이닥쳤다는 그날, 조금 이상한 일이 있었다는 데 생각이 미쳤다. 그때는 크게 마음에 두지 않은 일이었다. 하긴, 그깟 낯선 새 한 마리가 우는 것이 무슨 대수겠는가.

> 이보다 먼저 마치 비둘기처럼 생긴 회색빛 새 한 마리가 13일 밤부터 대궐 안 숲에서 울었는데 그 소리가 마치 '각각화도各各禍逃' 또는 '각각궁통개各各弓筒介'라고 우는 듯하였으며* 소리가 몹시 슬프고도 다급했다. 수일 동안 분주하게 오가며 온 성안을 두루 날아다니면서 울어댔다. 어떤 사람은 그것이 바다에서 왔다고 했고 어떤 사람은 깊은 산중에 그런 새가 있다고도 했는데, 울기 시작한 날이 바로 왜구가 상륙한 날이었다.
>
> – 《선조실록》 1592년 4월 30일

"승정원**에서는 무얼 하고 있단 말입니까. 어찌 전하께서는 아직 들라는 명이 없으신 게요."

"시간이 없습니다. 적들이 지금 어디까지 올라오고 있는지 이거 참…."

모두들 놀란 마음에 두서없이 제 이야기만 내어놓는 중이었다. 물론 그중에는 큰 변란은 아닐지도 모른다는 이들도 없지 않았다. 늘 있어왔던 왜구의 노략질이 이번에 좀 과한 것인지도 모르지 않은가.

---

* '각각화도'는 모두 화를 피하여 도망하라, '각각궁통개'는 모두 화살통을 준비하라는 뜻. 전쟁이 터진다는 암시를 담고 있다.
** 승정원承政院. 조선시대 왕명의 출납을 맡았던 관청으로 정원政院이라고도 한다. 장관인 도승지를 비롯해, 6승지가 업무를 맡았다.

국왕 또한 처음엔 대수롭지 않게 생각했다. 이 이른 시각에 무슨 소란인가. 봉화가 오른 것도 아니고, 그저 좌수사의 장계 한 장인 것을. 아직 지난밤의 노곤함도 풀리지 않았는데. 호들갑 떠는 대신들의 청이 귀찮았는지도 모른다. 뵙기를 청한다는 비변사*를 향해 윤허하지 않겠노라, 답을 내렸다. 해라도 중천에 오른 뒤에 천천히 만나면 될 일이다.

하지만 막연한 나른함은 그날을 넘기지 못했다. 나흘 전의 그 사태가 그저 여느 때의 노략질과는 다른, 엄청난 전란의 시작임을 깨닫는 데는 그리 많은 시간이 필요하지 않았다. 그들은 그저 왜구가 아니었다. 바라보아도 그 끝이 보이지 않을 만큼의 배들을 이끌고 쳐들어온 왜적이었다. 장계를 실은 파발마가 도착할 때마다 적군은 조금씩 가까워지고 있었다.

4월 13일에 왜의 배들이 쓰시마 섬에서 바다를 덮으며 왔는데 바라보아도 그 끝이 보이지 않았다. 부산첨사 정발鄭撥은 절영도에 사냥 나가 있다가 이 광경을 보고는 허겁지겁 성으로 들어왔다. 왜병은 뒤따라 상륙하여 부산포성의 사면을 구름처럼 포위하니 성은 머지않아 함락되었다. 좌수사 박홍은 적의 세력이 큰 것을 보고는 감히 군대를 내지 못하고 성을 버리고 달아났다.

－《징비록》

---

* 비변사備邊司. 1510년 군무를 담당하기 위해 설치된 임시관청이다. 조선 중기 이후 전란을 거치면서 그 권한이 확대되어, 의정부를 대신하여 국정 전반을 총괄하는 최고의 관청이 되었다. 비국備局, 묘당廟堂으로도 불린다.

좌의정 류성룡, 체찰사의 이름으로

대책을 세워야 할 일이었다. 장수를 가려 뽑아 적군의 북상을 막아야 할 것이다. 군사를 징발하여 장수에게 딸려 보내야 할 것이다. 급박한 상황에 모여 앉은 대신들은 저마다의 생각으로 몸과 마음이 무거웠다. 나라가 세워진 이래 이런 전란은 처음이었던 것이다. 조선은 오랜 평화 속에서 이 시기를 대비하지 못했다. 전쟁이라니. 그저 국경을 노략질하던 왜구나 오랑캐도 아닌, 조선 땅을 점령하기 시작한 전쟁이라니. 도대체 무얼, 어떻게 해야 한단 말인가.

> 이일*은 순변사**로 임명하여 중로로 내려보내고 성응길成應吉을 좌방어사左防禦使에 임명하여 좌도로 내려보내고 조경趙儆을 우방어사右防禦使로 임명하여 서로로 내려보내고, 유극량劉克良을 조방장助防將에 임명하여 죽령竹嶺을 지키게 하고 변기邊璣를 조방장으로 삼아 조령鳥嶺을 지키게 하였다.
>
> ─《징비록》

급한 대로 장수들을 임명하여 내려보내기로 했다. 하지만 장수가 혼자 싸울 수는 없는 일 아닌가. 무엇보다도 병사들을 모집할 일이 문제였다. 병사들이라고 모인 이들의 행색은 그야말로 가관이었다. 순변사 이일은

---

* 이일李鎰. 1538~1601년. 1558년 무과 급제. 임진왜란 발발 직후 순변사로 임명되었다. 제3차 평양성전투에 참전했으며 함경도 북병사 등을 지냈다.
** 순변사巡邊使. 조선시대 변방의 군무를 순찰하기 위하여 파견된 특사. 이일은 이때 경상도 순변사로 임명되었다.

한숨이 절로 나왔다.

"아니, 대감. 대체 이런 자들을 어찌 데리고 간단 말입니까. 병사로 쓸 만한 자라곤 하나도 없으니… 이자들이 어찌 도성의 정예병이라 할 수 있겠습니까."

명부를 건네준 병조에 호소해보았으나 병조라 하여 번듯한 군사를 내어줄 만한 형편이 아니었다. 이일은 병사들을 모집하며 하릴없이 시간만 보내는 중이었다. 그렇게 아까운 사흘이 다시 흘러갔다. 하루에 몇 개씩, 남쪽의 성은 함락되는 중이었으나 순변사 이일은 서울에서 머뭇거릴 수밖에 없었다.

> 이일은 한양의 정예병 3백 명을 데리고 가려고 병조에서 군인 선발 명부를 받아 본 바, 여염집과 시중의 훈련받지 않은 병사, 서리, 유생이 태반이었다. (…) 보낼 만한 자가 없었기에 이일은 임금의 명령을 받은 지 사흘이 되도록 출발하지 못하고 있었다. 이에 하는 수 없이 이일에게 먼저 출발하도록 명령하고 별장別將 유옥兪沃에게 군대를 이끌고 그를 뒤따라가도록 하였다.
>
> ─《징비록》

"어찌하면 좋겠습니까."

"일단 다른 장수들도 급히 내려보내야 할 것입니다. 병사들은 현지에서 모을 수밖에 없질 않겠습니까. 각 병영 소속의 병사들을 모으도록 명을 내렸으니, 장수들이 어서 가서 그들을 지휘하도록 해야겠지요."

이미 전투가 시작된 곳으로 장수는 병사 없이 떠나야 했다. 얼굴도 모르는 군사들을 지휘하기 위해, 낯선 곳으로 내려가는 것이다. 장수들은 전장으로 향했으나 그것으로 해결될 일이 아니었다. 갑자기 연고도 없는 전장으로 떠나는 장수들이었다. 그들 또한 미리 작전을 세우고 대비할 틈이 없었다. 용기만큼이나, 있는 병력을 활용할 전략이 중요할 터이니. 전란 전체를 살펴보며 장수들을 이끌어야 할 중신이 필요한 때였다.

"대신을 체찰사로 삼아 여러 장군들을 점검하고 독려해야 할 것이옵니다."

대간들이 올린 청에 임금은 그리하라, 했다. 나라에 변고가 닥쳤으니 응당 그리해야 할 일이었다. 위급한 상황이 생겼을 때, 우선 대신으로 체찰사를 삼아 위기를 수습하는 것은 조선의 오랜 관례였다. 무장에게 전권을 주는 예는 없었으니. 아니, 전권을 수행할 만한 무장이 없는 것도 사실이었다. 전투에 나서는 일은 장수의 몫이었으나, 전투가 전장에서만 이루어지는 것은 아니다. 그 전투를 위한 더 큰 전쟁을 이끌어야 한다.

누가 할 것인가. 영의정 이산해*, 좌의정 류성룡, 우의정 이양원**…. 대간들은 그저 대신이라 말했으니 그 대신들이 알아서 정해야 할 일이다. 누가 감히 하라, 마라 얘기할 자리가 아니지 않은가. 결국 영의정의 의중에 눈길이 쏠렸다.

이산해는 오래 생각하지 않았다. 물론 자신이 전선으로 내려갈 마음은 없었다. 그렇다고 이양원이 해낼 수 있는 일은 아니었다. 남은 것은 류성

---

* 이산해李山海. 1539~1609년. 1561년 문과 급제. 북인의 영수로 임진왜란 당시 영의정이었다. 탄핵으로 유배되었다가 조정에 귀환, 종전 후 다시 영의정에 올랐다. 이덕형의 장인이다. 아성부원군鵝城府院君에 봉해졌으며, 호는 아계鵝溪.
** 이양원李陽元. 1526~92년. 1555년 문과 급제. 전쟁이 일어나던 때 우의정으로서, 어가의 파천 이후 서울 수비를 맡았다. 선조의 명 귀화 결심을 듣고 통곡, 단식하다가 사망했다.

룡인데⋯. 이산해는 다소 마음이 복잡해졌다. 하필 이런 때에 전란이 터진 것이다. 자신과 류성룡이 나란히 의정부에 몸을 담고 있는 이 불편한 때에. 그저 일상적인 정무를 보는 것쯤은 별 문제가 아니었다. 하지만 앞으로 커다란 결단을 내려야 할 상황들이 줄줄이 이어질 터인데⋯.

기축년己丑年(1589)의 그 일*은 여전히 서로의 마음속에서 털어낼 수 없는 짐이었다. 어찌 그 일을 잊을 수 있겠는가. 그렇게 우리는 같은 길에서 갈라섰다. 함께 동인東人으로 불리던 시절을 지나 이제 북인北人으로, 남인南人으로 나뉘어 선 것이다. 시간이 흐른다 하여 다시 예전처럼 같은 길을 걸을 수는 없을 것이다. 그와 나는 이제 같은 군주를 섬기는 신하라는, 그 이름보다 더 가까운 사이가 될 수는 없었다. 결국 류성룡을 돌아보며 말했다.

"좌상께서 맡아주시는 것이 좋지 않겠습니까? 주상께 그리 청을 올렸으면 합니다."

류성룡 또한 따지고 생각할 틈도 없었다. 이산해의 의중을 따질 생각도 없었다. 받아들이기로 했다. 병권兵權의 책임을 진다는 것. 그 무게와 그 이후에 이어질지도 모를 무수한 화살들. 모르지 않았다. 하지만 피할 수 없는 일이다. 그런 한가로운 보신책 따위를 생각할 때가 아니었다. 적군은 지금도 북상 중이다.

어차피 누군가 맡아야 할 일이라면 차라리 그 편이 나을 듯싶었다. 피할 수 없는 일이라면 책임 있는 자리에서 책임을 지고 싶었다. 조정에 앉아 있다고 하여 마음이 편하지는 않을 것 같았다. 직접 보고 겪으며, 해야

---

* 97쪽 '깊이 읽기'의 내용 참고.

할 일을 찾는 것이 자신에게 어울리는 자리였다.

지난해, 놓쳐버린 그 일들
——

전장으로 내려갈 준비를 하면서 류성룡은 곰곰 생각을 맞춰보기 시작했다. 물론 일본의 상황이 걱정스럽지 않은 것은 아니었다. 하지만 이렇게까지 급히, 무서운 속도로 들이닥치다니…. 몇 해 전부터 불온한 기운이 느껴지는가 싶더니, 통신사通信使가 일본에서 돌아온 지난해. 그들의 움직임은 눈에 띄게 달라지고 있었다. 민심의 어지러움을 걱정하여 드러내놓고 전란, 운운할 수는 없는 상황이었으나 대비를 해야 할 일이었다. 하지만 나라는 오랜 평화를 누리는 중이었다. 괜한 일을 만들어 분란을 일으킨다는, 비난과 빈정거림 또한 없지 않았다.

미간에 작은 주름이 잡혔다. 지난날의 일을 생각하니 저도 모르게 심사가 편치 않았던 것이다. 매듭짓지 못한 몇 가지 일들이 마음에 걸렸다. 실수를 비웃듯, 지난해 그때 놓쳤던 일들이, 그 어긋남이 선명하게 되살아났다.

과연, 갑자기 내려간 장수가 제대로 지휘관의 노릇을 할 수 있겠는가. 지금의 이 제승방략* 제도는 아무래도 위험이 커 보였다. 도성에서 파견한 장수와 현지의 군사들 간에 손발이 맞지 않는다면 그야말로 큰일이었

---

* 제승방략制勝方略. 조선의 군사 조직. 군사를 분산시키지 않고 한곳에 모아 두었다가 조정에서 보낸 장수의 지휘를 받게 하는 체제다. 대규모 군사를 동원하여 총력전에 유리한 면이 있으나, 후방군이 없어 방어선이 한번 무너지면 수습하기가 어려웠다.

다. 게다가 한번 무너진 대오를 수습하거나 지원할 부대가 없는 것도 작은 일은 아니었다. 하여 지난해 10월, 진관의 법*으로 복구하자 주청했던 것이 아닌가. 하지만 받아들여지지 못한 채 이 변고를 만나고야 말았다.

그때, 왜적의 움직임이 심상치 않아 전란을 대비하고자 했을 때… 좀 더 확실하게 준비했어야 했다. 무엇보다도 장수 이일을 경상도로 파견하지 못한 것이 깊은 후회를 더했다. 이제야 뒤늦게 쫓기듯이 단기單騎로 내려보내는 상황이 되다니…. 가슴이 답답했다. 임금께서는 지난해의 그 경연經筵 자리를 기억하고 계실는지. 다른 신료들 또한 기억은 하고 있는 것인지.

> 그때 조정에 있던 장군들 가운데에는 신립申砬과 이일의 명성이 가장 높았으며, 경상우병사 조대곤曺大坤은 늙고 용맹이 없었는지라 사람들은 그가 장군으로서 임무를 감당하지 못할 것을 걱정하였다. 나는 경연 자리에서 조대곤 대신 이일에게 그 임무를 맡길 것을 청하였다.
>
> – 《징비록》

"전하, 아니 되옵니다."

병조판서 홍여순洪汝諄이 반대를 하고 나섰다. 다소의 감정이 실린 언사이기도 했다. 애써 장수 교체를 간언한 류성룡은 조금 난처해져버렸다. 병관兵官의 관할 일이라 병조판서 앞에서 말을 꺼내기가 조심스러웠던 것

---

* 진관의 법鎭管之法. 조선의 지방 방위 조직. 전국 각 요충지에 진관을 설치하여, 주진 아래 거진을 두고 다시 거진이 그 아래 여러 진을 거느리도록 했다. 전시 등에는 각 진이 독자적으로 군사 행동을 취할 수 있도록 했다. 지역 방어에는 효율적이나 대규모 적을 방어하기는 어려웠다.

이 사실이지만, 지금은 그런 절차를 따질 때가 아니었다. 게다가 어째서 반대를 한다는 것인가. 임금 앞이라 소리를 높이지는 않았으나 류성룡은 그저 눈빛으로 그에게 다음 말을 이어보라, 했다.

"명성 있는 장군은 당연히 도읍에 있어야 할 것이옵니다. 어찌 이일을 변방으로 내려보내겠습니까. 전하 곁에 두심이 옳을 줄로 아옵니다."

장군을 도읍에 두어야 한다…. 어이가 없을 뿐이었다. 병조판서라고는 하나, 제 일 하나도 제대로 못해내는 자가 아닌가. 저런 자가 한 나라의 병권을 쥐고 있다니. 게다가 장수를 어찌 운용해야 하는지 생각이나 있는 것일까. 그의 무능과 횡포는 이미 백성들의 원성까지 사는 정도였다. 어찌 저런 자의 말을 임금께서 들으시겠는가. 류성룡은 얼굴빛을 가다듬고 다시 임금께 아뢰었다.

"전하. 무릇 일을 할 때에는 미리 준비하는 것을 귀하게 여깁니다. 하물며 군대를 준비하여 적을 막는 일이겠습니까. 절대로 급하게 처리해서는 아니 되는 일입니다. 만약 하루아침에 난리가 난다면…."

난리가 난다면…. 류성룡은 잠시 숨을 가다듬었다. 난리가 난다면… 끔찍한 일이었으나 그렇기에 대비하지 않으면 안 되는 일이었다. 경연장 안에는 불편해하는 기운들이 서로 낯을 붉히며 떠돌고 있었다. 임금도, 신하들도 듣고 싶은 이야기는 아니었던 것이다. 하지만 류성룡은 자신을 둘러싼 그 기운들을 털어내듯, 여느 때처럼 조용히 나머지 말을 이었다. 이때가 아니면 다시 간할 기회가 없을지도 모른다. 간절함으로 임금에게 마음을 전하고자 했다.

"난리가 난다면, 부득이하게 이일을 보낼 수밖에 없을 것이오니… 어차피 보낼 것이라면 단 하루라도 빨리 보내서 미리 준비시키고 난리에 대비하게 하여야 유리할 것입니다. 그렇게 하지 않고 타지의 장군을 갑자기 내려보내면 어찌 되겠사옵니까. 파견된 지역의 형세에 익숙하지 않고 그 지역 병사들의 용맹함과 비겁함도 파악하지 못할 것입니다. 그러고서야 어찌 제대로 전투를 치를 수나 있겠나이까."

그렇지 않은가. 병사들을 제대로 알지 못하고서야, 그 지역의 형세를 익히지도 못하고서야 제아무리 명장이라 한들 어찌 승리를 이야기할 수 있겠는가. 모두가 모르는 바는 아니었다. 하지만 어쩐 일인지 류성룡의 말을 거들고 나서는 이들이 없었다. 임금 곁의 명장을 먼 곳으로 내려보내라는, 그 주장이 난처했기 때문일까. 임금은 그저 듣고만 있을 뿐, 윤허도 반대도 하지 않았다. 결국 이일을 파견하라는 명을 내리지 않는 것으로 자신의 뜻을 조용히 드러냈다.

그때를 생각하며 류성룡은 마음이 무거웠다. 이일이 경상우병사로 내려가 대비를 했더라면 이처럼 어이없이 왜적에게 성을 내주는 사태를 조금쯤은 막을 수 있지 않았을까. 늦출 수라도 있지 않았을까. 하지만 자신에게 주어진 힘은 대비를 하시라, 주청을 드리는 것. 거기까지였다. 임금의 마음이란, 오래도록 경연에서 모셔온 근신近臣이라 하여 더 가까이 헤아릴 수는 없었던 게다. 마음의 거리란… 그런 것인지도 모른다.

결국 임금은 일이 터지고 나서야 뒤늦게 이일을 내려보낼 수밖에 없었다. 전선이 이미 북상하고 있는 때에. 군사를 점검할 시간을 놓쳐버린 때에. 어디에서 전투를 벌여야 할지, 그 지형조차 알지 못하고 서둘러야 하는 이때에. 그것도 단기로 달려가는 어이없는 상황에 처하고 말았다. 겨우, 순변사의 직함만 달랑 가지고 말을 달리는 장수의 처지였다.

출전하는 두 장수, 이일과 신립

무거운 마음을 애써 돌이키며 수행 군관들을 점검하던 류성룡은 부사副使로 명한 병조판서 김응남*과 장수 신립**을 불러들였다. 작전이 필요한 때였다. 전장에 나가본 적이 없었으니 장수의 견해를 아껴 듣고자 했던 것이다.

"체찰사께서 내려가신다 해도… 전장에서 싸우는 장수는 아니십니다."

신립은 류성룡의 표정을 살펴가며 말을 이었다. 그 스스로도 나서야 할 때를 생각했던 것이다. 류성룡은 계속 이야기해보라, 듣고 있었다.

"이일이 순변사로 내려갔으나 후원 부대가 없으니 이야말로 어려운 처지입니다. 어찌 용맹한 장수 한 명을 밤새 내려보내 이일과 호응하도록 하지 않으십니까?"

그러니까, 자신이 그 임무를 맡겠다는 뜻이었다. 하긴, 체찰사 류성룡도 부사인 김응남도 그저 조정에서 일하는 문신일 뿐이다. 직접 전투를 지휘할 수는 없는 노릇이었다. 류성룡은 신립의 얼굴에서 얼마간의 자신감을, 그리고 얼마간의 공명심을 함께 읽었다. 그 위로 얼마 전 신립과 나누었던 이야기가 겹쳐졌다.

> 4월 1일에 신립이 나의 집으로 찾아왔기에, 나는 "조만간 변고가 일
> 어나면 마땅히 공이 그 변고의 처리를 담당하게 될 터, 공이 판단하기

---

* 김응남金應南. 1546~98년. 1568년 문과 급제. 임진왜란이 일어나자 병조판서로서 체찰사 류성룡의 부사가 되었으며, 이후 벼슬은 대사간, 좌의정에 올랐다.

** 신립申砬. 1546~92년. 1567년 무과 급제. 온성 부사 재직 시 이탕개의 침입을 물리쳐 명망을 얻었다. 임진왜란 때 삼도순변사에 임명되었다.

에 적의 세력을 막는 어려움의 정도가 어떠하오?"라고 물었다.

이에 대하여 신립은 적을 매우 가볍게 여겨서 "걱정할 필요 없습니다"라고 답하였다. 내가 "그렇지 않소. 예전에는 왜인들이 단지 칼, 창과 같은 단병만 믿고 싸웠지만 지금은 조총도 능숙하게 다루고 있으니 가볍게 보아서는 안 될 것이오"라고 말하니, 신립은 황급히 "비록 조총이 있다고 해도 어찌 백발백중이겠습니까?"라고 하였다.

나는 "나라가 평화로운 지 오래여서 병사들은 겁이 많고 나약합니다. 정말 급변이 일어난다면 이를 막는 일은 대단히 어려울 것이오. 내 생각으로는 전쟁이 일어나서 몇 년이 지난 뒤에 사람들이 군사에 익숙해진다면 어쩌면 사태를 수습할 수 있을지도 모르겠지만, 지금으로서는 매우 걱정이 됩니다"라고 말하였지만, 신립은 전혀 반성하거나 깨닫지 못하고 돌아갔다.

― 《징비록》

불과 보름 남짓 전이었다. 물론 신립이라 하여 보름 사이 조총을 만들어낼 수는 없는 일이다. 하지만 준비하는 마음쯤, 헤아리는 시간쯤. 그런 것들을 가벼이 볼 일 또한 아니지 않은가.

그는 용맹한 장수였으나 두려움을 모르는 것만이 장수의 장처는 아닐 것이다. 그의 용맹이 자칫 무모한 오판으로 이어지지 않을까 염려스러웠다. 왜군의 북상 속도는, 그들이 지닌 무기의 위력을 말해주고 있었다. 적을 가벼이 본다면…. 게다가 이미 기세가 오를 대로 오른 적군 아닌가.

하지만 신립 또한 책임 있는 자리가 주어져야 할 장수였다. 아니, 어쩌면 조정이 기댈 수 있는 마지막 장수였다. 부하들을 거칠게 대하여 원성이 높은 그였으나, 지금 그런 성품을 살펴가며 장수를 임명할 한가로움 따위가 남아 있을 리 만무했다. 오래도록 전장을 거쳐온 경험을 가벼이 여길 수는 없을 터. 그보다 나은 장수를 찾는 일 또한 어려웠으니 이 무거운 짐을 나누고자 함이다. 임금 앞에 아뢰었다.

"전하. 이일을 도울 지원군이 필요할 것입니다. 장수 신립이 나라를 위해 목숨을 바칠 뜻을 굳게 세운 듯하옵니다. 자리를 주어 그의 뜻을 격려해주소서."

느닷없는 변고에 놀란 마음을 제대로 가라앉히지도 못한 국왕이었다. 보낼 장수도, 함께할 군사들도 마땅치 않아 고심 중인 비변사의 분위기를 모르지도 않았다. 자청하여 충성을 다하겠다는 말에 그제야 얼굴이 조금 밝아졌다. 게다가 신립이라면 용맹하기로 이름난 그 장수가 아닌가.

하지만 선뜻 대답을 하지 못했다. 청을 올리는 류성룡을 대하면서 지난해, 이일을 경상도로 파견하라는 그때의 일이 떠올랐던 것이다. 그가 말했었지. 난리가 난다면 어차피 이일을 보내게 될 것인데, 미리 보내어 준비할 시간을 달라…. 결국 류성룡의 말대로 되고 말았다. 이제야 다급히 이일을 보내고, 믿을 만한 장수라곤 신립 하나가 남은 것이다. 그마저 보내고 난다면… 이 도성은 누가 지킨다는 말인가.

임금의 머뭇거림이 전해진 것일까. 류성룡이 다시 말을 이었다.

"적군의 세력이 엄청난 듯하옵니다. 지금도 군사를 몰아 북으로 향하고 있을 것이오니 저들의 세력이 더 깊이 들어오기 전에 막아야 하옵니다. 만약 경상도에서 막지 못하여 혹여 조령이라도 넘게 된다면… 그 이후에는 보내고자 하여도 이미 늦지 않겠사옵니까."

임금은 결단을 촉구하는 류성룡의 단호한 어조를 읽었다. 때를 놓쳐 보내지 못했던 그 순간을 기억하라는 다그침인가. 그의 어조 어디에도 감히 무례함 따위는 없었다. 표정 하나 흐트러짐 없는, 한결같은 말투였다. 그런데도 임금은 어쩐지 그의 눈치를 슬쩍 살펴보는 것이었다. 그저 신하일 뿐이다. 그는 여전히 가지런한 자세로 충심을 담아 자신의 군주를 대하고 있었으나, 어쩌면 그래서인가. 임금은 가끔씩 그런 그가 편치 않았다.

하지만 그의 말을 따르지 않을 수는 없으리라. 그래서 더 언짢았는지도 모른다. 결국, 그의 말을 따르게 되고 마는, 이런 상황에 놓일 때마다 내놓고 말할 수 없는 묘한 질투심이 오르내렸다. 그렇다 해도 어쩔 것인가. 적군이 도성에 더 가까워지기 전에 남쪽에서 전란을 막아야 했다. 전선을 이곳까지 끌고 올라와서는 안 될 일이었다. 류성룡이 함부로 입에 담지는 않았으나, 그의 근심 또한 그것이 아니겠는가. 경상도의 전선이 무너지면… 전하의 도성 또한 어찌될 것 같으냐는.

결국 임금은 신립에게 삼도순변사*의 중책을 맡겼다. 그에게 남은 군사 모두와 전투의 권한 모두를 허락한 것이다.

> 신립을 삼도순변사에 제수하였다. 상이 친림하여 전송하면서 보검 한 자루를 하사하고 이르기를 "이일 이하 그 누구든지 명을 듣지 않는 자는 경이 모두 처단하라. 중외中外의 정병을 모두 동원하고 자문감紫門監의 군기軍器를 있는 대로 사용하라" 하였다. 도성 사람들이 모두 저자를 파하고 나와서 구경하였다.
>
> – 《선조실록》 1592년 4월 17일

---

* 삼도순변사三道巡邊使. 세 도의 순변사를 한 장수에게 위임한 중책이다. 이때 신립은 남쪽의 세 도를 맡았는데, 앞서 떠난 경상도 순변사 이일의 상위 직책이 된다.

이일과 신립은 그렇게 연이어 도성을 떠났다. 이제 도성에는 군사라곤 남아 있지 않았다. 임금은 두 장수의 선전을 기원했다. 조정의 신료들도, 도성 안의 백성들도 걱정과 기대로 장수들의 출전을 바라보았다. 아직 전선은 저 남쪽의 일이었으므로. 그들이 너무 늦지만 않는다면 임금이 계신 도성에 큰일이야 있겠는가. 그렇게 서로의 마음을 위로하며 장수들의 승전보를 기다리기로 했다.

부산에서 동래, 그리고 밀양까지

그사이에도 남쪽의 전선은 하루가 다르게 북으로 올라오는 중이었다. 부산이 함락된 이틀 후인 4월 15일. 동래성이 함락되었다. 저항이 없었던 것은 아니다. 부산의 소식을 전해 들은 동래에서는 부사府使 송상현宋象賢을 중심으로 결사 항전의 의지가 충만했다. 하지만 송상현의 충정에도 불구하고, 그를 믿고 따르는 장수와 백성들의 분전에도 불구하고. 전투는 반나절을 넘기지 못했다.

성이 무너지는 것이 한 사람의 용장이 없어서는 아닐 것이다. 이길 수 없는 전투를, 그래도 치를 수밖에 없는 것이 그들의 운명이었다. 성을 지키던 조선의 신민臣民 모두는 같은 날, 같은 곳에서 자신의 나라를 위해 목숨을 바쳤다. 그렇게 마지막 길의 외로움을 서로에게 의지했다.

동래성이라면 백성들이 마음으로 의지할 만한 큰 성이다. 목숨을 걸고 지키겠다는 의지마저도 성을 지켜내지 못했으니. 그저 하나의 성이 무너진 것이 아니었다. 그 뒤에 이어질 불안감이 더 큰 문제가 아닐 수 없었

· 류성룡, 7년의 전쟁 ·

다. 왜군은 도저히 믿을 수 없는 속도로 들이닥쳐, 그 소리만으로도 무시무시한 총탄을 퍼부어댔다. 심지어 신병神兵이라, 그들 앞에서 목숨을 건진 이들은 남몰래 수군대기까지 했다. 풍문은 성 하나를 건널 때마다 더 큰 두려움을 몰고 왔다.

> 4월 15일에 왜군은 동래성으로 진격하여 왔다. 송상현은 성의 남문으로 올라 독전督戰하였지만 성은 반나절 만에 함락되었다. 송상현은 꿋꿋이 앉은 채로 칼에 맞아 전사하였다. 왜인들은 그가 성을 사수한 것을 기려서 그의 시체를 관에 넣어 성 밖에 주고 묘표墓標를 세워 그 자리를 알아볼 수 있게 하였다. 동래성이 함락되자 여러 군현은 적이 온다는 풍문만 듣고 도주하여 궤멸하였다.
>
> ─《징비록》

왜군은 거칠 것이 없었다. 동래성을 점령한 후에도 북진의 속도를 늦추지 않았다. 다시 이틀 후인 4월 17일, 첫 장계가 조정에 보고되던 그날에는 양산이, 다음 날인 4월 18일에는 밀양마저 함락되고 말았다.

순변사 이일이 겨우 도성을 출발해 밤낮없이 말을 달리는 사이에도, 풍문은 그보다도 더 빨리 달리며 두려움을 실어 날랐다. 두려움은 도주와 궤멸로 이어졌다.

참담한 전란의 시작

그때, 경상도의 성 하나하나가 두려움에 삼켜지던 그때. 도성에서 또 다른 두려움에 휩싸인 조정을 지휘해야 하는 류성룡은 이순신李舜臣 (1545~98)을 떠올렸다. 그랬다. 이순신을 전라좌수사로 내려보낸 것이 천 운이라면 천운이었다.

일단 벌어진 일이었으니 수습에 전력을 다해야 할 때였으나, 류성룡 은 시기를 놓쳤던 일들로 여전히 마음 무거운 중이었다. 자신이 고민하 며 주청했던 대책들이 제대로 받아들여지지 못했다는 사실이 그를 힘 들게 했다.

비록 재상의 반열에 있다고는 하나 재상 또한 그저 신하일 뿐. 자신의 생각대로 바꿀 수 있는 일이란 그리 많지 않았다. 이일을 제때 내려보내 지 못했다. 신립의 마음을 준비시키지 못했다. 제승방략을 진관으로 복귀 시키지도 못했다. 견고한 성을 쌓지도 못했다…. 오직 이순신만이 자신의 추천대로 전라도 좌수사로 임명받을 수 있었다. 신묘년辛卯年(1591) 2월. 이순신은 드디어 자신의 바다를 가지게 되었다.

정읍현감 이순신을 전라좌도 수군절도사*로 발탁하였다. 이순신은 담력과 지략이 있고 말타기와 활쏘기를 잘하였다. (…) 그러나 조정 에서 그를 밀어주는 사람이 없어서 과거에 합격한 뒤 십여 년 동안 출 세하지 못하다가 비로소 정읍현감이 되었다. 그때 왜인들이 침략한 다는 소문이 날로 급해지니 임금께서는 비변사에게 명하여 각자 장 수의 역할을 감당할 만한 자를 추천하게 하셨다. 내가 이순신을 천거 하여 그가 정읍현감에서 여러 단계를 뛰어넘어 수군절도사로 승차하

---

* 수군절도사水軍節度使. 각 도의 수군 총책임자로 정3품의 무관직이다. 수사水使라고도 부른다. 이때 이 순신은 종6품 현감에서 정3품으로, 무려 7품계를 뛰어오른 것이다.

니, 어떤 사람들은 그의 갑작스러운 승진을 의심하였다.

- 《징비록》

눈에 띄는 발탁이 가져올 질시와 의심을 류성룡이 모를 리는 없었다. 류성룡 자신이야 그렇다지만, 정작 이순신에게도 위험한 일이었다. 하지만 그마저도 감수해야 했다. 급박한 시절이었다.

이순신에게 준비할 시간을 주고 싶었다. 그가 자신의 병사를 만들고, 자신의 진지를 구축하여, 자신의 작전을 고민할 시간을 가질 수만 있다면. 그는 분명 해낼 수 있으리니. 여느 장수와는 전혀 다른, 그만의 비범함이 있었다.

류성룡은 그에게 희망을 걸기로 했다. 바다를 막아준다면. 그를 위해 준비해준 그 시간을 통해, 그가 다시 나라를 위해 시간을 벌어준다면… 그사이 적군과 싸워 이길 방법을 찾아 나갈 수 있지 않을까. 하지만 방법을 찾으려면 빨리 찾아야 했다. 왜군은 이미 경상도 내륙으로 깊이 들어오고 있었다.

급한 보고가 잇달아 들어왔는데, 듣자 하니 적의 선봉이 이미 밀양과
대구를 지나 장차 조령 아래에 다가오고 있다는 내용이었다.

- 《징비록》

왜군이 이미 조령 아래까지 이르렀다. 이일과 신립이 잘 막아줄 수 있을까. 그나마 조선이 믿을 장수라곤 그 둘뿐이었다. 아니, 이미 조정이 동원할 수 있는 모든 병력을 내어준 상황이었다. 조령을 허락한다면 임금이

계신 도성도 장담하긴 어려운 일이다. 4월의 그 어이없는 시간들은 그렇게 조선의 도읍을 휘저으며 지나가고 있었다.

느닷없이 전란을 통보받은 임금도, 새로이 체찰사를 맡게 된 좌의정도, 순변사로 명 받은 장수들도, 그리고 전라도 바닷가 어디쯤에서 전란을 준비하던 장수에게도. 그 봄날의 하루는 길고도 무거웠다. 그들 모두 처음 맞이한, 참담한 전란의 시작이었다.

• 류성룡의 징비록懲毖錄 •

《징비록》은 임진년에 시작된 7년의 전쟁을 기록한 책이다. 류성룡이 고향에서 칩거하던 1599년 이후 집필하기 시작해 1604년경에 초본草本을 완성한 것으로 보인다. 간행본 《징비록》은 1647년에 16권본으로 세상에 나왔는데, 이외에 2권본으로도 전한다.

16권본은 〈징비록〉(권1~2) 외에 〈근폭집芹曝集〉(권3~5), 〈진사록辰巳錄〉(권6~14), 〈군문등록軍門謄錄〉(권15~16), 〈녹후잡기錄後雜記〉(권16) 등을 함께 담고 있다. 전쟁 중에 임금께 올린 각종 차자, 서장 등의 공문서들로서 '징비록'의 사건들을 더욱 사실적으로 뒷받침해주는 기록들이다. 2권본은 그 가운데 〈징비록〉과 〈녹후잡기〉만을 간행한 것으로, 일반적으로 《징비록》이라 할 때는 이 2권본을 일컫는다.

수상과 도체찰사를 겸임한 국정 최고책임자가 정확한 정보를 바탕으로 직접 집필한 만큼, 임진왜란에 대한 그 어떤 기록물보다도 역사적 가치가 높은 저서다. 이후의 임진왜란 관련 기록이나 작품의 상당수가 이에 의거하고 있기도 하다. 국내뿐 아니라 일본과 중국의 전쟁 기록물에 큰 영향을 미치는 등, '임진왜란 서사'를 형성하는 기본 자료로서의 무게가 적지 않다.

동시에 《징비록》은 하나의 '작품'으로서도 매우 탁월하다. 전쟁 전체를 꿰뚫어 보는 폭넓은 시선과 치밀한 이야기 구성으로, 전쟁의 순간들을 생생한 현실로 되살려내고 있다. 그 자신이 서문에서 밝힌 바 대로, '지난 일을 징계하여 후환을 조심한다'는, 집필의 이유에 충분 히 답하고 있는 것이다. 단순한 기록이 아닌, 한 시대를 책임진 자의 묵직한 증언이라 하겠다. 류성룡 자신의 필사본인 《초본징비록》은 국 보 제132호로 지정되었다.

· 임진왜란의 시작 ·

1585년 관백關白의 자리에 올라 공식적으로 최고의 권력을 지니게 된 히데요시秀吉(1535~98)는, 다음 해인 1586년 도요토미豊臣라는 성 姓을 하사받아 명실상부한 도요토미 정권을 수립하게 된다. 1590년 에는 전 일본을 통일함으로써 오랜 내란을 끝냈으나, 그동안의 전 쟁으로 각 지역 다이묘들의 군사력이 지나치게 커져버리고 말았다. 이에 히데요시는 그 힘을 외부로 돌려야 할 필요에 직면하게 되었 는데, 충성의 대가로 그들에게 지급할 새로운 봉토가 아쉬운 상황 이기도 했다.

조선을 항복시키고 중국까지 점령한다는, 망상에 가까운 계획을 실 천에 옮기게 된 배경이었다. 통일 정권 수립 이후의 자신감은 이웃나 라에 대한 야망을 부추기는데 일조했으니, 조선이나 중국이 일본에 대해 잘 몰랐던 것만큼 히데요시 또한 두 나라의 상황에 밝지 않았던 것이다.

일본은 1587년 통신사 파견을 요구하는 사신을 조선에 보내고, 대 마도주 소 요시토시宗義智에게는 조선의 항복을 받아올 것을 명령하기도 했다. 조선을 대하는 태도가 달라졌음을 알리기 시작했으니, 더 이상 예전의 '왜구'가 아니었던 것이다. 일본과 조선을 중개하면서 양국의 입장을 알고 있던 소 요시토시는 상황을 조율하며 두 나라의 충돌을 막고자 애를 썼으나, 그의 노력으로 해결할 수는 없었다. 일본에 통신사를 파견한다는 것만으로도 매우 큰 결심이 필요했던 조선에게 일본을 향해 머리를 숙이라, '명을 치기 위한 길을 빌려 달라征明假道', 는 일본의 요구는 그야말로 황당한 것이었기 때문이다.

일본 측의 요구를 받아들일 수 없다는 조선의 입장이 전해지자 도요토미 히데요시는 드디어 전쟁의 결심을 굳히게 되었다. 1591년 10월 나고야에 전진 기지를 세우고, 1592년 1월 조선 침략을 선언한 후, 16만여 명의 대군을 9군과 수군으로 편성하였다. 결국 4월 13일 고니시 유키나가小西行長가 이끄는 제1군이 부산에 상륙하면서, 길고도 참혹한 7년의 전쟁이 시작되었다.

2장

파
천 播
遷

·

1592년
4월 20일
~
4월 30일

동파 ❺ 류

❹ 서울

❸ 충주

❷ 상주

경주
❶

❶ 4월 21일 가토 기요마사의 제2군에 경주
   성 함락.
❷ 4월 25일 상주 전투. 순변사 이일, 일본
   제군에 패배.
❸ 4월 28일 탄금대 전투. 삼도순변사 신립,
   일본 제군에 패배.
❹ 4월 29일 광해군을 세자로 책봉.
❺ 4월 30일 선조, 파천 단행. 서울을 떠나
   임진강변 동파에 도착.

류 어가 호종.

이일, 기다리던 군사들은 이미 흩어지고

빗줄기가 거세지기 시작했다. 그렇다고 잠시 몸을 말리며 비를 피할 형편
은 아니었다. 이제 계절도 여름으로 달리는 것인가. 하지만 그런 상념에
젖을 형편은 더욱 아니었다. 일각이 급한 때였다. 오직 남쪽을 향해 밤낮
으로 말을 달렸다. 따르는 자들이라곤 겨우 몇 십 명의 군관들. 어서 본영
에 당도하여 기다리고 있을 군사들을 인계받아야 한다. 조정의 명이 앞서
내려갔으니 고을의 수령들이 준비를 하고 있을 게다.

 그렇게 숨 가쁘게 밤과 낮을 달려 순변사 이일이 겨우 문경에 도착했
다. 하지만 이 무슨 일인가. 기다리는 군사는커녕 고을은 이미 텅 비어버
린 상태였다. 그렇다고 왜군이 점령한 것도 아니었다. 며칠을 제대로 먹
지도 못하고 달려온 길이었다. 일단 창고의 곡식을 꺼내 함께한 병사들을
먹였다. 무언가 단단히 잘못된 듯했다. 다시 상주로 길을 잡았다. 하지만
이곳에도 그를 기다리는 부대 따위는 남아 있지 않았다. 대체 어찌된 일
이란 말인가.

 경상도 순찰사 김수*가 적의 침공 소식을 듣고는 즉각 제승방략의 분

---

* 김수金睟. 1537~1615년. 1573년 문과 급제. 임진왜란 시 경상우도 관찰사로서, 적군을 피해 도주하여 질
책을 받았다. 의병장 곽재우와 갈등을 겪기도 했으나, 이후 호조판서로 직임에 충실했다.

군법分軍法에 의거하여 여러 고을에 통지하니, 각기 소속 부대를 이끌고 미리 정해진 장소에 모여 서울의 장군이 도착하기를 기다리고 있었다.

문경 이하 남쪽의 각 수령들은 모두 군대를 이끌고 대구로 향하여 강가에서 노숙하면서 순변사를 기다린 지 이미 며칠이 지났다. 그러나 순변사는 아직 도착하지 않았는데 적이 점점 다가오니 여러 병사들은 자연히 서로 놀랐고, 때마침 내린 큰비에 옷과 장비가 모두 젖고 식량도 이어서 도착하지 않았기 때문에 병사들은 밤중에 모두 달아났고 수령들도 제각기 말 타고 달아나 돌아갔다.

- 《징비록》

그 며칠이 문제였다. 이일이 내려오던 그 며칠 동안 이미 부대는 흩어져버렸다. 큰 고을인 상주라 해서 다르지 않았다. 목사 김해金澥도 이미 달아나버린 채, 겨우 판관 권길權吉이 고을을 지키고 있었다. 어찌할 것인가. 순변사의 명을 받았으니 여기서라도 군사를 모아 할 수 있는 일을 하기로 했다.

4월 25일. 이일이 상주에서 그나마 끌어모은 몇 백 명의 백성들을 훈련시키고 있을 때 적군이 그 모습을 드러냈다. 숲 속에서 사람 몇이 보이는가 했더니 잠시 후 조총 소리가 진동하기 시작했다. 적의 대군이었다. 이일의 진지에서 쏘는 화살은 조총 앞에서 무력할 뿐이었다.

패배도, 죽음도 순식간. 목숨을 건질 수 있는 자는 몇 되지 않았다. 말을 탄 몇 사람만이 간신히 조총을 피하며 달아났다. 그 가운데는 순변사 이일도 섞여 있었다. 도망치는 그 또한 어안이 벙벙했다. 이런 패배의 순간이라니. 장수다운 비분강개로 통곡할 틈도 없었다.

> 적군이 급히 이일을 추격하니 이일은 말을 버리고 옷을 벗어던지고
> 머리칼을 풀어 헤치고 알몸으로 달아났다. 문경에 이르러 종이와 붓
> 을 찾아 패전하였다는 보고를 급히 올린 뒤, 후퇴하여서는 조령을 지
> 키려 하다가 신립이 충주에 있다는 이야기를 듣고는 마침내 충주로
> 달아났다.
>
> — 《징비록》

신립, 조령을 버리고 탄금대를 택했으니
———

이일보다 조금 늦게 군사를 거느리고 도성을 떠난 삼도순변사 신립은 충
주에서 군사를 모집하고 있었다. 모든 군사와 군기를 동원하라는, 명을
어기는 자는 어느 장수를 막론하고 목을 베라는, 무거운 어명을 받고 떠
난 그였다. 충청도의 모든 군사를 모았다. 생각보다 규모가 있는 진영을
갖추었다. 8천 명이면… 조령을 방어할 만하지 않을까.

　기세를 떨치며 충주를 나서 일단 단월역丹月驛에 군사를 주둔시키고 적
군의 상황을 살폈다. 그런데 대체 이게 무슨 일인가. 어찌 순변사 이일이
이곳으로 오고 있는가. 그것도 군관 두엇만 거느린, 패장의 몰골 그대로
였다. 사실 조령으로 향하는 것은 이일을 지원하자는 뜻도 있었으나, 이
일의 부대가 합세하기를 기대했기 때문이기도 하다. 그런데 저 행색이 무
엇이란 말인가.

신립 앞에 꿇어앉은 이일은 죽기를 청하였다. 군사마저 잃은 패장이 살기를 바랄 수는 없는 일. 하지만 신립은 그보다도 전투의 상황에 마음이 쓰였다. 이일 정도 되는 장수가 이럴 지경이라면….

"적의 형세가 어떠하였소? 경상도의 군사들은 모두 어찌 된 것이오?"

"제가 상주에 이르러 보니, 각 부대의 군사들이 모두 도망가고 고을은 텅 비어 있었습니다. 왜군은 조총으로 무장한 대군입니다. 훈련도 받지 못한 백성으로 대항할 수는 없는 형세였습니다."

신립이 한숨을 내쉬었다. 기운이 크게 꺾여버린 것이다. 종사관 김여물*과 충주목사 이종장李宗張을 불러 대책을 논의했다.

"어찌 하면 좋겠소? 조령과 탄금대彈琴臺… 어디에 진을 치는 것이 낫겠소?"

김여물은 신립의 속뜻을 빠르게 읽었다. 신립은 지금 탄금대를 염두에 두고 있는 것이 분명하다. 막아야 한다. 그의 기운이 더 시들어 자신의 생각 속으로만 들어가버리기 전에, 얼른 그 마음을 돌이켜야 한다.

"저들은 수가 많고 우리는 적으니 그 예봉과 직접 맞부딪칠 수는 없습니다. 이곳의 험준한 요새를 지키면서 방어하는 것이 좋을 듯합니다."

김여물의 말을 들은 신립은 신통치 않다는 표정이었다. 문관 따위가 어찌 전투를 알까보냐는 마음이었는지도 모른다. 다급해진 김여물은 다시 말을 이었다.

"장군. 이곳의 높은 언덕을 점거한다면 적의 수가 비록 많더라도 역습

---

* 김여물金汝岉. 1548∼92년. 1577년 문과 급제. 의주목사 재직 시 정철의 당으로 몰려 투옥되었으나, 그 재능을 아낀 류성룡의 청으로 사면되었다. 신립의 종사관으로 충주 전투에 출전, 전사했다. 인조 대의 재상인 김류의 아버지다.

또한 가능할 것입니다. 조총이 저들의 가장 큰 무기이니 이를 피하는 전략이 상책이 아니겠습니까?"

험한 산세를 의지하자는 김여물의 말에 충주목사 이종장도 동조의 뜻을 비쳤다. 조총으로 무장한 대군과 들판에서 전투를 벌이는 것은 무모해 보였기 때문이다. 하지만 신립의 마음에는 그가 의지하는 기마부대가 있었다.

"적은 보병이니 우리가 기병으로 압도한다면 승산이 있질 않겠소? 이 지역은 기마병을 활용할 수 없으니 들판에서 싸우는 것이 적합할 것이오. 배수의 진을 치고 한 판 붙어보겠소."

김여물은 어이가 없었다. 조령을 버리다니, 이 천혜의 지형을 버리다니. 적을 막기에 이보다 더 나은 요새가 어디 있겠는가. 하지만 이곳은 조정이 아닌 전장이었다. 주장主將의 뜻을 따르지 않을 수는 없었다. 신립은 부하의 말을 귀 기울여 듣는 장수는 아니었다. 이것은 아군이 이길 수 없는 전투가 될 것이다. 그렇다 해서 홀로 이 전투를 피하는 짓을 어찌 하겠는가. 김여물은 이 또한 자신의 운명인가, 생각했다. 죽음이 두렵지는 않았으나 헛된 죽음이 될까 서글펐다. 서찰 한 통을 적어 집으로 보냈다.

'남아가 나라를 위하여 죽는 것은 진실로 당연한 일이다. 그러나 나라의 수치를 씻지 못하고 웅대한 뜻이 재가 될 뿐이니 하늘을 우러러보며 탄식할 뿐이다….'

이일은 신립이 왔다는 소식에 조령을 버리고 충주로 향했으나, 어이없게도 신립은 이일의 패전 소식을 듣고 조령 방어를 포기하고 충주로 돌아가고 말았다. 그날, 4월 27일. 적군은 빠르게 이 요새를 점령했다. 험준한 요새를 그저 주운 꼴이었다.

신립은 군사를 인솔하여 탄금대에 나가 주둔하여 배수진을 쳤는데, 앞에 논이 많아 실제로 말을 달리기에는 불편하였다. 27일에 적이 이미 조령을 넘어 단월역에 이르렀다. 이튿날 새벽에 적병이 길을 나누어 대진大陣은 곧바로 충주성으로 들어가고, 좌군左軍은 달천 강변을 따라 내려오고, 우군右軍은 산을 따라 동쪽으로 가서 상류를 따라 강을 건넜는데 병기가 햇빛에 번쩍이고 포성이 천지를 진동시켰다.

신립이 어찌 할 바를 모르고 곧장 말을 채찍질하여 주성州城으로 향하여 나아가니 군사들은 대열을 이루지 못하고 점점 흩어지고 숨어버렸다. 성중의 적이 호각 소리를 세 번 발하자 일시에 나와서 공격하니 신립의 군사가 크게 패하였다. 적이 벌써 사면으로 포위하므로 신립이 도로 진을 친 곳으로 달려갔는데 사람들이 다투어 물에 빠져 흘러가는 시체가 강을 덮을 정도였다.

− 《선조수정실록》 1592년 4월

말을 달리며 적을 베느라 정신없던 김여물은 멀지 않은 곳에서 적과 싸우는 데 온 힘을 쏟고 있는 신립을 보았다. 이제 그에게 남은 군사라곤 얼마 되지 않았으나, 장수로서 마지막 책임을 다하겠다는 마음이었으리라. 나라의 기대를 한 몸에 받은 삼도순변사가 아니던가. 그 사이 언뜻 서로의 눈길이 마주친 것 같았다.

김여물은 신립을 탓하는 마음은 아니었다. 하지만 원통한 것은 사실이었다. 장수는 저 하나만의 목숨을 걸고 싸우는 자가 아니다. 그의 손에 맡겨진 이 무수한 목숨들을 책임져야 한다. 아군의 패배로 또 다른 죽음을 맞을 백성들을 생각해야 한다. 그는 자신의 목숨을 바쳐 장수다운 죽음을 맞겠지만, 그다음은 어쩔 것인가. 이제 도성은 어찌될 것인가.

김여물은 그때 류성룡을 떠올렸다. 죄에 얽혀 옥에 갇힌 자신을 기억해준 사람, 자신의 지략을 아껴 임금께 진언하여 사면해준 사람, 다시 나라를 위해 일할 기회를 만들라며 종사관으로 불러준 사람… 그를 체찰사로 모실 수 있게 되어 진심으로 감읍하며 장부의 충성을 다하고자 했던 것이 아닌가.

하지만 신립을 따르려는 군관들이 없자 류성룡은 자신의 군관들을 먼저 신립에게 주어 내려보냈던 것이다. 김여물은 류성룡의 마음을 다시 헤아려보았다. 그가 자신에게 기대했던 것은… 용맹만 앞서는 신립이 오판에 빠지지 않도록 도와야 한다는, 그것이었던가. 류성룡과 함께 내려올수 있었다면 이 전투는 달라지지 않았을까. 그 또한 조령을 지키라, 그리판단했을 것이다. 자신의 말을 무시했던 신립이지만 그래도 그의 명이라면 따라야 했으리니.

하지만 생각은 거기까지였다. 다시 한 무리의 적군들이 그 앞으로 밀려들고 있었다. 죽음은 먼 곳에 있지 않았다.

두 통신사의 엇갈린 보고

류성룡은 떠나는 날 보았던 김여물의 어두운 표정이 마음에 걸렸다. 자신이 종사관으로 쓰고자 임금께 청을 넣어 특별히 사면토록 한 인물이었다. 그의 무략이 신립에게 도움이 될 수 있기를 기대하며 기다릴 뿐이었다. 전선에서는 아직 소식이 없었다. 무사히 적을 막아내고 있는 것일까.

그보다도 김성일*을 잡아들이라는 어명으로 류성룡은 마음을 졸이던 참이었다. 지난해인 신묘년 3월, 통신사로 다녀와 올렸던 그 진언이 문제가 되었던 것이다.

> 황윤길**은 부산으로 돌아오자 "반드시 전쟁이 있을 것이다"라는 내용으로 정황을 긴급하게 보고하였다. 다시 임금께 보고할 적에도 임금께서 그를 불러 물어보시니 황윤길의 답이 이전과 같았다. 김성일은 "신은 그러한 정황을 보지 못하였습니다"라고 다시 "황윤길이 인심을 동요시키니 이는 옳지 못합니다"라고 말하였다. 이에 논의가 갈라져서 어떤 이는 황윤길의 주장에 따랐고 어떤 이는 김성일의 주장에 따랐다.
>
> — 《징비록》

신립에게 남은 군사를 모두 주어 내려보낸 임금은 마음이 허전했다. 불안했다. 대체 어쩌자고 이런 전란이 일어났다는 말인가. 그때 문득, 김성일의 보고가 떠올랐던 것이다. 누군가에게게라도 책임을 묻지 않고는 견딜 수가 없었다.

김성일은 지난달, 일본의 움직임이 예사롭지 않던 그때에 이미 경상우병사로 임명되어 도성을 떠난 뒤였다. 승지에서 갑자기 장수로 그 자리가 바뀐 것이다. 편치 않은 임금의 마음이 드러난 인사였다. 전란이 일어나

---

* 김성일金誠一. 1538~93년. 1568년 문과 급제. 1590년 통신부사로 일본에 파견. 전쟁이 일어난 후 체포령이 내리기도 했으나 다시 사면, 경상도 초유사·관찰사로 활약했다. 자는 사순士純, 호는 학봉鶴峰.
** 황윤길黃允吉. 1536년~?. 1561년 문과 급제. 병조참판 재직 시인 1590년 통신정사로 일본에 다녀왔다. 김성일과는 달리, 왜적의 침략이 있을 것이라 보고했다.

지 않는다고 큰소리쳤으니, 어디 한번 경상도에서 장수의 책임을 다해보라는 질책이었다. 유신儒臣에게 장수의 직을 맡길 수는 없다는 비변사의 간언도 받아들이지 않았다.

하지만 이것으로 끝낼 일이 아니지 싶었다. 이 자를 불러다 일벌백계하리라! 의금부에 명을 내렸다. 경상우병사 김성일을 잡아들이라! 류성룡은 마음이 급해졌다. 이런 상황에서 잡혀 들어온다면 죽음을 면치 못할 것이다. 김성일은 강직한 이였다. 그날의 잘못된 보고도 어쩌면 그의 성정 때문일 것이다. 김성일이 황윤길과 서로 그 몸담은 당이 달라서 거짓된 보고를 하였다는 세간의 비판은, 김성일의 사람됨을 잘 모르고 하는 소리일 뿐이다. 그가 어찌 나라의 일보다 당리를 앞세우겠는가.

류성룡도 그때, 김성일에게 묻지 않을 수 없었다. 그 말에 따를 책임이 근심스러웠기 때문이다. 자신의 눈에도 황윤길의 보고를 가벼이 넘길 일은 아니었다.

"만약 실제로 전란이 일어난다면 어찌하려고 그리 확신을 하십니까."

"저라고 어찌 전쟁이 없다 확신할 수 있겠습니까. 다만 황윤길의 말이 너무 중대하여 경향京鄕 각지가 갑자기 놀라고 미혹될 것이기에 이를 염려한 것입니다."

"제가 어찌 그 마음을 모르겠습니까. 뒷일이 걱정되어 그렇습니다."

걱정하는 마음이 전해졌음일까. 김성일은 괜찮다, 는 표정으로 담담히 말을 이었다.

"일본에서 황윤길의 언행이 정사正使로서의 체모를 잃었기에… 조정의 신료들이 저들을 두려워하기만 하는 것도 민망한 일입니다."

그는 민심의 혼란을 걱정한 것이었다. 사신으로서의 당당치 못함을 깨우치고 싶은 것이었다. 김성일이 판단을 그르친 것은 사실이나, 그의 잘 못은 여기까지다. 그의 잘못된 보고 때문에 전쟁을 대비하지 않은 것은 아니었다. 그가 황윤길과 같은 보고를 올렸다 해서 이 전란을 막을 수 있는 것도 아니었다. 류성룡 자신 또한 전쟁을 대비해야 함을 여러 차례 진 언하지 않았던가. 김성일의 말도, 황윤길의 말도 모두 헤아려 받아들여야 할 일.

오랜 벗이었다. 아니, 속마음을 나눌 수 있는 단 하나의 벗이었다. 이 험 한 조정에서 누굴 믿고 누구에게 기대겠는가. 그의 인품, 그의 학문… 능 히 마음을 줄 만한 인물이었다. 임금께 청해야 한다. 지금 김성일의 목숨 을 거둔다 한들 이 나라에 무슨 유익이 있겠는가. 게다가 이미 경상도로 내려가 온몸을 바쳐 싸우고 있질 않은가. 그는 자신의 잘못을 씻고자, 잠 도 제대로 이루지 못하며 마음을 다할 사람이었다. 그를 구해야 한다. 사 사로운 정에 매인 것이라 탓한다 해도 개의치 않을 것이다. 류성룡은 임 금 앞에 나아가 엎드렸다.

"전하. 성일의 죄, 어찌 없다 하겠습니까. 하지만 그의 말은 민심을 진 정시키고자 한 것이옵니다. 부디 그가 목숨으로 그 죄를 갚을 수 있게 해 주소서. 그가 죄인의 이름으로 죽지 않을 수 있도록, 그의 목숨을 전하와 이 나라를 위해 바칠 수 있도록… 은혜를 베풀어주소서."

울먹임이었다. 늘 단정한 음성으로 사리에 밝던 류성룡이, 엎드려 흐느 끼며 청하고 있었다. 임금의 반응은 서늘했다. 그가 벗을 위해 애원하는 것인가. 같은 당이라 감싸는 것인가. 나라를 위해 청하는 것인가.

"지금 성일은 경상도에서 사력을 다하는 중이옵니다. 사민士民들의 마 음을 얻어, 한 도道가 그를 의지하고 있나이다. 그에게 기회를 주소서. 그의 깊은 충심은 신이 잘 알고 있사옵니다."

임금의 마음이 흔들리기 시작했다. 이미 의금부 도사를 내려보낸 다음
이었다. 다시 그의 죄를 사한다? 하지만 이런 때일수록 왕명의 지엄함을
보여야 될 터인데…. 지금 김성일이 전장에서 사력을 다하고 있다면, 그
가 정녕 이 전란에 도움이 될 수도 있지 않을까? 그렇다면 다시 류성룡의
말을 따라야 하는가…. 임금은 그제야 마음을 풀었다. 그리고 체포의 명
을 거둠과 함께, 초유사*로 임명한다는 명을 내렸다.

> 성일이 상주에 이르러 적변賊變을 듣고는 본영本營으로 달려가 전 병
> 사 조대곤을 머물게 하여 함께 군사를 다스렸었다. 이때 적이 김해
> 에서 벌써 우도右道에 들어왔는데 성일이 갑자기 적의 척후와 마주치
> 게 되었다. 좌우에서 물러나 피하려 하였으나 성일이 말에서 내려 호
> 상에 걸터앉아 동요되지 않고 군관 이종인李宗仁으로 하여금 말을 타
> 고 달려가 한 명의 적을 쏘아 죽이게 하였다. 이에 적이 감히 가까이
> 오지 못하니, 여러 사람의 마음이 이로 인해 조금 안정되었다. 자신
> 을 잡아오라는 명을 듣고 말을 달려 직산까지 이르렀는데, 그곳에서
> 다시 초유하라는 명을 받았다. 도로 본도로 달려가 의병을 불러 모아
> 점점 형세를 이루어 한 도가 그를 믿게 되었다.
>
> — 《선조수정실록》 1592년 4월

---

* 초유사招諭使. 전쟁 등, 나라에 난리가 났을 때 백성들을 안정시키는 책임을 맡은 임시직. 실제 활동 폭은
이보다 넓어 군정 등에도 관여했다. 김성일은 초유사로 재직 시, 곽재우 등의 의병부대를 전폭적으로 지원하기
도 했다.

기어이 파천이 결정되다

———

김성일은 간신히 목숨을 건졌으나 류성룡의 마음은 쉴 틈이 없었다. 전장의 소식이 올라올 때마다 그만큼의 명을 내리고 그만큼의 대비를 해야 했다. 그러면서 기다리고 있었다. 신립의 부대는 어찌 되었을까. 류성룡 혼자만의 기다림도 아니었다.

도성의 군신과 백성들에겐 막연한 기대감이 있었다. 적군이 도성에 이르려면 몇 개의 험준한 고개와 몇 개의 강, 그리고 두 순변사의 부대를 지나야 한다. 설마, 그 모두를 단숨에 건너뛰진 못할 것이다. 전장의 장계를 기다리면서 도성은 바쁘고도 지루한, 하루하루를 보내는 중이었다. 그리오래 기다릴 필요는 없었다.

4월 28일 저녁. 기다리던 장계가 도착했다. 이일이 급파한 전령이었다. 상주와 충주에서, 이일과 신립이 모두 패하였다는 소식이었다. 강도 고개도, 그리고 조선의 군사도 왜적을 막지 못했다. 살아남은 장수라곤 이일하나뿐, 김여물도 신립과 함께 전사했다고 했다.

떠나던 날의 김여물을 생각하며 류성룡은 가슴이 아팠다. 탄금대를 택했다면… 이길 수 없는 전투였다. 명민한 자이니, 김여물은 탄금대를 반대했을 것이다. 하지만 의로운 자이니 그래도 자신의 자리를 지킬 수밖에 없었으리라. 그날이 그의 마지막 모습이었구나…. 어찌 김여물뿐이겠는가. 아는 얼굴들이 이렇게 하나씩 하나씩 사라져갈 것이다. 슬퍼할 겨를도 없이, 그렇게 전란은 가까이 다가오고 있었다. 기대가 컸던 만큼 도성의 혼란도 걷잡을 수 없었다.

처음에 적군의 기세가 왕성하다는 소식을 들은 조정은 이일 혼자 힘으로는 적을 막기 어려우리라 걱정하였다. 신립은 당대의 명장이어서 병사들이 두려워하고 복종하였기 때문에 그에게 많은 병사를 이끌고 이일 군의 뒤를 따르게 하여 두 장군의 세력을 합친다면 적을 막을 수 있으리라 기대하였다. 이 계책은 틀리지 않았지만 불행히도 경상도의 수군과 육군 장수들이 모두 겁쟁이였다.

— 《징비록》

그 밤 임금은 신료들을 불러들였다. 마음이 바빴다. 충주가 적의 손에 떨어졌으니 도성까지는 한달음 길이다. 도성에는 적군과 맞설 정예병도 없었다. 남은 길은… 도성을 떠나는 것뿐. 하지만 파천播遷이라는 말을 듣자 신료들이 펄쩍 뛰는 것이었다.

"아니 되옵니다, 전하. 종묘와 원릉園陵이 모두 이곳에 계시는데 어디로 가시겠다는 것입니까? 도성을 지키면서 외부의 원군을 기다리는 것이 마땅하옵니다."

"그러하옵니다. 전하께서 만일 신의 말을 따르지 않으시고 끝내 파천하신다면 신은 종묘의 대문 밖에서 스스로 자결할지언정 감히 전하의 뒤를 따르지 못하겠나이다."

"전하께서 일단 도성을 나가시면 인심은 보장할 수 없습니다. 전하의 연輦을 멘 인부들도 길모퉁이에 연을 버려둔 채 달아날 것입니다."

목 놓아 통곡하는 자까지 있었다. 임금은 그만 짜증이 일었다. 나라고 해서 도성을 떠나고 싶겠는가. 하지만 적군이 코앞까지 밀려왔는데 이곳에서 넋 놓고 어찌하란 말인가. 더 이상 얼굴들도 보기 싫었다. 그만들 물러가라, 말하고 내전으로 들어가버렸다.

이때 대신 이하 모두가 입시할 적마다 파천의 부당함을 아뢰었으나 오직 영의정 이산해만은 그저 울기만 하다가 나와서 승지 신잡申磼에게 옛날에도 피난한 사례가 있다고 말하였다. 이에 모두가 웅성거리면서 그 죄를 산해에게 돌렸다. 양사가 합계하여 파면을 청했으나 상이 윤허하지 않았다.

- 《선조실록》 1592년 4월 28일

다음 날인 4월 29일, 파천은 결정되었다. 소식을 들은 종친 몇몇이 대전에 들어와 파천의 부당함을 울며 고하였다. 임금은 파천은 하지 않겠다, 마땅히 그대들과 함께 도성에 남아 목숨을 바칠 것이다, 다독였다. 종친들은 그 말을 믿고 물러났으나 임금의 마음이 바뀐 것은 아니었다.

류성룡 또한 파천 논의가 시작되었을 때 마음 무겁지 않을 수 없었다. 명색이 재상이니 한마디 말에도 책임을 져야 할 것이다. 무엇이 나은 길일까. 이 나라를 살릴 수 있는 길을 찾아야 한다. 무작정 파천을 한다고 해결될 일은 아니었다. 임금이 서울을 버리다니, 흩어진 인심을 어찌할 것인가. 울며 막아서는 이들의 마음을 모르지 않았다. 자신 또한 울고 싶은 마음이었다.

하지만 만에 하나… 임금이 적군에게 잡히기라도 한다면. 조선의 운명은 그것으로 끝나고 말 것이다. 지금의 형세로는 도성으로 향하는 적군을 막아낼 힘이 부족했다. 시간이 필요했다. 의병을 모으고 흩어진 군사들을 다시 규합하면서 명의 원군을 청해 올, 그 시간을 벌어야 했다. 일단 평양으로 떠날 수밖에 없겠다. 그사이, 다시 돌아올 근거를 마련해야 한다.

이미 파천을 따르는 것만으로도 역사의 죄인으로 남아야 할 일이었다. '아니, 좌상마저도 그리 말씀을 하십니까!' 파천을 반대하던 장령掌令 권협權悏의, 그럴 줄은 몰랐다는 원망이 귀에 쟁쟁했다. 하지만 내 이름 하나가 대수인가. 그래서 이 나라를 지킬 수 있다면 의당 그리할 것이다. 그저 앉아 울고만 있다고 해결될 일은 없었다.

대세는 기울었다. 일단 평양으로 올라가 그곳에서 원군을 기다리기로 의견이 모아졌다. 남는 자와 떠나는 자, 그 길이 남았을 뿐이다. 영의정 이산해는 백관을 대표하여 호종扈從을 해야 할 것이다. 좌의정 류성룡은 체찰사의 임무가 있으니 도성에 남아서 전란의 상황을 지휘하게 될 것이었다. 그렇게 신료들의 길이 정해지고 있었다. 이 또한 임금의 뜻이었다.

오직 류성룡 한 사람뿐인데

도승지 이항복*에게 중사中使가 임금의 뜻을 전하러 왔다. 임금의 전언에 이항복은 잠시 생각에 잠겼다. 아니 될 일이다. 류성룡을 남겨두고 떠나려 하시다니, 대체 전하께서 앞일을 어찌하시려는 것인가. 임금을 가장 가까이서 모시는 도승지의 자리였으니, 호종에 필요한 인물들의 무게를 가늠해보았던 것이다. 류성룡이 없다면… 이 어려운 시기를 어찌 풀 수

---

* 이항복李恒福. 1556~1618년. 1580년 문과 급제. 도승지와 각 판서를 지내며 전란 수습에 공이 컸다. 권율의 사위이며 이덕형과의 우정으로도 유명하다. 오성부원군鰲城府院君에 봉해졌다. 자는 자상子常, 호는 백사白沙.

있겠는가.

어가가 떠난다면 결국 도성을 지키기는 어려울 것이다. 그렇다면 류성룡이 패전의 죄를 짊어질 터인데…. 자칫 그 죄가 그를 영원히 옭아맬지도 모르는 일. 전쟁이라 해서 당쟁이 멈추겠는가. 이제 시작된 전쟁이었다. 나라를 위해 정녕 필요한 인물이었으니 그에게 괜한 시비를 덧붙여서는 안 될 일이다.

사사로운 감정으로 류성룡을 편드는 것은 아니었다. 이 극심한 당쟁에서 그를 지켜주고 싶은 마음 또한 나라를 위한 것이었다. 사실 이항복 자신과 류성룡은 당색마저 다른 이들이 아닌가. 아무래도 가까이 지낼 수는 없는 사이였다. 연배며 자리 또한 그랬다. 그는 이미 오십에 들어선 재상이었다. 서른 몇의 도승지와 나란할 수 없는 무게였다.

그런데도 어째서인가. 이항복은 류성룡이 없는 조정을 생각할 수 없었다. 그렇다고 류성룡에게 상대를 압도하는 풍모가 있는 것은 아니었다. 재상다운 위엄이 흘러넘친다고 하기도 어려웠다. 그는 조용했으며 말수도 많지 않았다. 게다가 어쩐 일인지, 그런 느낌마저도 들었다. 모두와 함께 있으면서도 혼자 있는 사람 같다는. 다만 류성룡은 상대가 누구든, 그 말을 잘 새겨들을 줄 아는 이였다. 게다가 풀어야 할 일들을 제대로 풀어낼 수 있는 사람이었으니. 이것이 그에게 기대고픈 마음을 일게 하는 것일까. 쾌활한 어조로 어지간한 농도 마다치 않는 자신과는, 여러 모로 닮지 않은 이였다.

전란을 알리는 첫 장계가 도착했을 때, 충주마저 무너져 파천이 결정되었을 때. 이항복이 떠올린 이름이 류성룡이었다. 하늘이 임금을 아주 버리지는 않으셨구나, 다행스러웠다.

시간이 없었다. 이항복은 동료들에게 자신의 뜻을 밝혔다.

"신료들에게 어가를 호종하라는 명이 내렸습니다. 영상께서 어가를 모시고, 좌상께서는 도성을 지키라 하셨습니다. 그런데…."

임금의 뜻이니 따라야 할 일이었다. 하지만 이항복은 할 말이 더 남았다는 어조였다.

"말씀을 이어보시지요."

노사형盧士馨의 호응에 이항복은 말을 이었다.

'피란 간다는 명령이 내려지자 궁중은 이미 텅 비었으니, 서울을 떠날 때는 호종하는 이가 반드시 적을 것입니다. 만약 국경 끝까지 피란 가서 머물게 된다면, 강 하나만 건너면 바로 명나라 땅입니다. 거기에 가면 당연히 수작하고 대응할 일이 있을 것입니다. 그런데 현재 조정 대신으로 명민하고 숙달되어 전고에 밝고 외교에 능숙한 이는 류모柳某 한 사람뿐입니다. 지금 어가가 떠나면 서울을 지킬 도리가 없을 테니 류모를 남겨두어보았자 패전의 신하밖에 아니 될 것이나, 어가를 호종케 하면 반드시 도움 되는 일이 있을 것입니다. 상감께 계청하여 따라가도록 하는 것이 어떻겠소?' 노사형이 턱을 끄덕이고, 여러 동료들도 모두 옳다고 했다. 내가 즉시 계사를 초고한 채로 정서할 겨를도 없이 전갈 온 사람에게 주어서 상께 아뢰었다. 상이 곧 윤허하고, 다시 이양원에게 명하여 남아서 서울을 지키게 하였다.

— 이항복 〈서애유사西厓遺事〉《백사집白沙集》

류성룡은 다시 어가를 수행하라는 명을 받았다. 승정원의 계청에 따랐다고 하니 아마도 명나라 원군 문제를 염두에 둔 것일 게다. 자신의 목숨 같은 것, 이미 나라와 운명에 매였다고 생각했다. 재상의 자리에서 전란을 맞은 것만도 죽어 마땅할 죄였다.

다만 자신이 어가를 따른다면… 늙으신 어머니와 어린 자식들이 마음에 걸렸다. 지금은 나랏일에 전념을 해도 모자랄 때였다. 한참을 망설이다 임금께 청을 올렸다. 전하. 신은 마땅히 목숨을 바치고 어가를 따라 가겠사오나, 신에게 늙은 어머니가 있사옵니다. 신의 형은 벼슬을 해임시켜 어머니와 함께 피난하도록 하여주시옵소서….

임금의 허락으로 형 류운룡柳雲龍이 벼슬을 벗었다. 남달리 우애가 돈독한 형제였다. 바쁜 동생을 배려하여 항시 집안의 모든 일을 대신해준 형님. 재상의 자리에 선 동생에게 누가 될까 선비로서의 몸가짐을 돌아보고 또 돌아보며 살아온 분이었다. 작은 벼슬자리를 오히려 다행으로 여기고 학문에 정진해온 형님에게, 이제 자식들까지 거두어 달라 했다. 죄스러웠다.

3년 전 아내가 세상을 떠났을 때, 막내아들 진이의 나이는 여덟 살. 유독 자신을 많이 닮았었다. 이제 열한 살 된 막내아들의 얼굴을 다시 한 번 돌아보았다. 겁내는 기색 따윈 내비치지 않았다. 형들을 따라 말없이 절을 하며 얼마가 될지 모르는 이별의 시간을 받아들이고 있었다. 나라의 일이 무거워진 이 몇 해 동안 아이들은 그렇게 자라주고 있었던 것이다. 나라를 그르쳐 전란을 맞은 재상이, 그렇다고 집안 하나 제대로 건사하지도 못한 채였다. 이 전란에서 목숨이라도 지킬 수 있다면 이 또한 하늘의 도우심이리라.

· 류성룡, 7년의 전쟁 ·

그날 밤에 아버님이 대궐에서 나와 계시어 할머님께 울며 절하시고 하직하시었는데 할머님이 말씀하시되 "정승이 벌써 나라에 몸을 허하였거늘 어찌 나를 돌보리오. 나는 염려치 말고 주상을 모시옵고 국사를 힘써 하라" 하시니 아버님이 두 번 절하시고 목이 메어 말씀을 못하시더라.

– 류진[*] 《임진록壬辰錄》

임금의 마음은 이미 서쪽으로

소문은 빠르게 퍼져 나갔다. 임금이 도성을 버릴 것이라, 곧 왜적이 밀려 들어올 것이라, 민심은 걷잡기 어려워졌다. 도성을 지킬 것이라는 임금의 교지를 믿는 자는 없었다. 하긴, 임금은 순행巡幸에 대비하여 이미 벼슬아치들까지 앞서 파견해둔 상태였다. 임금이 가는 길에, 민심을 달랠 사람이 앞서야 했던 것이다. 도성을 버리고 떠난 임금을, 기뻐 엎드려 맞아줄 백성이 있을 리 만무했으니.

피난을 앞둔 임금은 하나씩 그 이름들을 헤아려보았다. 누구를 보내면 좋을까. 서쪽에서 민심을 얻은 이들이 누가 있을까… 이원익[**]과 최흥원[***]

---

[*]   류진柳袗. 1582~1635년. 류성룡의 막내아들. 임진왜란 당시의 피난 상황을 생생하게 기술한 《임진록》을 남겼다. 임진왜란 후 아버지에게 글을 배워 그 학통을 이었다. 호는 수암修巖.

[**] 이원익李元翼. 1547~1634년. 1569년 문과 급제. 전란 시에 평안도 관찰사, 좌의정, 도체찰사 등을 맡으며 많은 공을 세웠다. 검소한 생활, 애민愛民하는 재상으로 칭송받았다. 완평부원군完平府院君에 봉해졌으며, 자는 공려公勵, 호는 오리梧里.

[***] 최흥원崔興源. 1529~1603년. 1568년 문과 급제. 임진왜란 시 도순찰사를 거쳐 영의정에 올랐다. 세자 광해군을 모시고 분조를 이끌기도 했다.

이 떠올랐다. 이원익은 안주목사를 지낼 때 선정을 베풀어 백성들이 크게 의지하지 않았던가. 황해 감사 시절의 최흥원 또한 민심의 귀의함이 적지 않았다.

결국 이조판서 이원익을 평안도 도순찰사都巡察使로, 최흥원을 황해도·경기도 순찰사로 삼았다. 머뭇거릴 틈이 없었다. 명을 받은 날, 두 순찰사는 하직 인사와 함께 말을 달려 임지로 떠났다. 임금의 마음은 이미 서쪽으로 달려간 상태였다. 떠날 시간만을 정하면 될 일이었다.

> 그러나 도성은 여전히 사대문을 닫은 채 백성들이 피난 가는 것을 금지시켰다. 그래서 도성의 사민들이 밤이면 밧줄을 타고 성을 빠져나갔는데 가족을 서로 잃어버리는 자도 있었다. 겁탈하는 도적이 곳곳에서 출몰하여 남의 재물을 약탈하기도 하고 부녀자를 납치하기도 하여 곡성이 길에 가득하였다. 대간 및 원임 대신·종실이 합문閤門을 두드리면서 사직을 버리지 말 것을 청하고 유생들도 상소하였으나 이미 어찌할 수 없었다.
>
> – 《선조실록》 1592년 4월 28일

궁궐 안이라 해서 다르지 않았다. 4월 29일 밤, 호위하는 군사들마저 달아나버리고 말았다. 심지어 궐문엔 자물쇠가 채워지지 않았으며 금루禁漏는 시간을 알리지 않았다. 떠날 수 있는 자는 모두 피난길에 올랐다. 남은 이들은 이마저도 할 수 없는, 백성도 되지 못한 백성들뿐이었다.

그리고 다시 이일의 장계가 도착했다. 적이 오늘내일 사이에 도성에 들어갈 것이라는 급박한 소식이었다. 장계는 그나마 남아 있는 이들의 마음에 더 큰 두려움을 심었다. 적은 아직 이르지 않았으나 조선의 도성은 이미 패배한 성의 모습 그대로였다. 임금의 마음이 떠난 성에서 민심을 기대할 수는 없는 노릇이었다.

누굴 믿고 살란 말입니까

———

4월 30일 이른 새벽, 임금이 궁궐을 나설 시간이 되었다. 빗줄기가 거셌으나 그렇다고 출발을 지체할 수는 없었다. 아직 걷히지 않은 어둠을 틈타, 도성을 포기한 국왕의 행차가 움직이기 시작했다.

임금이 인정전에서 나와 말에 올랐다. 임금과 세자는 말을 타고 비빈들을 위해서는 뚜껑 있는 교자가 준비되었다. 나머지 궁인들은 모두 걸어서 따라가는 중이었다. 비를 맞으며 진흙탕 길을 걸어야 했다. 그나마도 호종하는 인원은 채 백 명도 되지 않았다. 벽제역에 이르러 겨우 점심을 먹게 되었다. 하지만 말뿐인 한 끼. 왕과 왕비의 반찬만이 겨우 준비되었을 뿐 세자는 반찬도 없을 지경이었다. 그리고 다시 길을 떠났다.

처량한 행차였다. 남겨진 백성들의 원망과 통곡이 길게 이어진, 그 땅을 한 걸음, 한 걸음 지나야 하는 길이었으니. 누군가의 외침이 어가를 막았다 해서 이상할 일도 아닐 것이다.

> 마산역馬山驛을 지날 때 밭 가운데 있던 사람이 일행을 보고는 "나라
> 가 우리를 버리니 누굴 믿고 살라는 말입니까!" 라고 통곡하였다.
>
> —《징비록》

비에 젖은 채 누구도 그 말에 답하지 못했다. 모두들 그저 묵묵할 뿐이었다. 류성룡은 부끄러움으로 고개를 숙였다. 백성의 입에서 터져 나온 나라에 대한 원망… 어찌 흘려들을 수 있으랴. 자신 또한 그 나라를 이끌던 한 사람 아니었던가. 임금은 이 통곡소리를 들었을까. 듣고도 듣지 못한 채 그저 빗소리가 울며 지난 것이라, 그리 생각하고 싶었는지도 모른다. 길을 재촉했다. 어느새 임금의 행렬이 임진강에 이르렀다. 강 건너편, 아무도 기다리는 이 없는 서쪽 땅을 바라보았다.

4월 30일, 분주했던 하루도 지쳐 저물기 시작했다. 이제 내일이면 계절도 여름으로 들어서는가. 서울을 떠난 임금의 행렬은 이 여름이 지나기 전에 다시 도성으로 돌아올 수는 있으려는지. 기어이 해는 기울어 어둠이 짙어져갔다.

• 선조수정실록宣祖修正實錄 •

선조는 실록편찬 역사상 처음으로, 수정본의 실록까지 남기게 된 임금이다.《선조실록》은 광해군 9년(1617)에 완성되었다. 전대에 비해 실록 편찬이 조금 늦었던 것은 광해군 즉위 초기의, 정권을 둘러싼 소북小北과 대북大北 간의 세력 다툼 때문이었는데, 결국《선조실록》은 당시의 권력집단인 대북 계열의 주도로 편찬되었다.

다시 인조반정(1623년)으로 광해군과 그의 시대에 대한 철저한 부정이 이루어지면서, 새로운 권력이 된 서인들은《선조실록》에 대해서도 문제를 제기하기 시작했다. 적신賊臣들에 의해 실록이 편찬되었음이 지적되었고, 왜곡된 내용을 바로잡아야 한다는 의견이 연이어 나왔다. 그 취지에는 동감했으나 역시 국내외가 모두 혼란스러운 시기였던지라 바로 수정작업이 이루어지지는 못하다가, 결국 효종 8년(1657)《선조수정실록》으로 완성을 보게 되었다.

하지만 실록 자체를 완전히 새로 편찬하지는 않았으며, 이미 기록된 역사적 사실들을 전제로 편찬자들의 시각에서 왜곡으로 판단되는 부분들에 수정을 가하는 선에서 작업이 이루어졌다. 예를 들자면, 정인홍이나 정철 등, 각 당파를 대표하는 인물들에 대한 기술에서 전혀 상반된 평가를 내리고 있음을 알 수 있다. 또한 이미 사초史草가 사라진 상황이기 때문에 날짜 파악이 불가능한 사건은 연, 월만으로 정리할 수밖에 없었다.

하지만 수정본이 나온 후에도 《선조실록》 자체를 폐기해버리지는 않았다. 두 실록에 대한 평가 또한 후대에 맡기고자 함이었던지, 두 본의 실록을 모두 남겨둔 것이다. 사관의 목숨을 걸기도 했던 것이 사료를 대하는 조선시대의 입장이라는 점을 생각해보면. 이처럼 '수정'될 수밖에 없었던 두 본의 실록은, 그 존재 자체로 역사의 한 단면을 이야기하고 있다.

· 통신사 : 김성일과 황윤길 ·

1590년, 조선에서 일본으로 통신사가 파견되었다. 성종 10년(1479)의 통신사 파견 이후 무려 111년 만의 일이었다. 정사 황윤길, 부사 김성일, 서장관 허성許筬으로 구성된 사신단은, 1590년 3월 6일 서울을 출발하여 다음 해인 1591년 3월 1일에 복명하였다.

이 사행이 역사의 관심을 끄는 것은 일본 정세에 대한 두 사신의 상반된 보고 때문이다. 황윤길은 필시 전쟁이 일어날 것이라고, 김성일은 그런 정황은 발견하지 못하였다고 보고했던 것이다. 이로 인해 당대는 물론 현재까지도 전쟁 발발의 책임을 김성일에게 돌리는 분위기가 주를 이루어왔다. 또한 그 상반된 보고의 원인을 당파 간의 대립에서 찾기도 한다.

하지만 이러한 해석에는 무리가 따르는데, 서장관 허성은 김성일과 같은 동인이었으나 그 행동과 견해는 서인 황윤길과 함께하고 있다. 그렇다면 '당파'가 그 원인이 될 수는 없을 것이다. 둘의 상반된 보고는 그들 자신의 '생각'과 '본' 것들의 차이 때문이었다고 이해하는 편이 타당하겠다. 황윤길의 눈에는 김성일이 현실을 보지 못하는 자로, 김성일의 눈에는 황윤길이 일본에게 겁을 먹어 사신의 체모를 잃은 자로 보였던 것. 복명 후 김성일은 류성룡에게, 민심의 흔들림을 걱정하여 왜적이 바로 쳐들어오지는 않을 것이라는 보고를 하게 되었다고 이야기한다.

사실 그의 보고 때문에 전쟁이 일어난 것도, 조선이 왜침을 대비하지 않은 것도 아니었다. 이미 소 요시토시 등의 전쟁 경고로 조선도 어느 정도 경계를 하고는 있었다. 다만, 일본군의 전력이 그 정도일 줄은 조선 내의 그 누구도 '상상하기' 어려웠을 것이다.

사신으로서의 김성일에 대해서는 당리를 위해 국익을 버린 자가 아니라, '예'와 '체모'를 중시하였으나 현실적인 정세 판단력이 부족했다는 정도의 평이 적절하지 않을까. 결국 김성일은 경상도 관찰사로서 분투하던 가운데 최후를 맞음으로써, 역사에 오래도록 남은 자신의 '잘못'에 대한 책임을 다하게 된다.

류
❶ 개성
❷ 서울

❶ 5월 1일 선조 개성 도착.
❷ 5월 2일 우의정 유흥, 도원수 김명원 서
울 방어 포기하고 퇴각.
고니시 유키나가 제1군 서울 입성, 이어
가토 기요마사 제2군도 서울 입성.

류 어가 호종.

그렇게 임진강을 건넌 후

강을 건넜다. 대신과 대간을 거느린 임금의 행렬이 임진강을 건넜다. 그리고 5월 초하루의 아침이 시작되었다. 비와 굶주림에 시달리며 꼬박 하루를 보낸 것이다. 머물 곳이 적당치 않았다. 일단 개성에만 들어선다면 잠시 행렬을 수습할 여유가 있을 테니. 이제 며칠 길이면 평양에 이를 수 있을 것이다. 신료들은 애써 마음을 다지고 있었다.

하지만 임금의 마음은 그렇지만도 않았다. 어디로 갈 것인가…. 강을 건너고 나니 더 막막하기만 했다. 애초에 평양에서 시간을 벌며 회복의 길을 찾자는 걸음이었다. 파천이라고는 하나 어디 나라를 버린다는 뜻이랴. 잠시 한 걸음 물러선다는 의논이었다. 하지만 적군이 어디까지 올라왔는지도 모르는데 평양이라고 무사할 것인가. 차라리 압록강을 건너 명으로 들어갔으면…. 아무리 임금이라도 차마 먼저 말을 꺼낼 수는 없었음일까. 재상들을 불러 자신의 답답함을 토로하였다.

아침에 대신들을 소견하여 아계鵝溪 이상공李相公(이산해)과 서애공西厓公(류성룡)이 입대入對하였고 나는 도승지로서 입시하였다. 그런데 대신이 어전에 이르자, 상이 손으로 가슴을 두드리고 울먹이며 괴로움을 호소하면서 차례로 이름을 불러 이르기를 "이모李某야, 류모柳某야,

일이 이미 이 지경에 이르렀으니 기휘忌諱되는 것을 꺼리지 말고 각각 충심을 다해서 말하라. 내가 어디로 가야겠는가?" 하였다. 또 묻기를 "윤두수*는 어디에 있는가? 그는 본래 계려計慮 있는 사람이니 함께 보고 싶구나" 하였다. 내가 명을 받들고 나와 오상梧相(윤두수)을 불러 들여 오상이 어전에 나아갔다.

— 이항복 〈서애유사〉 《백사집》

만약 전하께서 조선을 떠나신다면

"충심을 다해 거리낌 없이 말해보라. 내가 어디로 가야 하겠는가."

임금이 다시 물었으나 아무도 답하지 못했다. 새삼스런 물음이었다. 평양을 염두에 두고 떠난 길이 아니었던가. 하지만 그 속뜻을 모르지는 않았다. 모두들 잠잠하자 임금은 도승지 이항복을 재촉했다.

"승지의 소견은 어떠한가?"

이항복은 망설이지 않았다. 어차피 임금의 뜻이 그러하다면 따르는 것도 도리일 것이다. 적군의 형세로 보아 사실, 평양의 안위도 장담할 수 없었다. 현실적인 방안이 있어야 했다.

"우선 어가가 의주에 머물며 형세를 보심이 옳을 듯합니다. 만약 우리의 힘이 부쳐서 안전한 땅이 조금도 없을 경우에는… 천조天朝에 호소하

＊ 윤두수尹斗壽. 1533~1601년. 1558년 문과 급제. 서인의 거두로서, 전란 시 좌의정에 올라 의주 행재소의 조정을 이끌었다. 이후 세자의 무군사를 따라 남행, 도체찰사를 맡기도 했다. 해원부원군海原府院君에 봉해졌으며, 호는 오음梧陰.

는 것이 좋지 않겠사옵니까."

"이 땅에 험준한 요새가 아직 많이 남아 있습니다. 함흥과 경성에는 모두 천연의 요새가 있으니, 대관령을 넘어서 그쪽으로 가는 것이 어떠하겠습니까?"

이항복의 말을 들은 윤두수가 조심스레 의견을 내었다. 임금은 이미 마음을 굳힌 듯, 윤두수의 말은 돌아보지 않은 채 류성룡의 의중을 물었다.

"좌상은 승지의 말을 어찌 생각하는가?"

류성룡은 어이가 없었다. 묻는 임금이나, 그 뜻을 따라 답하는 도승지나… 지금이, 명나라로 건너간다는 말을 꺼낼 때인가. 물론 도승지의 말은 임금을 위한 마음이리라. 평소의 그 사람됨으로 보아 한낱 두려움이나 저 혼자의 안위 때문은 아닐 것이다. 하지만 지금, 더 중요한 근본을 놓쳐 그릇된 대책을 내놓고 있으니… 막아야 한다. 윤두수의 생각도 그렇다. 그 궁벽하고 외진 곳으로 들어갔다가 어가가 적에 둘러싸여 고립되기라도 한다면 어찌할 것인가.

"전하, 있을 수 없는 일이옵니다. 만약 대가大駕가 이 땅에서 한 걸음만 벗어나면 조선은 이미 우리의 땅이 아닙니다."

류성룡의 강한 반대 앞에 다급해진 임금은 자신의 속내를 내놓았다. 명으로 들어가 내부內附를 청하겠다는 것이다.

"내부하는 것은 본디 나의 뜻이었다."

"아니 되옵니다. 내부를 하시다니요. 평양에 머물며 나라를 보존할 계책을 세우소서. 명에서도 도움이 있을 것이니 준비하며 때를 기다리셔야 하옵니다."

임금과 류성룡 사이가 긴장으로 아슬아슬, 숨이 막혀왔다. 먼저 말을 꺼낸 이항복이었으니 수습에 나설 수밖에 없었다. 가뜩이나 심기가 불편한 임금이신데 좌상께서 어찌하시려는 겐가. 명으로 건너가겠다는 생각은 그야말로 만약의 경우를 말한 것이었는데…. 주워 담을 수 없으니 해명이라도 해야 했다.

"신의 말은 곧바로 강을 건너버린다는 것이 아니라, 대단히 극한 상황에 대비하자는 뜻이었습니다. 혹여 불행한 일이 생기면 몸을 둘 곳이 없고 발을 용납할 곳이 없게 될 것이니 차라리 잠시 물러나 형세를 보며 후일을 도모하는 것이 낫지 않겠습니까?"

"승지의 마음을 어찌 모르겠는가. 그 말이 가히 옳다."

임금이 이항복을 두둔하고 나섰다. 하지만 계속된 논쟁 가운데서도 류성룡은 뜻을 굽히지 않았다. 영의정 이산해는 아무 말도 없이 그저 엎드려 울기만 할 뿐이었다. 기어이 류성룡이 탄식과 함께 소리를 높였다. 이 막중한 때에 나라를 떠나겠다니, 그런 임금을 더 이상 견딜 수 없었던 것이다.

"적군이 아직 북으로는 올라오지 않았거니와, 이제 곧 호남의 충의로운 인사들이 나라를 구하고자 떨쳐 일어날 터인데. 어찌 조정에서 성급하게 이런 일을 논한다는 말입니까."

이항복은 류성룡의 뜻을, 그 충정을 모르지 않았다. 좀처럼 큰소리를 내거나 화낸 기색을 보이는 법이 없는 류성룡이었으니. 그의 질책은 말을 꺼낸 자신을 향한 것이었으나 실상은 임금에게 하고픈 말이었을 것이다. 명으로 간다, 아니다도 문제였거니와 어찌 온전한 땅을 보전하며 백성과 힘을 합칠 생각은 아니하고… 이런 논의를 한다는 것 자체가 조정의 부끄러움이었다. 이 말이 세간에 퍼지기라도 한다면 민심을 보전할 수 없으리라는, 그런 뜻 아니겠는가. 고개가 숙여졌다. 하지만 이항복 자신도 확신할 수가 없었다. 어가가 어디까지 가야 할 것인가.

이덕형*이 있었다면…. 이항복은 문득 이덕형이 떠올랐다. 답답할 때마다 생각을 나눠주던 벗의 부재가 아쉬웠다. 그의 안위가 걱정스럽기도 했다. 왜군 진영에 사신으로 떠난 지 벌써 여러 날이 지났거늘. 어찌 아직 소식조차 없는 것일까.

동지중추부사同知中樞府事 이덕형을 왜군에 사신으로 보냈다. 상주의 패전에서 진중에 있던 왜역관倭譯官 경응순景應舜이 잡혔다. 이에 고니시 유키나가**가 도요토미 히데요시의 서계書契와 예조에 보내는 공문을 응순에게 주어 내보내면서 말하기를, "조선이 강화할 의사가 있으면 이덕형으로 하여금 28일에 충주에서 나를 만나도록 하라" 하였다. 응순이 서울에 이르렀을 때 사태는 급박하고 계책은 군색한 중에, 혹시 이것으로 왜군의 진격을 지연시킬 수 있지 않을까 생각하였다. 이덕형 역시 가기를 자청하였으므로 예조로 하여금 답서를 짓게 하여 응순을 데리고 가도록 하였다.

— 《선조수정실록》 1592년 4월

그사이 왜군은 충주를 넘어 계속 밀려 올라오고 있거늘. 이덕형은 파천

---

* 이덕형李德馨. 1561~1613년. 1580년 문과 급제. 전란 전후 일본, 명과의 외교를 담당했는데, 특히 명 제독과 경략들의 접반사로서 활약이 두드러졌다. 도체찰사 류성룡의 부사로, 훈련도감의 부제조로 군무에도 공이 컸다. 자는 명보明甫, 호는 한음漢陰.

** 고니시 유키나가小西行長. ?~1600년. 히고쿠니肥後國 우토宇土성의 영주로, 임진왜란 시 제1군을 이끌고 부산에 상륙하여 개전을 알렸다. 사카이堺의 상인인 아버지 고니시 류사小西隆佐에 이어 도요토미 히데요시를 섬겼다. 전쟁보다는 무역이 일본에 도움이 된다고 생각. 전쟁 기간 동안 강화협상을 주도했다.

의 소식조차 모르고 있을 것이다. 적진 어디쯤에서 곤경에 처한 것은 아닌지. 혹여 화를 당하지는 않았는지. 전장에서 고생하고 있을 그를 떠올리니 그저 미안하기만 했다. 임금을 곁에서 모시는 자신에게 위험할 일이야 있겠는가…. 하지만 임금과 대신들 사이에서, 피난길에 나선 도승지의 마음은 기댈 곳 없는 천 길 낭떠러지 같았다. 따뜻하면서도 진중한 벗이 그리웠다.

류성룡, 하루 동안의 영의정

압록강을 건너 명으로 들어가겠다는 임금의 뜻은, 결국 잠시 멈추게 되었다. 하지만 임금의 마음이 부끄러움이나 깨달음으로 멈춘 것은 아니었다. 그날 저녁 개성에 도착하고부터 파천의 책임을 지고 수상을 파직하라는 대간들의 탄핵이 시작되었다. 명에 내부를 청하느냐의 문제로 격론이 오간 지 하루도 지나지 않은 때였다. 탄핵은 다음 날인 5월 2일 이른 아침부터 다시 이어졌다.

전란의 책임을 물어야 할 것이었다. 임금을 이처럼 비참한 피난길에 오르게 했으니, 누군가는 져야 할 책임이었다. 대간들의 탄핵이 아니라 해도 그저 잠잠할 수는 없는 일이었다. 왜군은 일각을 쉬지 않고 북상 중이었으나 개성에서 맞은 첫 아침을, 임금과 대간들은 파직을 논하느라 열띤 분위기였다. 전장의 뜨거움도 이 같지는 못했을 것이다.

하지만 논의가 길어질수록 수상을 탄핵하자는 이야기는 묘하게 그 방향이 틀어지기 시작했다. 좌상에게도 같은 죄를 물어야 한다는 뜻밖의 주장이 나왔기 때문이다. 임금이 말했다.

"파천을 결정한 날 간하여 말리지 못한 죄는 영상이나 류성룡이 같은 데, 어찌하여 지금 유독 영상만 논하고 성룡은 언급하지 않는가? 만약 영상을 죄준다면 성룡까지 아울러 파직해야 할 것이다."

민준閔濬이 아뢰기를 "삼사가 함께 의논하였는데 유독 산해만 논한 것은 그 뜻이 있을 터이니 삼사에 하문하소서" 하고, 이충원李忠元은 아뢰기를 "죄를 균등하게 주어야 한다는 말씀은 지극히 공변됩니다. 하지만 산해는 오랫동안 인심을 잃었고 류성룡은 사람마다 촉망하는데, 만일 함께 파직하신다면 인심이 반드시 놀랄 것입니다" 하니, 상이 이르기를 "군사의 일을 완만히 하여 실패시킨 죄는 성룡이 더 무겁다" 하였다. (…) 여러 신하들이 모두 아뢰기를 "성교聖敎가 지당하오나 이렇게 시국이 뒤숭숭한 때에 하루 동안에 대신을 모두 체직시킴은 옳지 못합니다" 하였다. (…)

상이 이르기를 "오늘 적을 피하자는 논의는 영상과 좌상이 다를 바가 없었다" 하였다. 이괄이 아뢰기를 "파천에 대한 논의는 영상이 한 것으로 모든 사람들이 알고 있습니다" 하니, 상이 이르기를 "어쨌든 변란에 대응하지 못하고 적의 칼날을 받게 한 죄는 대신이 함께 져야 된다" 하였다. 한응인韓應寅이 아뢰기를 "함께 죄주어서 면려시키는 것이 좋겠습니다" 하고, 정창연鄭昌衍은 아뢰기를 "죄는 같은데 벌이 다를 수 있겠습니까. 대신들도 필시 일은 급하고 지혜는 짧아 부득이 이런 계책을 냈을 것입니다" 하니, 상이 이르기를 "미리 막지 못하고 적으로 하여금 마치 무인지경을 들어오듯 하게 하였으니 대신들이 어떻게 죄를 면할 수 있겠는가. 나는 이 적들을 한없이 우려했는데 도리어 내가 한 말을 비웃었으니, 이 점에 대해서는 성룡 혼자 그 죄를 받아야 된다. 민폐가 된다고 하여 예비하지 않아 방비가 허술하게 만든 것은 모두가 성룡의 죄다" 하였다.

윤근수*가 아뢰기를 "대신이 없게 되었으니 이런 때에 대신이 없으면 어찌하겠습니까?" 하고, 홍인상은 아뢰기를 "떠도는 말을 듣건대, 이번 파천에 대하여 통분하게 여기지 않는 이가 없습니다. 이 파천 계획은 이산해가 주장한 것입니다. 어가가 출발한 뒤로도 행색이 망극하여 사람들이 통분하게 여기므로 삼사가 아뢴 것입니다. 류성룡의 일에 대해서는 신은 알지 못합니다" 하니, 상이 이르기를 "사람들의 의견이 이와 같으니 성룡을 파직하라" 하였다.

―《선조실록》 1592년 5월 2일

하지만 한날에 두 재상을 모두 파직할 수는 없는 일이었다. 결국 영의정 이산해를 파직하고 좌의정 류성룡을 영의정으로 삼게 하였다. 좌의정에는 최흥원을, 우의정에는 윤두수를 임명했다.

그렇다고 임금의 불편함이 그대로 가라앉은 것은 아니었다. 그저 울고만 있을 뿐 아무 대책이라곤 없는 이산해도 마음에 들지 않았으나, 대놓고 내부를 막아서는 류성룡에겐 노여움이 일었다. 아니, 섭섭하기까지 했다. 내부를 해서는 안 된다고, 끝까지 고집을 꺾지 않다니. 신하 된 자가 감히 임금 앞에서. 무어라? 한 걸음도 이 땅에서 벗어나선 안 된다고? 다

---

* 윤근수尹根壽. 1537~1616년. 1558년 문과 급제. 전란 시 예조판서로서 명과의 외교를 주로 담당했다. 윤두수의 동생으로, 형제가 나란히 요직을 거치며 임금의 총애를 받았다. 해평부원군海平府院君에 봉해졌다.

시 서인西人을 등용해볼까, 마음이 흔들리기 시작했다. 마침 북쪽 강계 땅에서 정철*이 유배 중이지 않은가. 어명을 내렸다. 인성부원군 정철을 이곳으로 부르라!

대간들은 임금의 마음을 읽었다. 이산해만으로는 아니 될 일. 류성룡도 그 자리에서 물러나야 한다. 임금은 지금 서인들에게 기대겠다는 뜻이었다. 하지만 이 전란 가운데 이렇게 재상들을 흔들어도 되는 것일까. 걱정하는 이들도 없지는 않았으나, 신하를 들어 쓰는 일은 임금의 권한이다. 임금을 거스를 수는 없을 터. 이미 파천을 결정하면서 윤두수가 다시 돌아와 재상에 오른 뒤였다. 정철까지 풀려난다면…. 서인들에게 다시 나라를 경영할 기회가 주어지는 것이다.

결국 그날 저녁. 하루를 넘기지 못하고 다시 어명이 내렸다. 영의정으로 명한 류성룡을 파직하라 했다. 파천의 책임을 이산해에게만 물을 수는 없다는 것이었다.

> 나는 죄로 인하여 파직당하였고 유홍**이 우의정으로 임명되었으며 최흥원, 윤두수가 차례로 승진하였다. 적이 아직 서울에 이르지 않았다는 소식을 듣고 사람들은 모두 임금의 피난이 실수였다고 비난하였으므로, 승지 신잡을 돌려보내 형세를 살피게 하였다.
>
> – 《징비록》

---

* 정철鄭澈. 1536~93년. 1562년 문과 급제. 서인의 영수로서 기축옥사를 다스렸으나 건저사건建儲事件으로 유배에 처해졌다. 전란 시 해배되어 명에 사은사로 파견되었는데 이때의 언행이 문제가 되어 다시 유배, 강화도에서 졸했다. 시문詩文의 대가로 인성부원군寅城府院君에 봉해졌으며, 호는 송강松江.

** 유홍俞泓. 1524~94년. 1553년 문과 급제. 전란 시 우의정에 올라 세자 광해군의 분조 활동을 도왔다. 왕비 호종 중에 해주에서 졸했다. 기성부원군杞城府院君에 봉해졌다.

열아홉 살 임금과 스물아홉 살의 신하

하루 사이에 류성룡은 영상의 자리에서 백의의 몸이 되었다. 자리의 무게를 감당치 못했으니 파직을 당하고 죄를 준다 해도 받아야 할 일이었다. 벼슬을 사직하고 고향에 머물던 때가 없지는 않았으나, 파직이라…. 전란 중이었다. 자신의 파직이 문제가 아니었다. 이 피난길에서 느닷없이 재상이 연이어 바뀌다니, 그 혼란스러움이 걱정이었다. 마음을 가지런히 하고 뜻을 한곳에 모아도 쉽지 않은 때였다.

류성룡을 정녕 힘들게 한 것은 파직보다도, 임금의 마음을 온전히 알고 있지 못한다는 서글픔이었다. 전란을 미리 대비하라는 임금의 명을 비웃었다… 하셨다. 제승방략을 폐하고 진관제도를 복구하소서…. 이일을 경상우병사로 임명하소서…. 임금은 지난해 자신이 올렸던 대비책들을 모두 잊으신 것인가. 잊고 싶으신 것인가. 임금의 마음은 여전히 흔들리며, 또 서성이고 있는 게다.

임금의 마음 앞에서 류성룡은 오랜 기억들을 떠올렸다. 자신이 출사하여 나라를 위해 하고자 했던 일이 바로, 임금의 마음을 바로잡는 그것 아니었던가. 그렇게 마음먹었던 젊은 자신의 모습이 되살아났다. 경오년庚午年(1570) 봄. 열아홉의 임금과 스물아홉의 신하였다.

젊은 그들은 꿈이 있었다. 따뜻한 마음의 나눔이 있었다. 이 나라를, 조선을, 제대로 만들어보자. 홍문관* 수찬修撰으로 경연에 들던 그때. 임금

---

* 홍문관弘文館. 궁중 문서 업무 등을 맡았던 관청으로 언론 · 감찰기관의 역할도 담당했다. 별칭은 옥당玉堂. 사헌부 · 사간원과 아울러 삼사三司라 한다. 장관은 대제학으로 문형文衡이라 불렸으며, 당대 제일의 문장가로 임명했다.

·류성룡, 7년의 전쟁·

께서 물으셨지. 천수天數와 인사人事는 무엇인가. 류성룡은 기쁜 마음으로 아뢰었다.

"천수란 추위나 더위와 같고, 인사는 가죽이나 갈포 옷과 같습니다. 추위와 더위는 사람의 힘으로 어떻게 바꿀 수 없으나, 가죽옷이나 갈옷을 갖추는 것은 사람에게 달려 있는 일입니다. 이것이 바로 성인들이 천수는 말하지 않고 오로지 인사만을 말한 까닭이옵니다."

"그러한가. 할 수 있는 것을 잘 준비하라는 말씀인 게지요."

임금은 고개를 끄덕이며 옅은 미소를 띠었다. 경연이 지루할까, 항상 적절한 비유를 섞어 풀어주는 류성룡의 마음이 느껴진 까닭일 것이다.

"그렇습니다, 전하. 할 수 있는 것을 잘 준비한다면, 나라의 다스림 또한 어긋남이 없을 것입니다."

"그대의 말은… 마음을 기울여 듣게 하는 힘이 있으니…. 학문이 부족한 과인을 잘 이끌어주시오."

류성룡은 그런 임금을 마주하며 자신의 출사가 헛되지 않기를 진심으로 바랄 뿐이었다. 젊은 임금은 공부를 게을리하지 않는 군주였다. 이보다 다행스런 일이 어디 있겠는가. 경연에서 묻고 대답함이 물의 흐름과 같았으니, 그렇게 임금의 학문도 앞으로 나아가면 될 일이었다. 임금은 그 한 몸의 무게가 곧 이 나라의 무게 아닌가.

후사 없이 승하하신 명종明宗을 이어, 열여섯 어린 나이에 느닷없이 보위를 물려받은 임금이었다. 세자가 아니었기에 군주로서 갖추어야 할 학문을 미리 닦지도 못한 채였다. 하지만 공부하기를 즐겨 하였으니 이대로만 정진해주신다면 걱정할 일은 아니었다. 류성룡은 그런 임금을 보며 이제 조선도 맑은 정치를 펼칠 수 있으리라, 마음이 부풀었다. 선왕 대의 권신들이 물러난 자리에, 다시 사람의 반듯함으로 임금을 모실 수 있으리란 기대였다.

자신의 학문이 쓰일 곳은 여기여도 좋겠다는 생각이었다. 처사의 학문으로 스스로를 완성하는 데 뜻을 두지 못했으니. 세상으로 나섰다면, 나라와 백성을 위해 일하기로 마음먹었다면. 그 나라와 백성을 다스리는 임금을, 임금의 마음을 바로세우는 것만큼 값진 일이 어디 있겠는가. 임금의 마음을 바로잡을 수 있다면 그것이 곧 나라를 바로잡는 근본일 터. 권력은 오직 임금에게 있었다. 백성을 살릴 수도, 나라를 부강케 할 수도 있는 힘. 하지만 그것을 막을 수도 있는 힘이다. 임금이 바로 서야 한다.

> 선생이 옥당에 오래도록 있으면서 흔쾌히 임금의 마음을 바로잡는 것을 자신의 임무로 삼았다. 입대할 때마다 마음가짐을 가다듬고 성의를 다하여 의리를 진술하고, 정밀한 뜻을 분석하며 고금을 인용하면서 납득이 가도록 간곡하게 설명하였다. 이에 상이 항상 칭찬하였으며, 한때 사대부들이 추대하여 강관의 제일로 삼았었다. 부제학 유희춘柳希春이 늘 감탄해 마지않으면서, "류 수찬 같이 어려운 일을 실행하도록 권고하고 착한 도리를 말해주는 이가 또다시 있을까" 하였다.
>
> —《서애선생연보》 1570년 3월

추억 속의 기쁨, 그리고 아픔들

그 경오년은 추억 때문에 설레고, 추억 때문에 아픈 해이기도 했다. 류성룡은 연이어 피어오르는 봄과 여름, 그리고 가을과 겨울의 느낌들로 마음이 아련해졌다. 그런 때가 있었던가. 어쩌면 꿈이었던 것은 아닐지.

젊은 시절이란 늘 이처럼 그리운 것인지도 모른다. 하지만 그 시절에 대한 그리움이 젊음 때문만은 아니다. 그때가 좋았던 건… 동과 서를 나누고 남과 북을 가르는 당색 같은 것, 그런 이름이 없었던 까닭이다. 누군가의 진심도 진심으로 받을 수 있었던. 누군가의 충정도 그대로 충정으로 남을 수 있었던.

류성룡은 다시 그해 가을, 그저 젊은 관료로 푸르던 시절이 떠올랐다. 독서당讀書堂에서 사가독서賜暇讀書의 은혜를 입었던 것이다. 글을 읽고 생각을 깨우쳐 나라를 위해 그 학문을 펼쳐보라는. 조선의 아름다운 꿈이었다. 그 가을, 서늘하면서도 아늑한 젊음이 그리워지기 시작했다. 가슴이 시려왔다.

한강변 고요한 풍광 속에 독서당이 단정하게 자리 잡고 있었지. 글을 읽기에, 사색을 누리기에 맞춤한 곳이었다. 그 독서당 옆 작은 언덕에 앉아 저 멀리 서편으로 기울어지는 해를 바라보곤 했다. 강줄기는 넓었으나, 언덕의 느낌만큼은 고향 하회에서 바라보던 서쪽 언덕과 닮아 있었다.

가을바람으로 더 깊어진 그 강물은 또 어떠한가. 하루의 오고 감도, 계절의 흘러감도… 모두가 아름다웠다. 그렇게 순리에 따라 제자리를 지키고 있는 것이다. 그 가지런한 평온함이 좋았다. 글을 읽고 강변을 걷거나, 혹 오래도록 저녁이 다가오는 소리에 귀 기울이고. 다시 작은 불을 밝히고 글을 읽으며 긴 밤을 홀로 충만했었다.

그 시간이면 스승인 퇴계 선생을 그려보곤 했다. 도산으로 물러나 학문에 정진하시는 스승을, 그의 삶을. 자신의 말년 또한 그렇게 자연으로 돌아가 학문으로 자족하는 삶이었으면 좋겠다. 꿈꾸었다. 그 겨울, 스승의 부음을 듣고 통곡하면서, 그래도 스승을 마음에서 편히 놓아드릴 수 있었던 것은 이 때문일 것이다. 퇴계 선생은 그 스스로 자신의 세상을 만든 분이었다. 학문의 무게와 그 깊이를 알리신 분이었다.

하지만 류성룡은 스승의 삶을 따를 수 없었다. 그 자신도 예상치 못한 사림 사이의 균열이 조금씩 생기고 있었기 때문이다. 그렇다고 류성룡이 수수방관, 홀로 떨어져 여유로울 수 있는 이도 아니었다. 그를 둘러싼 이들에게도 그랬다. 그를 조용히 놓아둘 수는 없었던 것이다. 문제의 시비는 작은 것에서 시작되었으나 그 불이 의외로 커져버렸으니. 당사자들도, 그 작은 불씨를 바라보던 이들도 예상치 못한 일이었다. 작은 시비에서 시작된 갈등은 어느새 동인과 서인의 큰 무리로 나뉘어, 더 이상 서로를 용납하지 못할 지경으로까지 치달았다.

류성룡은 독서당 시절을 생각하면 그래서 더 가슴이 아려오기도 했다. 독서당의 계회契會를 함께했던 그때까지만 해도 그렇지는 않았었거늘. 그 때 함께 모였던 이이李珥도, 정철도, 윤근수도… 한자리에서 그저 한가롭지 않았던가. 모두 각자의 색이 달랐을 뿐. 그래서 벗이 되거나 혹, 그렇지 않았을 뿐. 그뿐이었다. 벗이 되지 못했다 하여 소인小人으로 몰아붙일 이유 따위는 없었다.

그때부터였을까. 뒤엉키기 시작했다. 임금과 신하로 만난 우리였으나. 임금이 신하를 믿지 않게 되면서, 신하들이 서로를 믿지 않게 되면서. 기어이 임금은 신하들의 마음 사이를 떠돌며 때론 흔들리고 때론 노여워했던가. 한번 의심이 시작되자 누구에게도 온전히 마음을 열지 않았다.

세상에 진실로 대인군자가 있어 붕당의 화를 제거하려고 한다면 다른 방도가 없다. 오직 먼저 그릇된 임금의 마음을 바로잡는 데에 힘써야 한다. 임금의 마음을 허명虛明하고 공정하고 넓게 하여, 가리고 현혹되는 바가 없게 한다면, 천하의 표준이 이미 확립되고 조정 백관이 모두 바른 데에 돌아가 붕당의 화는 일어나지 않을 것이다.

— 류성룡 〈구양자붕당론歐易子朋黨論〉

임금의 마음···. 붕당의 화를 없애려면 이 또한 임금의 마음이 먼저 바로 서야 할 일이다. 임금이 용납하지 않는다면 붕당 또한 기댈 곳이 없는 일. 결국, 붕당에 힘을 실어주는 것도, 붕당을 기회로 권력을 다지게 되는 것도··· 임금의 마음에 달린 일이다. 그 임금의 마음을 바로잡고자 부푼 기대로 강연장에 들던, 그 시절 때문에··· 류성룡의 경오년은 그저 기억 속에서 잠잠할 수 없었다.

그 밤 내내 잠을 이루지 못한 채 류성룡은 옛 기억들 사이에서 힘겨웠다. 그러다 결국 이른 곳이 기축년. 동인의 무리가 다시 더 작은 갈래로 나뉘어버린 그때. 자신과 이산해가, 자신과 정인홍*이··· 더 이상 같은 길을 걷지 못하게 된 그때. 하지만 기축년, 그 마음의 방은 굳게 닫힌 채 여전히 그 안을 보여주려 하질 않았다. 악몽을 꾼 것마냥 그 문 앞에서 온 밤 내 시달렸던가. 차라리 다행일까. 아침, 더 이상 생각에 잠길 수도 없었다. 기억에서 돌아온 자신은 피난길 위에서, 그것도 파직된 몸이었다.

---

* 정인홍鄭仁弘. 1535~1623년. 1573년 학행으로 천거. 조식曹植의 수제자로 남명학파를 이끌었으며 전란 시에 의병장으로 활동했다. 산림山林의 권위로 세자 광해군을 적극 지지. 이후 영의정에 오르는 등 대북파의 영수로 군림했다. 호는 내암來庵.

그렇다고 임금을 떠날 수는 없었다. 한가로운 나들이 길이 아니질 않은가. 임금은 지금, 조선의 국왕은 지금… 도성을 떠나 적군을 피해 하나의 성에서 또 다른 성으로 바쁜 걸음을 재촉하는 중이었다.

어찌 돌아설 수 있겠는가. 어가가 무사히 도성으로 돌아가기 전에는 절대로 나의 마음이 먼저 지쳐 나라를, 임금을 등질 수는 없는 일이다. 할 일이 주어지지는 않았으나 그래도 할 수 있는 일이 없지는 않을 것이다. 나라의 녹을 먹은 것이 스무 해가 넘었으니 이렇게라도 그 죄를 나누어야 하리라.

그런데 정말 왜군은 아직 도성에 이르지 않은 것일까. 형세로 보아서는 하루 이틀을 넘기지 못할 것이라, 파천을 서두른 것이었는데. 승지 신잡은 지금쯤 도성에 들어갔을까. 이양원과 김명원*은 무사히 도성을 지키고 있는 것일까. 파직된 재상은 그 근심까지 털어버리지는 못했다. 여전히 그의 몸과 마음은 나라에 매인 채, 백의의 몸으로 행렬의 뒤를 따랐다.

서울 함락, 항전 조차 없었다

류성룡이 수상에 임명되었다가 다시 파직된 그날. 왜군이 서울을 점령했다. 수성하는 부대와 맞붙어 싸운 것도 아니니 함락이라 말하기도 어려웠다. 적군이 도성에 들어왔을 때 이미 궁궐은 불에 타고, 성은 한 차례 천재天災가 휩쓸고 지나간 것만 같았다. 도성에 불이 난 것은 누군가의 실화

---

* 김명원金命元. 1534∼1602년. 1561년 문과 급제. 전란 시 도원수로 임명되어 서울 방어를 맡았으나 실패했다. 1593년 6월 도원수가 권율로 교체된 후 조정으로 돌아와 각 조의 판서를 거쳐 좌의정의 자리에 올랐다.

失火는 아니었다. 임금이 버리고 떠난 도성에서 터져 나온, 분노의 불길이
었다.

> 도성의 궁성에 불이 났다. 거가가 떠나려 할 즈음 도성 안의 간악한
> 백성이 먼저 내탕고*에 들어가 보물을 다투어 가졌다. 이윽고 거가가
> 떠나자 난민이 크게 일어나 먼저 장례원掌隷院과 형조刑曹를 불태웠으
> 니 이는 두 곳의 관서에 공사 노비의 문적文籍이 있기 때문이었다. 그
> 러고는 마침내 궁성의 창고를 크게 노략하고 불을 질러 그 흔적을 없
> 앴다. 경복궁·창덕궁·창경궁의 세 궁궐이 일시에 모두 타버렸다.
> (…) 임해군臨海君의 집과 병조판서 홍여순의 집도 불에 탔는데, 이 두
> 집은 평상시 많은 재물을 모았다고 소문이 났기 때문이었다. 유도대
> 장留都大將이 몇 사람을 참하여 군중을 경계시켰으나 난민이 떼로 일
> 어나서 금지할 수가 없었다.
>
> – 《선조수정실록》 1592년 4월

 도성 사수의 책임을 맡은 우의정 이양원과 도원수 김명원은 분노한 민
심을 어루만지지도, 다잡지도 못했다. 그렇다고 적군과 맞붙는 데 남은
힘을 쏟은 것도 아니었다. 한강을 방어하기 위해 강변에서 진을 치고 있
던 김명원도, 성 안에서 대기하고 있던 이양원도 자신의 자리를 지키지
못했다. 죽음으로 맞서지도 않았다. 적이 강을 건너기도 전에 도원수는
이미 도성을 포기했던 것이다.

---

* 내탕고內帑庫. 조선시대에 왕실의 재물을 보관하던 어고御庫.

애초에 수성하겠다는 굳은 의지로 남은 것도 아니었으니. 어차피 패할 전투라면, 무모하게 싸우지 말고 퇴각하는 것이 낫겠다는 판단이었을까. 파천이 단행되었으니 조정 또한 도성의 운명에 모든 것을 걸겠다는 뜻은 아닐 거라는 변명이, 작은 위로가 되어 도망치는 그들의 발걸음을 조금 가볍게 해주었을 것이다. 임금의 행렬을 따라 가려는 마음뿐이었는지도 모른다.

> 도원수 김명원은 제천정濟川亭에 있었는데 적이 다가오는 것을 보고는 감히 싸울 생각을 하지 못하고 병기, 총포, 기계를 강에 가라앉히고 옷을 바꿔 입고 달아났다. 종사관 심우정沈友正이 크게 말렸지만 따르지 않았다. 이양원은 성 안에 있다가 한강의 부대가 이미 흩어졌다는 소식을 듣고 서울을 지킬 수 없음을 알고는 그 역시 성을 나가 양주로 달아났다. (…) 강을 지키는 조선군이 한 사람도 없었으므로 적은 며칠에 걸쳐서 강을 모두 건넜다. 이리하여 세 갈래로 진격한 적은 모두 서울에 들어왔다. 성안의 백성은 이미 흩어져 달아났기 때문에 성안에는 한 사람도 없었다.
>
> ─《징비록》

조선의 국왕은 어디로 갔는가

─

너무도 손쉽게 도성을 점령하자 당황한 것은 오히려 왜군 쪽이었다. 일말의 저항도 없이 입성하다니. 생각조차 못한 일이었다. 이곳은 조선의 도성이 아닌가. 그런데 어째서 지키는 자들이 없는 것인가. 세 갈래로 진격한 전군 가운데 고니시 유키나가의 제1군이 동대문을 부수고 가장 먼저 입성했다.

부산포에 상륙한 이래 20일간 전투에 전투를 거듭하며 마침내 도성에 들어온 고니시 유키나가였다. 부산의 정발도, 동래의 송상현도, 상주의 이일도, 충주의 신립도. 모두 적수가 되지 못했다. 여주에서 강을 건너 서울의 동쪽으로 방향을 잡는 동안에는 작은 저항조차 마주치지 않았으니. 그야말로 봄놀이하듯 한달음에 서울로 들이닥친 것이다.

하지만 그는 이 의외의 사태로 고민에 빠졌다. 도성이 비어 있다…. 조선의 국왕이 사라졌다…. 주인이 성을 버리고 도망치다니. 왜군으로서는 상상할 수조차 없는 상황이었다. 도대체 조선의 왕은 어디로 갔는가. 그를 잡지 못한다면 전쟁을 끝낼 수도, 조선을 굴복시킬 수도 없는 일. 서울을 점령하면 끝이라 생각했거늘 이제 다시 국왕을 추격해야 하는가. 곧 제2군을 이끌고 가토 기요마사*도 이곳에 도착할 것이다. 그자에게 공을 뺏길 수는 없다. 대책을 세워야 한다.

고니시 유키나가가 당황해 하고 있던 그 시간, 가토 기요마사의 제2군 또한 수월하게 서울로 들어서는 중이었다. 죽산과 용인을 지나 서울의 남쪽으로 진격한 제2군은 남대문을 통해 서울에 진입했다. 심지어 문이 활짝 열려 있어서 오히려 복병을 의심하며 신중을 기했으나 그 또한 기우일 뿐. 한강을 건널 때도 같은 상황 아니었던가. 강 저편에 조선군이 숨어 있

---

* 가토 기요마사加藤淸正. 1562~1611년. 젊은 시절부터 도요토미 히데요시 막하에서 명성을 떨쳤으며, 제2군을 이끌고 조선 침략에 앞장섰다. 무단파武斷派의 대표 장수로 고니시 유키나가와 갈등을 빚었다. 1596년 교토 대지진 때 주군인 히데요시를 구하러 달려간 일화로도 유명하다. 구마모토熊本성의 초대 번주다.

을 것이라, 상황을 살피며 시간을 지체했을 정도였으니. 고니시 유키나가에게 선수를 빼앗길까, 바짝 열이 올랐다.

장수에게 전쟁이란, 공을 세울 수 있는 절호의 기회다. 하물며 선발 1, 2군을 나란히 맡은 두 장수이겠는가. 둘은 조선으로 건너오기 전부터 감정이 좋지 못한 터였다. 아니, 대놓고 싸우는 사이였다. 차라리 조선군에게 패할지언정 서로에게 지고 싶지는 않았다. 누가 조선의 왕을 사로잡을지. 그래서 누가 일본에서 승전보를 기다리는 주군 도요토미 히데요시의 장수로 우뚝할지. 이제, 다시 시작이다.

초조한 쪽은 가토 기요마사였다. 서울까지 오면서, 앞서 진격하는 고니시 유키나가의 제1군이 너무 잘 싸웠던 것이다. 자신이 부산에 상륙한 이후 남겨진 성이라곤 거의 없었다. 경상좌도의 경주와 울산성을 함락시키며 서울까지 올라오긴 했지만, 고니시 유키나가의 대승에 비해 빛나는 이야기들이 없었으니. 마음을 잔뜩 벼리는 중이었다. 연이어 3군의 구로다 나가마사*도 서울에 입성했다. 조선의 도성은 그야말로 왜군 세상이 되었다.

애써 서울을 점령해놓고도 고니시 유키나가는 마음이 편치만은 않았다. 이맛살을 찌푸리며 생각에 잠겼다. 일단, 서울 함락의 낭보를 전하고 본국의 지시에 따라야 할 것이다. 애초의 계획은 이것이 아니었다. 서울만 함락시킨다면, 그러면 전쟁을 끝낼 수 있으리란 생각이었으나…. 자칫 이 전쟁이 길어질지도 모르는 일.

---

* 구로다 나가마사黑田長政. 1568~1623년. 도요토미 히데요시의 통일 전쟁에 공이 컸으며, 임진왜란 시 제3군을 이끌고 참전했다. 히데요시 사후 벌어진 세키가하라 전투에서는 도쿠가와 이에야스를 위해 싸웠다. 후쿠오카福岡의 초대 번주다.

어차피 이렇게 되었으니 빨리 끝낼 수 있는 방안을 찾아야만 했다. 강화를 하려면 이 또한 우리가 승기를 잡았을 때, 가토 기요마사가 훼방을 놓기 전에 서둘러 마무리해야 한다. 그런데 왜, 이덕형은 충주로 오지 않았을까. 조선은 강화에 뜻이 없다는 말인가.

고니시 유키나가의 사위인 소 요시토시* 또한 같은 생각이었다. 대마도주로서, 전쟁만은 막고자 나름대로 조선과 일본을 오가며 애를 쓴 그였으나. 결국 이렇게 장인을 따라 종군하게 된 것이다. 일본과 조선 사이에 끼어 있는 괴로운 처지였으니. 전쟁이 빨리 끝나지 않는다면 대마도의 앞일 또한 난감한 일이었다.

그런데 도대체 조선의 임금은 어디로 갔는가. 명나라를 의지하고자 도성을 버리고 파천을 단행한 것인가. 어쩌면 임진강을, 아니면 대동강까지… 이미 강을 건너간 것일까.

---

* 소 요시토시宗義智. 1568~1615년. 대마도주對馬島主. 조선과 일본 양국을 중개하며 무역을 독점했던 만큼 양국의 사정에 밝았다. 고니시 유키나가의 사위로, 임진왜란 시에는 자신의 병력 5천을 이끌고 제1군에 합류했다. 종전 후인 1609년, 조선에 건너와 세견선 파견 등의 조약을 체결했다.

· 사가독서 賜暇讀書 ·

　사가독서란 말 그대로 임금이 특별히 내린 '독서 휴가'라 할 수 있다. 학문이 뻬어난 젊은 관료들 가운데 엄격한 기준을 두어 선발했는데, 임금이 직접 최종 결정을 했다. 사가독서에 뽑힌다는 것 자체가 하나의 영예이자, 실제로 다음 세대의 학문과 권력을 책임질 인재라는 뜻이기도 했다. 물론 휴가라는 말과는 달리 업무에서 벗어나는 것이었을 뿐, 읽어야 할 책과 주어진 과제는 만만치 않았다.

　사가독서는 학문을 장려한 것으로 이름 높은 세종 8년(1426)에 시작되었다. 세조, 연산군 대에는 잠시 시행이 멈추어지기도 했으나 중종 대에 다시 적극적으로 시행되었다. 세종 대 집현전을 대표하는 박팽년朴彭年, 신숙주申叔舟, 성삼문成三問 등의 학사들은 물론 이황, 이이 등 조선 학문의 종주로 추앙받는 학자들도 사가독서 출신이다. 송순宋純, 정철 등의 시인과 류성룡, 이항복, 이덕형 등의 재상들도 모두 사가독서를 거쳤다.

　조선 초기에는 별도의 전용 공간 없이 서울 외곽의 조용한 사찰 등을 이용했으나 중종 12년(1517)에 한강변 동호東湖에 '독서당'을 완공하여 이곳에서 독서에 전념할 수 있도록 했다. 동호의 독서당은 임진왜란 때 불에 타 사라지고 말아, 지금은 전해지는 「독서당계회도讀書堂契會圖」 속에서 그 모습을 찾아볼 수 있을 뿐이다.

정여립鄭汝立 역모 사건은 기축년(1589)에 일어나 흔히 기축옥사라 일컫는다. 선비 정여립이 대동계大同契를 조직하여 세력을 모으고 그 무리들과 함께 역모를 꾀했다는 이 사건은, 1589년 10월 황해도 관찰사 한준韓準의 고변으로 시작되었다. 사건을 추적하던 과정에서 정여립은 도주 중 자결했으며 그 아들은 처형당했다.

이처럼 주모자의 자결로 인해 사건의 전모를 밝히는 일이 쉽지 않았다. 조선 같은 왕조 사회에서 공초供招에 거론되었다는 사실만으로도 이미 죄를 면하기 어려웠는데, 문제는 그 여파가 너무 참혹했다는 점이다. 단지 정여립과 '안다'는 것만으로도 역모 가담자로 처벌을 받았다. 이발李潑, 백유양白惟讓 등이 옥고 중에 죽었으며 명망 높은 선비였던 최영경崔永慶은 역모의 또 다른 수괴로 전해진 가상의 인물 '길삼봉吉三峯'으로 몰려 죽임을 당했다.

당시 선조는 정철을 위관으로 삼아 옥사를 다스리게 했는데, 서인인 정철은 이를 기회로 옥사를 확대, 동인들을 철저하게 몰아붙임으로써 이 사건은 점차 임금에 대한 역모라기보다는 동인들에 대한 서인의 반격이라는 성격을 띠게 되었다. 물론 의심 많은 선조의 전폭적인 동조하에 이루어진 일이었다.

이후 정철이 재상으로 임명되는 등 서인들이 조정 안에서 세력권을 형성했으나 정철은 문제의 '건저사건建儲事件(왕세자 책봉을 둘러싸고 동인과 서인 사이에 일어났던 분쟁)'으로 다시 정치적 위기를 만난다. 이에 정철의 처벌 수위를 놓고 동인 내에 의견이 갈렸다. 동인가운데 주로 조식의 문도들이 화를 당했기에 조식의 수제자인 정인홍 등은 강경한 입장을 보이며 강력한 처벌을 주장했다. 류성룡 등 평소에도 온건한 입장을 취해오던 이황의 문도들은 사건이 또 다른 죽음으로 이어지는 것을 반대했다. 이로써 전자는 북인, 후자는 남인으로 갈라서게 되었다.

기축옥사는 연루되어 화를 입은 이들이 1천여 명에 이르는, 그 자체로 끔찍한 옥사였을 뿐 아니라 다시 조정의 세력을 갈라놓음으로써 또 다른 분란의 불씨를 만들었다. 옥사 직후인 1591년 최영경의 신원이 이루어진 것을 시작으로, 이발 등 억울하게 연루된 이들의 명예가 점차 회복되었다.

4장

진 여름

·

1592년
5월 7일
~
7월

❶ 평양

❽ 의주 류

안주

❶❻⓫ 평양

❼ 안변

❸ 임진강

❺ 용인

❿ 이치

❹ 당항포
❾❷ 옥포
한산도

❶ 5월 7일 선조 평양 도착.
❷ 5월 7일 옥포 해전. 이순신, 도도 다카토라 군에 승리.
❸ 5월 18일 임진강 전투. 도원수 김명원, 일본 제1군에 패배. 임진강 방어 실패.
❹ 6월 5일 당항포 해전. 이순신의 조선수군 승리.
❺ 6월 6일 용인 전투. 조선 삼도연합군, 와키사카 야스하루 군에 패배.
❻ 6월 15일 일본 제1군 평양 함락.
❼ 6월 17일 일본 제2군 함경도로 진격하여 안변 도착.
❽ 6월 22일 선조, 의주 도착.
❾ 7월 8일 한산 대첩. 이순신, 한산도에서 대승.
❿ 7월 8일 권율·황진, 이치 전투에서 승리.
⓫ 7월 17일 제1차 평양성 전투. 조승훈·김명원의 조명 연합군 일본 제1군에 패배.

류 어가를 호종하여 평양 도착. 의주로 올라갔다가 다시 안주로 내려와 군사업무 관장.

조선과 일본, 대동강의 첫 회담

여름다운 햇살이었다. 강물에 부딪쳐 잘게 부서지는 햇살 아래, 한 척의 배가 여유로웠다. 강변의 흔들리는 그늘을 따라 배 위에 올라앉은 사내들의 얼굴에도 밝고 어두운, 명암이 뒤섞이곤 했다. 가벼운 술상이 마련되어 있었다. 처음 만나는 사이는 아닌 듯 인사가 오갔으며, 분위기도 그리 나쁘지 않았다. 부드럽게 이야기를 시작하는 모습이었다. 조선말과 일본말이 뒤섞여 들려왔다.

> 이날 왜적이 대동강 동편에 말목을 박아 글을 매달아놓고 돌아갔다. 그것을 가져다가 보니 적장 고니시 유키나가·야나가와 시게노부*·소 요시토시 등이 강화를 요청하는 일로서, 이덕형과 선상에서 만나 무기를 버리고 대화하자고 하였다. 상이 덕형에게 배를 타고 강 중간에서 만나 그들의 말을 들어보도록 하였다. 덕형이 한 척의 배를 타고 강 중간에 가서 적장 야나가와 시게노부·겐소** 등을 만나서 더불어 술잔을 잡고 대화하였다.
>
> ─《선조실록》 1592년 6월 9일

---

* 야나가와 시게노부柳川調信. 대마도의 가신家臣으로 임진왜란 시 고니시 유키나가의 제1군을 따라왔다. 조선 사정에 밝았던 만큼, 강화회담 현장에 자주 등장한다.

** 겐소玄蘇. 1537~1611년. 일본의 승려로 임진왜란 이전부터 조선 관련 외교를 담당했다. 조선어에 능했으며 전란 시에는 고니시 유키나가의 제1군에서 종군, 강화 교섭에 임했다.

"일본은 귀국과 전쟁을 하려는 것이 아닙니다. 명으로 가는 길을 빌려 달라는 것이지요."

"이는 사리에 맞지 않는 말씀입니다. 귀국이 만약 중국만을 침범하려고 하였다면 어찌 절강浙江으로 바로 가지 않고 이곳으로 왔다는 말입니까. 이야말로 우리나라를 멸망시키려는 뜻이 아니고 무엇이겠소. 화의를 하고 싶다면 의당 철군을 한 후에 논해야 할 것이오."

선위사*로 일본 사신들을 만나온 이덕형인지라, 이미 그들과 여러 차례 안면을 익힌 사이였다. 겐소는 자신들의 침략이 정당하다며 오히려 조선 측에 그 허물을 넘기고 있었다.

"이미 지난번 동래·상주·용인 등지에서도 모두 서계를 보내질 않았습니까. 하지만 귀국에서는 답하지 않고 무기로써 대하기에 우리들이 결국 여기에까지 이르게 된 것입니다. 원컨대 얼른 국왕을 모시고 이 지방을 피하여… 지금이라도 요동으로 가는 길을 열어주시오."

"명은 우리에게 부모와 같은 나라임을 모르지는 않을 터. 우리로서는 죽어도 그 요구를 들어줄 수 없습니다."

명을 치기 위해 조선의 길을 빌리겠다… 조선으로서는 받아들일 수 없는 언사였다. 이미 전란 전부터 통신사를 통해 보낸 이 요구로 인해 조선은 여전히 곤혹스런 처지였다. 사신을 보내어 사태의 전말을 알렸음에도, 아직도 명은 조선이 일본과 내응하고 있을지도 모른다는 의심을 온전히 거두지 않은 상태였던 것이다. 이덕형의 단호한 태도에 겐소도 결국 회담의 끝을 알렸다.

---

* 선위사宣慰使. 조선 시대에 외국의 사신이 입국했을 때, 그들을 맞아 접대하고 위로하던 관리.

"정녕 뜻이 그러하다면… 우리도 이대로 강화를 할 수는 없습니다."

결국 두 척의 배는 등을 돌린 채 각자의 진영으로 돌아갔다. 이덕형의 마음은 한없이 무거웠다. 지난 4월의 일이 떠올랐다. 고니시 유키나가의 회담에 응하고자 충주로 내려가던 길. 하지만 시일은 이미 약조한 날을 지나버리고. 애꿎은 역관만 가토 기요마사의 진영에서 살해되고 말았으니. 어쩔 수 없이 중도에서 돌아와 5월이 끝나갈 무렵에야 겨우 평양에 이르러 복명하게 되었던 것이다.

> 용인까지 달려가보니, 많은 적도賊徒들이 이미 죽산까지 와서 주둔하고 있었습니다. 먼저 역관 경응순을 왜진으로 보냈더니 왜적은 그 자리에서 목을 베고 한 통의 봉서封書만을 역졸에게 주어 신에게 전하게 하였습니다. 열어보니 그 내용이 몹시도 흉참하여 즉시 돌아올 수밖에 없었는데, 밤새도록 달려 새벽녘에야 한강에 도착해보니 대가大駕는 이미 서쪽으로 행차한 뒤였습니다. 그 길로 진종일 비를 맞으며 임진강으로 달려갔으나 나룻배가 하나도 없었습니다. 부득이 강을 거슬러 올라 마전서부터 얕은 여울을 따라 건너, 강원도와 함경도 경계로 돌아 들어왔습니다. 스무 날이 넘게 낮이면 숨고 밤이면 걸으면서 죽을 듯 살 듯 간신히 산을 넘고 물을 건너 이제야 평양 행재소* 문 밖에 이르렀습니다.
>
> — 〈연보〉, 《한음선생문고漢陰先生文稿》

---

* 행재소行在所. 임금이 상주하던 궁궐을 멀리 떠나 거둥할 때 머물던 곳이다. 임진왜란 당시 선조의 행재소는 개성, 평양, 의주 등으로 옮겨 다녔다.

아무 소득도 없이, 협상도 못한 채, 적군의 진격을 늦추지도 못한 채 돌아오질 않았던가. 그리고 이렇게 평양까지 올라온 뒤 저들을 만나게 되었다. 하지만 다시 빈손으로 돌아서야 했다.

이덕형은 전란이 길어질지도 모르겠다는 생각으로 발걸음이 더욱 무거워졌다. 왜군은 생각보다도 강했고 그런 만큼 그 태도는 단호했다. 힘이 있으니 애써 낮은 자리에서 강화를 요청하진 않을 터. 전쟁이 길어진다면 백성들의 곤궁함은 어쩔 것인지. 적진에서 평양으로 돌아오는 길에 보았던… 이미 고을마다 거리마다 백성들의 참담함은 어찌해볼 수도 없을 정도였다.

결국 조선은 명에 원군을 재촉하는 길밖에 없을 것이다. 이미 원군을 청하는 사신을 보낸 터였다. 그런데 어찌 명에서는 아직 군사를 낸다는 회답이 없는 것일까. 상황이 이처럼 더 급박해졌으니 다시 말을 달려 명조에 청을 넣어야 하는 것일까.

다시, 임금은 평양을 떠나고

언덕 위 연광정에서 기다리고 있던 류성룡은 돌아오는 이덕형의 표정에서 상황을 짐작했다. 다시 전투가 시작되겠구나…. 이제 어가를 더 평양에 붙들어둘 수 없겠구나…. 대책은 떠오르지 않고 혼란스럽기만 했다.

류성룡이 백의로 종사하던 5월 한 달 동안. 하루도 그저 지나가주지 않았다. 임금은 개성을 거쳐 평양에 입성한 후, 도성 수복의 기틀을 잡겠다는 교서를 반포했다. 하지만 여전히 요동에 대한 미련을 버리지 못한 채,

신하들에게 내부에 대한 간절함을 불쑥불쑥 내비치고 있었다. 영의정에서 파직된 이산해는 기어이 유배에 처해지고 말았다. 역시 같은 죄를 받아야 했던 류성룡이었으나 이항복의 노력으로 간신히 유배를 면하여 후일을 대비할 수 있게 되었다.

전선은 계속 북진 중이었다. 서울에 입성한 일본군은 각기 그 진로를 동과 서로 나누었다. 고니시 유키나가의 제1군은 서쪽으로 길을 잡아 임진강까지 밀고 올라왔으며, 가토 기요마사의 제2군은 동으로 진격하여 함경도를 점령하기 시작했다. 여전히 일본군은 기세를 올리며 조선 땅을 휘젓고 있었다.

다만 저 남쪽 바다에서 반가운 승전보가 전해졌다. 5월 7일. 전라좌수사 이순신이 옥포에서 첫 승리를 거둔 것을 시작으로 합포에 이어 적진포에 이르기까지, 연전연승을 거두며 제해권을 장악해 나갔던 것이다. 임금은 이순신과 원균*, 이억기**의 품계를 올려 그들의 공훈을 치하했다.

하지만 이순신의 바다는 임금의 행재소에서 너무 먼 곳에 있었으니. 조선의 국왕을 바짝 쫓으며 북상 중인 왜군의 추격은 멈추지 않았다. 임진강 전선마저 무너졌다는 소식이 평양의 임금에게 전해진 것은 5월 29일. 그리고 6월 1일, 류성룡은 풍원부원군***으로 복직되었다. 평양의 안위도 장담할 수 없으니 다시 어가를 옮겨야 한다는 논의로 조정이 시끄러운 중이었다. 류성룡 또한 다시 논의의 한가운데로 들어서야 했다.

---

* 　원균元均. 1540~97년. 경상우수사의 자리에서 전란을 맞았으나 일본 수군에 패하여 휘하의 전선 대부분을 잃었다. 이후 이순신의 함대에 연합하여 해전을 치렀다.

** 　이억기李億祺. 1561~97년. 전란 시 전라우수사로 이순신과 함께 한산대첩 등을 승리로 이끌었다. 장수로서의 능력이 뛰어나 연합 함대의 한 축을 담당했다.

*** 　풍원부원군豊原府院君. 류성룡이 1590년 종계변무宗系辨誣의 공으로 받은 작호爵號. 전란 중 파직되어 작위 없이 백의로 호종하다가 이때 평양에서 다시 부원군의 작호를 돌려받았다.

일본군 후발 부대의 세력 또한 만만치 않았다. 6월 6일. 용인에서는 조선의 삼도 순찰사 연합군이 어이없는 패배를 당하고 말았다. 무려 5만의 대군을 모아 도성 수복에 힘을 보탠다는 뜻이었으나, 훈련도 안 된 병사들을 작전도 없는 장수가 이끈 꼴이었다. 상대는 와키사카 야스하루*가 지휘하는 겨우 1천 6백 명의 일본군이었다. 권율**과 황진黃進의 부대만이, 판단력 있는 지휘관 덕으로 간신히 퇴각에 성공했다.

이런 상황에서 대동강으로 진격한 일본군이 강화를 제의한 것이었다. 하지만 결국 서로의 입장만을 확인했을 뿐. 6월 9일. 조선과 일본의 첫 회담이 결렬되었다.

이덕형은 류성룡이 기다리고 있을 줄 짐작하고 있었다. 평양 사수의 문제를 놓고, 류성룡과 좌상 윤두수만이 주장을 굽히지 않는 중이었으니. 그 속이 타들어가고 있을 터였다. 급히 피난을 떠나야 한다는 정철과 한바탕 다툼까지 일지 않았던가. 이덕형 자신으로서는 평양을 장담하기 어려워 보였다. 어가가 떠나지 않을 수는 없을 것이다. 하지만 민심의 동요를 걱정하는 류성룡의 뜻을 모르는 바도 아니었다.

"적들이 불손한 언사를 굽히지 않습니다."

"그럴 것이오. 애쓰셨소."

"자꾸 발걸음이 헛되어… 부끄럽습니다."

류성룡은 이덕형의 말이 그저 흘리는 변명이 아님을 알고 있었다. 깊은

---

*   와키사카 야스하루脇坂安治. 1554~1626년. 일본의 수군장. 육전陸戰에도 참가하여 용인 전투에서 대승을 거두었으나 한산대첩에서 참패를 당한다. 정유재란 시에는 칠천량해전, 남원 전투에 참가한 후 해안 수비 임무를 맡았다.
** 권율權慄. 1537~99년. 1582년 문과 급제. 1592년 7월 이치 전투에서 승리를 거두며 장수로서 이름을 알린 후, 이듬해 2월 행주대첩을 이끌어 조선 육군의 기세를 떨쳤다. 이 해 6월 도원수에 임명되었다.

·류성룡, 7년의 전쟁·

근심에서 우러나는 충정 어린 울림이었다.

"그 마음을 어찌 모르겠소. 일이 이렇게 되었으니 아무래도 공의 걸음이 더 바쁘게 될 듯싶소. 나라가 공에게 기댈 것이 많으니… 각별히 몸을 돌보아야 할 것이오."

이덕형은 류성룡에게서 따뜻한 다독임을 느꼈다. 걸음이 더 바쁘게 될 것이라…. 명의 원군을 염두에 둔 말일 것이다. 염려이자 기대이기도 했다. 조정에서 보았던 류성룡과는 다른 느낌이었다. 그의 성품에 모가 나거나 손아랫사람을 홀대하는 것도 아니었으되, 류성룡은 어쩐지 편히만 대하기는 어려운 사람이었다. 정작 류성룡의 문인^{門人}들과는 허물없이 지내는 이덕형에게도 그랬다.

장인인 이산해 때문일까. 물론 자신이나 류성룡이 그런 사사로움에 개의치는 않았다. 하지만 이산해와의 관계가 엇갈리면서 류성룡을 아주 친밀하게 대하기는 어려워진 것도 사실이었다. 그런데 국난을 당하고 나서, 알지 못했던 류성룡의 얼굴을 새삼 보게 되는 느낌이었다. 생사를 함께 나누는 자리에서 본 류성룡은. 다소 메마른 듯, 단정하다고만 느꼈던 예전의 그와는 조금 달라져 있었다.

자신의 건강을 걱정해주는 류성룡이었지만, 이덕형으로서는 오히려 그가 걱정이었다. 그를 유배에서 구해낸 이항복의 마음이 무엇이겠는가. 지금 이 나라에서 그가 지닌 무게를 헤아렸음이다. 그 무게를 잘 견뎌야 하는데… 이덕형도 호종길의 형편을 모르지 않았다. 지난 한 달. 길 위에서 떠돌며 힘들었던 자신보다도, 어쩌면 류성룡의 힘겨움이 더했을 것이다.

강화협상이 틀어진 그날 저녁, 수천 명의 일본군이 대동강 동변에 진을 쳤다. 평양성은 다시 국왕에게 버림받을 운명이었다.

적군이 대동강변에 모습을 보이자 재신宰臣 노직魯直 등은 종묘사직의 위패를 모시고 궁인을 호위하면서 성 밖으로 나갔다. 그러자 평양성의 관리와 백성들은 난리를 일으켜 칼을 들고 길을 가로막아 제멋대로 공격하여 종묘사직의 위패가 땅에 떨어지고, 따라가는 재신들에게 "너희는 평소에 나라에서 주는 녹봉을 도적질해 먹다가 이제는 나랏일을 그르치고 백성을 속이는 것이 이와 같은가"라고 심하게 꾸짖었다.

— 《징비록》

땅에 떨어진 것이 어디 종묘사직의 위패뿐이겠는가. 하지만 백성들의 분노가 임금의 두려움을 막아서지는 못했다. 결국 6월 11일 어가가 평양을 떠나 영변으로 향했다. 최흥원과 유홍, 그리고 정철 등이 호종하였다. 평양 사수의 책임은 좌의정 윤두수에게 주어졌으며, 도원수 김명원과 순찰사 이원익이 그를 돕도록 하였다. 류성룡에게는 남아서 명나라 장수를 맞을 준비를 하라는 명이 내려졌다.

하지만 시간은 조선을 기다려주지 않았다. 명의 원군이 도착하기도 전에. 류성룡이 고을 곳곳을 돌며 군량미를 준비하고 백성들을 다독이고 있는 동안. 결국 6월 15일, 평양성이 왜군에게 함락되었다. 제1군의 대장 고니시 유키나가는 허겁지겁 도망치는 조선군이 남겨둔 곡식 십만여 석을 고스란히 챙길 수 있었다. 한동안 숨을 돌리며 군사들을 먹일 만한 양이었다.

세자 광해군, 분조를 이끌다

전선이 북으로 조금 더 올라갔을 뿐, 도무지 이 여름의 대치는 끝나지 않을 것만 같았다. 다시 명에 사신을 보내 원군을 간청하고, 그 원군을 기다리며 군량미를 준비해야 했다. 하지만 임금의 관심은 전란보다는 내부 쪽으로 기울어져 있었다. 다시 피난길에 오른 임금은 여전히 요동으로 자문을 보내며 압록강을 건널 상황을 타진하는 중이었으니. 전선이 올라올수록 명으로 가고픈 마음도 더욱 커져만 갔다. 조선의 임금은 한시라도 빨리 이 위험한 조선 땅에서 벗어나고 싶었던 것이다. 명에서 자신의 내부를 받아들여주지 않을까, 오직 그것이 걱정이었다.

피난 행렬이 박천 땅에 이르렀을 때 드디어 임금은 마음을 굳히고 왕권의 절반을 나누었다. 세자에게 분조分朝를 명한 것이다. 신하들이 엎드려 울며 명을 거두어줄 것을 청하였으나 임금의 다급함을 돌이키진 못했다. 자신은 요동으로 건너가 명에 귀의할 것이니 세자는 남아서 이 나라를 다시 잘 일으키라, 했다.

> 상이 대신에게 명하여 내부할 자문咨文을 작성하여 요동도사遼東都司에게 발송하도록 하였다. 영의정 최흥원, 참판 윤자신尹自新 등에게 명하여 종묘사직의 신주를 받들고 세자를 배종하여 강계로 가서 보전하도록 하는 등, 조정의 신하들을 나누어 세자를 따라가도록 하였다.
>
> - 《선조실록》 1592년 6월 14일

하지만 임금을 따르라 명 받은 신하들이 하나둘, 이유를 대며 호종에서 빠져나가기 시작했다. 부모가 있다, 나이가 많다, 병이 심하다… 저마다의 이유였으나 그저 구실일 뿐. 이 험한 시절에 마음 맞추기 어려운 임금을 따라 남의 나라 땅으로 들어가다니. 내키지 않았던 것이다. 심지어 우의정인 유홍까지 자신을 수행하라는 임금의 명을 따르지 않았다.

"전하. 신은 세자 저하를 따르겠나이다. 윤허하여주소서."

임금은 허락하지 않았다. 하지만 유홍은 기어이 길가에 엎드려 하직 인사를 올렸다. 임금은 끝내 답하지 않았으나 결국 유홍은 세자를 따라갔다. 임금은 돌아보지 않았다. 좌상 윤두수가 평양에서 돌아오지 않은 이때에 영상과 우상이 나란히 세자를 따라가버리다니…. 호종 행렬 가운데 재상의 직함을 가진 자라고는 옛 재상의 자격으로 남은 정철 하나뿐인가. 신하라는 자들이 어찌 임금을 이리 가벼이 여기는 것인가. 다시 울분이 치솟으며 가슴이 답답해지기 시작했다. 굳게 입을 다문 채 아무 말도 없이 말에 올랐다.

그나마 임금의 노여움을 달래준 것은 이항복이었다. 아무리 요동 땅으로 들어가겠다는 임금의 뜻을 따르기 어렵다 할지라도. 임금의 윤허도 없이 제멋대로 세자를 따라나선 우상 또한 신하로서의 예는 아니라는 생각이었다. 일단 임금의 불안한 마음을 편케 하여 후일을 도모하는 것 또한 신하의 도리 아닌가.

"전하. 신은 봉양할 부모도 없고 노병이 있는 것도 아니오니 신이 요동까지 모실 것이옵니다. 성심을 굳게 하소서."

임금은 다시 길을 떠났다. 피난길 어디에서도 도움을 청할 누군가를 기대할 수는 없었다. 고을은 텅텅 비었으며 관아의 창고에 곡식 또한 남아 있지 않았다. 세자를 수행하는 이들까지 빠져버리니 겨우 수십 명이 국왕을 모신 초라하기 이를 데 없는 행차였다.

> 어가가 떠난 뒤로 인심이 무너져, 지나는 곳마다 난민들이 창고로 쳐
> 들어가 곡식을 약탈하였다. 순안, 숙천, 안주, 영변, 박천 등의 창고가
> 잇따라 약탈당하였다.
>
> — 《징비록》

어가가 고을 하나씩을 떠날 때마다 백성들의 마음 또한 그렇게 차례로 무너져갔다. 하지만 어가의 행렬은 멈추지 않았다. 결국 임금의 행차는 압록강변 의주에 이르렀다.

기댈 것은 오직 백성뿐

류성룡에게도 이 여름은 도무지 헤쳐 나갈 길이 없어 보였다. 평양성을 점령하고 있는 왜적의 상황을 살피며 명군의 군량미를 준비하는 중이었으나 그저 답답할 뿐이었다. 무엇보다도 백성의 마음을 얻지 못했으니… 이제 나라가 새로이 도모할 근거를 어디에 둘 것인가. 심지어 왜적에게 보란 듯 방문이 붙기까지 했다.

> 어떤 사람이 숙천부肅川府의 관아 기둥에 '대가가 강계로 가지 않고 의
> 주로 갔다'는 내용으로 글을 써놓았다. 누군가는 이것에 대해 '영변

사람들이 왜적이 그 지방으로 올까 두려워하여 왜적으로 하여금 그
글을 보고 상이 있는 곳을 알게 하려고 한 짓이다라고 하였다. 이것
이 누구의 짓인지 알 수는 없으나 아마도 난민이 한 짓일 것이다.

－《선조실록》 1592년 6월 28일

어찌 왜적이 올까 두려워하기 때문만이겠는가. 임금의 행차를 왜군에
게 알려주는 마음은, 버림받은 아픔과 분노 때문이기도 하다. 백성들의
마음을 얻지 못한 것은 믿음을 보여주지 못했기 때문이다. 보여주지 못하
는 마음을 어찌 믿어 달라 하겠는가. 보여주지 못하는 것은 그 마음이 없
는 까닭 아니겠는가.

중국 조정에서 반사頒賜한 은냥은 호군犒軍을 하고자 함입니다. 그런
데 힘써 싸운 병사와 모집에 응해 나온 병사들은 일찍이 조금도 은혜
를 입지 못하고, 도리어 신과 같이 죄는 있고 공이 없는 자가 중한 상
을 받았습니다. 이 한 가지 일만 보더라도 이것이 어찌 군사들의 마
음을 해체시키는 것이 아니겠습니까.

－〈요동의 자문을 논하고 겸하여 사의를 아뢰는 차자論遼東咨兼陳事宜箚〉 1592년 6월

류성룡은 애써 싸운 군사들을 위무하고 격려하는 것이 시급함을 아뢰
었다. 사실 조정의 벼슬아치들이 무슨 공이 있는가. 의당 해야 할 일을 하
고 있을 뿐이다. 연이어 계사를 올렸다. 백성의 마음을 다독이지 못한다
면 조정도, 임금도, 나라도 기댈 곳이 없음을. 백성의 마음을 돌이키지 못
하면 이 전쟁을 끝내지 못할 것이다.

· 류성룡, 7년의 전쟁 ·

북방 군사는 본래 용맹으로 이름났으니 오늘날 믿는 것은 오직 이뿐입니다. 그러나 여러 차례 동원하였으니 어찌 원망하고 괴로워하는 마음이 없겠습니까. 마땅히 그들이 소속해 있는 관청과 진鎭에 모두 명령하여 그들의 처자를 잘 보살펴 떠돌아다니지 않게 해야 합니다. (…) 공사의 천인이나 관리·산척山尺·백정·재인 할 것 없이 그들로 하여금 왕래하면서 적을 맞아 끊게 하고 군량을 대주어야 합니다. 때 없이 출몰하여 길에 흩어져 나온 적을 쏘아 죽이되, 그들이 얻은 재물과 말들은 각자 가지게 하여 관청에서 빼앗지 말아야 합니다.

— 〈시사를 조진하는 계사條陳時事啓〉 1592년 6월

　마땅히 백성들의 노고를 기억하고 있음을 보여주어야 할 것이다. 힘껏 싸웠다면 의당 그 대가가 있음을 알려주어야 할 것이다. 천인이나 산척, 백정이라 할지라도 그들 또한 나라에서 품어줄 백성임을 말해주어야 할 것이다. 그래야 이 괴로움을 이기며 나라와 같은 배를 탈 수 있지 않겠는가. 그것이 사람의 마음이다.

　하지만 달랠 것과 다스릴 것을 잘 맞추어 시행해야 한다. 혼란의 시기이니, 자칫 법도가 무너진다면 오히려 더 큰 폐해가 생길 것을 염려하지 않을 수 없었다. 류성룡은 나라가 품지 못해 난민이 된 이들에게 생각이 미쳤다. 그들이 영영 길을 잃기 전에, 다시 양민이 될 길을 열어주어야 한다. 돌아온다면 용서하고 공이 있으면 상을 줄 것이나. 만약 다른 백성에게 해를 끼친다면 용서받지 못함을, 단호히 밝혀야 한다. 임금께 올리는 계사에 이어 적었다.

곳곳의 관사와 역사에 방을 붙여 다음과 같이 효유하소서. "(…) 도내의 인민은 모두 이 시기를 틈타 공을 세우라. 무리를 지어 공겁攻劫하는 사람이라 해서 다 무도한 백성은 아니다. 가산을 잃고 산골짜기에 숨어서 굶주림에 허덕이는 사람에 불과한데도, 수령이 도와주고 통제하지 않기 때문에 그렇게 되었을 뿐이다. (…) 힘써 적을 죽여 공을 세우기를 기약하라. 그러면 조정에서는 보통 사람과 같이 상을 주겠노라. 만일 그렇지 않고 작란作亂하여 평민에게 해독을 미치거나, 혹은 일부러 왜인 모양을 하여 여염을 놀라게 하면 반드시 죽여 용서하지 않겠다" 이런 사연으로 급히 널리 알리소서.

하지만 이 다독임과 다스림 사이, 류성룡이라 해서 편히 그 사이를 오간 것은 아니었다. 그럴 수가 없었던 것이다. 법을 시행함은, 스스로에게 냉정해지지 않으면 하기 어려운 일이었다. 관곡官穀을 훔쳐낸 관리를 장살杖殺했으며 난동을 피운 백성들을 엄히 다스리게 했다. 명을 내리는 스스로가 원망스럽기도 했다. 전란은 그의 마음을 이리저리 할퀴며 조롱했다. 이런 자리에 처해야 하는… 스스로의 처지가 아팠으나. 하지만 이런 아픔 또한 누군가 져야 할 몫이었다.

자신이 해야 할 자리를 생각해야 할 때였다. 명군을 기다리는 조정이었으나 당장 명에서 대군을 보내준다 해도 문제였다. 그들을 먹이고 입히고, 말먹이까지 준비해두어야 했다. 행군 중에, 주둔지에서… 명군이 일으킬 문제 또한 근심이었다. 왜적의 행패로 조선은 이미 초토화된 상태 아닌가. 조정에서는 차라리 원군을 청하지 말자는 의견까지 나온 정도였다. 하지만 조선으로서는 다른 대책이 없었다. 이 모든 어려움을 감내할 수밖에. 스스로 막아낼 힘이 없었으니 그저 인내만이 요구될 뿐이었다.

임금이 해결할 수 있는 일은 아니었다. 임금을 둘러싸고, 끊임없이 상소를 올려대는 벼슬아치들이 나서지도 않았다. 임금 곁에 입은 많았으나 머리와 발을 움직이는 자는 몇 되지 않았다. 임금은 끊임없이 군량을 준비하라, 군사를 모집하라, 적의 형세를 살펴보라… 명을 내리고 있었다.

말하기는 쉬우나 그 말대로 준비하기는 어려운 일. 류성룡은 이 여름을 견딜 곡식을 근심하느라 하루도 편할 날이 없었다. 무얼 먹일 것인가. 어떻게 먹이면서 이 전쟁을 견뎌야 할 것인가. 싸우는 병사들만의 문제도 아니었다. 먹을 것이 없어 떠도는 백성들을 또 어찌할 것인가. 당장 대군을 먹일 곡식을 마련하는 문제가 쉬울 수는 없었다. 거두어들인 세미稅米를 살펴 그 양을 가늠하여 여러 고을에 나누어 운반해야 했다. 군관과 백성들을 모아서 달래가며 해야 할 일을 지우는 것 또한 쉬운 일은 아니었다.

류성룡의 두 종사관은 그야말로 쉴 틈이 없었다. 류성룡은 자리에 앉아 말로만 일하는 상관은 아니었기 때문이다. 그저 한가로운 명령만으로 이루어지는 일이란, 그저 한가로운 일일 뿐이다.

명나라, 파병을 결정하다

———

그리곤 드디어 명군이 압록강을 건넌다는 소식이 전해졌다. 평양성을 수복할 기회가 온 것이다. 청원사*를 자청하여 명으로 들어간 이덕형의 간

---

* 청원사請援使. 구원을 청하기 위해 명으로 파견한 사신.

절한 호소가 통했음일까. 명으로 떠나던 날, 이덕형은 지기인 이항복과 눈물로 이별했다. 군사를 청할 수 없다면 자신 또한 돌아오지 않겠다는 결심이었다.

이덕형과 이항복은 직접 요동에 가서 구원병을 청하겠다고 하면서 서로 다투며 가기를 자청하였다. 이에 부제학 심충겸沈忠謙이 '항복은 현재 병조의 직책을 맡고 있으니 파견할 수 없다'고 하여 덕형을 파견하게 되었다.

떠날 때에 항복이 남문에서 전송하였는데 덕형이 "날랜 말이 없어 주야로 빨리 가지 못하는 것이 한스럽다" 하니, 항복이 즉시 탔던 말을 풀어주면서 "군사가 나오지 않으면 그대는 나를 지하에서 찾아야 할 것이니 서로 만나지 못할 것이다" 하였다. 이에 덕형이 "군사가 나오지 않으면 나는 의당 뼈를 노룡령盧龍嶺에 묻고 다시 압록강을 건너지 않겠다" 하며, 두 사람이 눈물을 뿌리고 작별하였다.

- 《선조수정실록》 1592년 6월

7월 3일. 이덕형은 무사히 돌아와 복명하였다. 요동부총병遼東副總兵 조승훈祖承訓이 이끄는 명의 선발군이 출전한다는 보고였다. 류성룡은 안도감으로 큰 숨을 내쉬었다. 다투어 무거운 일을 자청하는 두 사람의 진심 앞에 마음이 뜨거워졌다. 류성룡은 직접 명군을 맞기로 했다. 이처럼 힘들게 청해온 원군이었으니 하나라도 어긋남이 있어서는 아니 될 일이다.

"대감. 그 몸으로 어찌 직접 가시겠습니까."

종사관 신경진*이 근심스레 물었다. 요사이 류성룡의 병세가 심상치 않음을 알고 있었기 때문이다. 제대로 자리에 앉거나 걷기조차 어려울 정도였다.

"아닐세. 내가 관할하던 일이니… 먼저 가서 전하께 아뢰어주게."

류성룡은 일단 신경진에게 장계를 들려 보냈다. 지금 명의 장수를 만나는 일보다 더 중한 일이 어디 있겠는가. 임금 곁에 있는 대신이라고는 좌상 하나이니 그를 보낼 수도 없는 일이었다.

> 류성룡이 아뢰기를 "신이 전교를 보건대, 중국 군사에게 지급할 군량이 시급하게 되었습니다. 그런데 신이 병중에 있기 때문에 좌상 윤두수를 시켜 나가서 조처하도록 하려 하였습니다. 그러나 연도의 군량과 말먹이는 신이 전부터 관할하던 일이니 반드시 조처할 수 있을 것입니다. 신이 병들어 있으나 죽기 전에는 스스로 힘을 다하여 분주히 뛸 것입니다. 행재소의 응대에 관한 긴요한 일은 군량과 말먹이 한 가지 일뿐만이 아닌데, 삼공 중에 겨우 좌상 한 사람만이 남아 있으니 어떻게 외방으로 나갈 수 있겠습니까. 오늘은 신경진을 먼저 보내고, 신은 내일 새벽에 병을 무릅쓰고 수행하여 일이 지연되지 않도록 하겠습니다" 하니, 아뢴 대로 하라고 답하였다.
>
> *– 《선조실록》 1592년 7월 6일*

류성룡은 곰곰이 따져보았다. 평양으로 향하는 길에는 정주 가산까지,

---

* 신경진辛慶晋. 1554~1619년. 1584년 문과 급제. 전란 시 류성룡의 종사관으로 활동했고, 훈련도감 설치 후 다시 도제조 류성룡 아래에서 낭속으로 참여했다. 벼슬은 대사헌에 이르렀으며, 호는 아호丫湖.

5천 병사가 지나가면서 하루 이틀 먹을 식량은 마련할 수 있다…. 안주, 숙천, 순안 세 고을에는 비축한 식량이 없으니 남쪽으로 향하면서 먹을 사흘치 식량을 미리 준비해야 한다…. 평양에서는 서쪽의 세 고을인 강서, 용강, 함종의 식량을 수송한다면 부족하지는 않다….

군량은 준비가 되었다. 하지만 무엇보다도 명장明將의 마음이 걱정이었다. 그 마음을 읽고, 잘 이끌어 이 기회를 놓치지 않아야 할 것이다. 조선군과도 무사히 맞춰 나갈 수 있도록 상황을 살펴야 할 일. 비록 원군을 보냈다고는 하나 그들이 이 나라의 군관은 아니다. 무어 그리 안타깝고 간절하겠는가. 해야 할 일과 하지 말아야 할 일을 가늠하는 것이 중요한 때다. 명의 원군이 없다면 평양을 도모하기가 쉽지 않은 상황이었다. 나라가 다시 서려면 반드시 평양을 수복해야 한다.

이 밤이 지나면 길을 떠나겠구나…. 정녕 이 길로 평양을 회복하고 도성을 되찾아야 할 터인데. 다시 이처럼 비참한 모습으로 의주를 찾을 일이 없었으면 좋으련만.

사실, 추억 속의 의주는 이런 빛깔이 아니었다. 열대여섯 쯤이던가. 목사牧使인 부친을 따라 의주에 거하며 압록강을 바라보곤 했었다. 흐르는 계절마저도 눈부시던 그 시절. 추억 속의 따스한 봄날들이었다. 이런 전란 같은 것, 짐작조차 하지 못했던 평화로운 때였으니. 다시 그날들로 돌아갈 수 있는 것일까. 이 밤. 내게 의주는… 무엇인가.

깊은 근심 쌓이는 밤, 텅 빈 연춘당	幽懷悄悄夜堂空
나그네, 베갯머리 떨어지는 잎 소리에 놀라	旅枕偏驚落木風
앉은 채 새벽 되도록 잠 못 이루나니	坐到五更凝不寐

·류성룡, 7년의 전쟁·

젖은 구름 찬비만 성안에 가득하다　　　　濕雲寒雨滿城中

　　　– 류성룡 〈의주 연춘당에서 밤에 앉아 비를 마주하며義州延春堂夜坐遇雨〉

조명 연합군, 힘을 모아 평양으로

류성룡은 명군보다 한발 먼저 출발하며 길을 준비했다. 각 고을의 군량을
다시 점검하고, 건너야 할 강 위로 부교를 설치하고, 숙영지를 확인하며
만전을 기했다. 명군이 움직일 행군로가 걱정이었다. 명장과 잘 의논하도
록 장계를 올렸다. 행여 백성들에게 폐가 될까, 혹여 행군이 지체될까 염
려가 되었던 것이다.

> 비변사가 아뢰기를 "류성룡의 장계를 보니 '중국 장수가 길을 나누어
> 행군하려고 하면 삭주 · 구성의 일로一路로 인도해야 할 것인데, 산골
> 의 백성들이 놀라 두려워하는 폐단이 없지 않을 것이다' 하였습니다.
> 이뿐만 아니라, 이 길은 멀리 우회하여야 하고 험악하여 행군할 수 없
> 는 형편이라 합니다. 이를 중국 장수에게 잘 말하는 것이 어떻겠습니
> 까?' 하니, 아뢴 대로 하라고 답하였다.
>
> 　　　　　　　　　　　　　　　　– 《선조실록》 1592년 7월 8일

　군사 3천을 거느리고 선발로 출격한 조승훈은 자신만만했다. 요동의 이
름 있는 용장인지라, 조선을 침범한 일본군을 조금 가벼이 여겼던 것이
다. 빨리 전공을 세우고 싶었음일까. 유격遊擊 사유史儒를 선봉으로 삼은

그는 행군에 속도를 내었다. 아직 평양의 적군이 달아나지 않았다는 말에 호기롭게 외치기까지 했다.

"이는 분명 하늘이 나로 하여금 큰 공을 세우라 하시는 것이다!"

조승훈의 부대가 드디어 순안에 도착했다. 이곳에서 밤을 기다려, 도원수 김명원이 이끄는 3천의 조선군과 함께 평양으로 진격하기로 했다. 하지만 여전히 비가 그치지 않는 것이 문제였다. 이미 순안에 이르는 동안 병사들도, 말들도 빗길에 지쳐 있는 상태였던 것이다.

류성룡은 서두르는 조승훈이 걱정이었다. 비가 이처럼 내리는데, 병사들도 저토록 지쳐 있는데. 군이 공격을 서두를 일은 아니지 싶었다. 오직 이날을 위해 준비에 준비를 다져왔다. 섣부른 판단으로 일을 그르치기라도 하면 어찌한단 말인가. 오늘의 일전이 조선의 운명을 가르게 될 것이다. 평양성이 수복되지 못한다면… 그야말로 큰일 아닌가. 조급한 조승훈의 마음을 가라앉혀야 했다.

"일기도 이러하니… 공격에 어려움이 있을 것입니다. 잠시 상황을 살펴보는 것도 좋지 않겠습니까."

"걱정할 것 없습니다. 숫자도 얼마 되지 않은 왜적 따위를 겁낼 것이 무어란 말씀이오!"

조승훈은 자신의 용맹을 믿었을 뿐, 주변을 돌아보지 못하는 장수였다. 그의 눈에는 긴 행군에 지친 부하들도, 쏟아지는 빗줄기도 들어오지 않았다. 하물며 조선의 신하 따위가 말린다 하여 주저앉을 리가 있겠는가. 군권軍權은 오직 명장에게 있었다. 조선의 도원수도, 재상도 그의 뜻을 가로막을 힘이 없었다.

이날 순안에서 자정 무렵에 출발하여 평양을 공격하였다. 마침 큰비가 내렸고 성안에는 적의 수비병이 보이지 않았다. 명나라 군대는 칠성문을 통하여 성안으로 들어갔는데, 길이 좁고 골목길이 많아서 말이 다리를 뻗고 달릴 수 없었다. 적이 험하고 좁은 곳에 숨어서 조총을 마구 쏘아대니 유격 사유가 총탄에 맞아 즉사하였고 군마도 많이 죽었다. 마침내 조승훈은 퇴각하였는데, 적은 서둘러 추격하지 않았다. 후방에 있던 병사들 가운데 진창에 빠져서 몸을 빼내지 못한 자들은 모두 적에게 살해되었다.

－《징비록》

조승훈은 급히 순안과 숙천을 지나, 쉬지 않고 안주까지 퇴각하고 말았다. 적군의 추격이 두려웠던 것이다. 안주에서 숨을 고르며 생각해보자니 앞일이 걱정이었다. 어찌 이처럼 한순간에 패해버리고 말았는지, 스스로도 어이가 없었다. 돌아가서 무어라 보고를 올린단 말인가. 변명거리라도 찾아야 할 것 같았다. 일단 요동으로 건너가기로 했다. 떠나는 길에 류성룡에게 전하라, 역관에게 말을 남겼다.

"우리 군대는 오늘 적을 많이 죽였지만 불행히 유격 사유가 부상을 입어 전사하였다. 하늘의 때도 좋지 않아, 큰비가 내려 땅이 진창이 되어버리는 바람에 적을 섬멸할 수 없었다. 군대를 보충해서 반드시 다시 진군할 것이니, 너희 나라 재상에게 동요하지 말라고 하고, 부교도 철거하지 말라고 전하여라."

류성룡은 종사관 신경진을 보내 패장을 위로했다. 그리고 그의 말고삐를 붙들고자 고심을 거듭했다. 평양성을 되찾기 위해 이 먼 길을 오지 않

있는가, 아직 남은 군사들이 있으니 우리 조선군과 합세하여 다시 한 번 공격해보자, 간절히 요청했다. 하지만 조승훈은 군사를 보충하여 꼭 다시 돌아올 것이니 걱정하지 말라, 며 급히 요동으로 돌아갔다. 류성룡은 철군하는 명군을 위해 군량미까지 챙겨 보냈다. 그들은 다시 돌아와야 했으므로.

7월 17일. 평양성 전투는 이처럼 허무하게 끝나버렸다.

류성룡, 전쟁의 중심에 서다

아까운 생명들을 잃고 애써 모아둔 군량미만 축이 났을 뿐. 전투다운 전투도 해보질 못한 셈이었다. 명군마저 이길 수 없었다는, 적군에 대한 두려움과 패배감이 더 큰 문제였다. 적군이 성을 점령하는 시간이 길어질수록 민심 또한 흔들리게 마련이다.

명군이 요동으로 건너간 뒤, 류성룡은 다시 기다림의 시간으로 돌아갔다. 곧 대군을 보낼 것이라 했으니 안주에 머무르며 명군을 맞이할 준비를 하기로 했다. 자신마저 의주로 올라갈 수는 없었다. 이 전선의 일은 누가 맡을 것인가. 다시 군량미를 마련해야 했으며, 위축된 군사들의 사기를 되살려야 했다. 흐트러진 민심을 위무하는 일도 외면할 수는 없었다. 기약 없는 기다림이었다.

안주의 류성룡은 백상루百祥樓에 거하는 날이 많았다. 병으로 신음하는 밤도 적지 않았다. 곁에서 지켜보는 신경진은 그런 그가 걱정이었다. 행재소 임금 곁에 있었다면 이처럼 바람막이도 없는 곳에서 노숙을 하는 안

· 류성룡, 7년의 전쟁 ·

쓰러움은 없었을 것이다. 신경진은 류성룡을… 이해하기가 어려웠다. 그의 속을 가늠할 수도 없었다. 저렇게까지 해야 하는지, 때론 의아하기도 했다. 혼자는 아니었으되, 류성룡은 어쩐지 조금 외로워 보였다.

평양성의 적군은 좀처럼 움직이지 않았다. 공격을 하지도, 그렇다고 군사를 물리지도 않은 채 성안에 웅크리고 있었다. 그 까닭을 알 수 없으니 경계하며 지켜볼 뿐이었다. 다시 보내온다는 명군도 어찌 될지 알 수가 없었다. 온다는 말은 무성하였으나, 구체적인 출병 소식은 내려오질 않았던 것이다. 여름은 다 지나가는데 여전히 평양은 여름철의 상황 그대로였다.

누군가 전선 근처에서 조정의 역할을 맡아야 하는 때였다. 류성룡은 생각에 잠겼다. 누가 있는가. 영상과 우상은 세자의 분조를 따라갔으니, 세자만 잘 보필하여도 제 역할은 해내는 셈이다. 급보로 불러들인 어전회의에, 술에 취해 참석하지도 않은 정철은 결국 하삼도 체찰의 명을 받고 내려갔다. 남은 이들은…. 이항복이 병조판서의 직으로 임금 곁에 있으니 대사헌大司憲 이덕형이 외교 일을 전담해준다면. 행재소의 일은 좌상 윤두수가 이끌어갈 수 있을 것이다. 평양성 왜적의 움직임은 순찰사 이원익에게 맡기고…. 그렇다면 자신의 자리는 그것이겠다. 그들 사이에서, 그들을 이어주는 일.

류성룡은 다소 애매하게, 조정의 일을 전선에서 도맡게 되었다. 그렇다고 달리 권한이 더해진 것은 아니었으나 임금과 왜적 사이에서, 그는 없어서는 안 될 존재였다. 이천에 있는 세자의 분조도 챙겨야 했다. 수시로 왜적의 동태를 알리고 그쪽 군사들의 군량미도 살펴야 하리라. 세자가 적진 가까이 내려가 있으니 무엇보다 그 안위가 걱정이었던 것이다.

이 긴 여름이 지나는 동안, 어느 사이 류성룡은 그렇게 전쟁의 한가운데에 서게 되었다. 남쪽에서 오는 전령들에게 의주는 너무도 먼 곳에 있었다. 일단 안주까지만 갈 수 있다면… 류성룡의 판단이, 그의 대책이 있었다. 날을 거르지 않고 장계는 부지런히 의주로 전해졌다. 묻고, 고민하고, 실행하고, 다시 알렸다. 의주의 임금과 남쪽의 전장 사이에, 그가 있었다.

그 사이에 홀로 서 있다고 생각한, 그때였을까. 마음속 외로움이 이름 하나를 불러 올렸다. 역시 자신의 배 위에서 외로운 시간을 견뎌내고 있을 한 사람. 류성룡은 문득 그 암담했던 날의 기억이 겹쳐졌다. 첫 장계를 받던 날. 남쪽 바다의 그를 떠올렸었지. 그를 기대하며 버텨보자 했었지.

아, 그랬던 것인가. 평양성의 적군이 움직이지 않는 이유도 그것 때문이었을까. 그의 외로운 싸움이… 이제 내게 시간을 벌어준 것일까. 그에게 주었던 시간을, 그 바다에서 외로이 견디며 다시 돌려준 것인가. 이순신, 그의 뜨거운 바다가 고마움으로 사무쳐왔다.

• 분조分朝 •

분조란 임금의 조정에 대하여 왕세자가 이끄는 작은 조정을 뜻하는 말이다. 왕조 시대에 임금의 권력을 나눈다는 것은 평상시라면 상상도 하기 어려운 일로, 분조의 존재는 그 자체로 국가 위기의 상황을 뜻하는 것이기도 했다.

임진왜란 때의 분조는 선조가 명으로 귀화할 결심을 굳히면서 세자 광해군에게 명한 것으로, 어가가 피난 중이던 1592년 6월 14일 박천에서 이루어졌다. 임금이 없는 국가가 있을 수 없으니 세자가 조선에 남아 전쟁을 치르고 나라를 다시 살리라는 뜻이었다. 하지만 분조를 명했을 뿐 왕위 자체를 넘겨주지는 않았다.

선조는 압록강만 건너면 바로 명으로 갈 수 있는 의주에 머물면서 전쟁의 위험으로부터 사실상 안전을 보장받고 있었다. 이에 비해 분조의 세자는 왜군의 점령지보다도 남쪽인 이천까지 내려가 의병을 모으고 백성을 위무하는 등 전란 극복에 힘을 다했다. 이 분조는 평양 수복 이후, 1593년 1월 정주에서 임금의 행재와 만남으로써 해체되었다.

두 번째 분조가 이루어진 것은 1593년 윤11월 19일. 이번에는 남쪽인 전라도와 충청도 곳곳을 옮겨가며 군사와 백성에 관한 업무를 관장했다. 다음 해인 1594년 8월에 서울로 돌아왔는데 이때는 분조의 명칭을 무군사撫軍司라 했으며, '무군사 일기'를 작성하여 서울 조정에 그 활동을 보고하기도 했다. 이처럼 광해군은 조선 전역을 거의 다녔다고 할 정도로 외지 생활이 길었던 세자였다. 이후 이 작은 조정은 호란胡亂을 겪던 인조 대에 소현세자昭顯世子의 분조로 다시 등장한다. 역시 국가의 존망이 걸린 위기 앞에서였다.

· 평양성 전투 ·

평양성이 왜적에게 점령당한 것은 서울이 함락된 다음 달인 1592년 6월 15일. 파천을 단행한 어가가 후일을 대비하기 위해 숨을 고를 만한 곳으로 바로 평양성을 꼽았을 정도로, 성의 규모며 군사적인 측면에서 중요한 성이었다. 평양성 수복을 서울 수복의 디딤돌로 여긴 것도 당연한 일이었다.

원군을 파병하는 명의 입장에서도 평양은 중요한 곳이었다. 명에서 서울로 향하는 중간에 위치하고 있을 뿐 아니라, 만약의 경우 명의 국경을 위협받지 않을 수 있는 최후 방어선을 고려했을 때도 그랬다. 평양성을 점거한 일본군은 고니시 유키나가의 제1군으로, 일본군의 주력 부대이기도 했으니. 아군에도 적군에도 평양성 수복 여부는 매우 중요한 문제였다.

평양 수복을 위한 첫 공격인 제1차 평양성 전투는 1592년 7월 17일. 아군은 요동 부총병 조승훈이 이끄는 명의 원군 3천 명과 조선의 도원수 김명원 휘하의 3천 명이 합친 조명 연합군이었다. 하지만 군사의 상황과 날씨, 적의 동태를 제대로 살피지 않은 조승훈의 경솔한 공격으로 전투는 어이없는 대패로 끝나고 말았으며, 조승훈은 그 길로 퇴각하여 요동으로 돌아가버렸다. 조승훈은 상부에 거짓된 보고를 올리며 조선 측에 패배의 책임을 떠넘기는 등 좋지 않은 뒷말을 남겼다.

제2차 평양성 전투는 1차 전투 십여 일 후인 8월 1일, 평안도 순찰사 이원익 부대의 공격으로 시작되었다. 이원익이 순변사 이일과 이빈, 김응서 등과 출전하여 하루 동안의 전투를 벌였으나 결국, 조선군이 순안으로 후퇴함으로써 전투는 종료되었다. 대규모 공격이 아니었던 만큼 피아간에 피해는 크지 않았는데, 연패를 당하며 움츠려 있던 조선군의 단독 공격이었다는 점에 의의를 둘 만하다. 이후 성을 수복하는 다음 해까지 평양은 강화협상과 자잘한 전투로 이어지는 지루한 대치 가운데 놓이게 되었다.

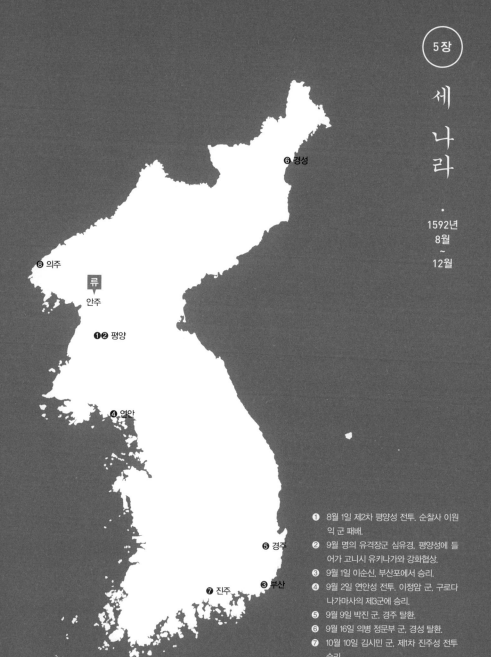

❻ 경성

❽ 의주

류
안주

❶❷ 평양

❹ 연안

❺ 경주

❼ 진주   ❸ 부산

❶ 8월 1일 제2차 평양성 전투. 순찰사 이원
    익 군 패배.
❷ 9월 명의 유격장군 심유경, 평양성에 들
    어가 고니시 유키나가와 강화협상.
❸ 9월 1일 이순신, 부산포에서 승리.
❹ 9월 2일 연안성 전투. 이정암 군, 구로다
    나가마사의 제3군에 승리.
❺ 9월 9일 박진 군, 경주 탈환.
❻ 9월 16일 의병 정문부 군, 경성 탈환.
❼ 10월 10일 김시민 군, 제차 진주성 전투
    승리.
❽ 12월 25일 명의 제독 이여송이 이끄는 원
    군 의주 도착.

류 군사업무 관장.

이순신의 그 바다

가을 바다는 고요했다. 전투가, 큰 전투가 끝난 뒤의 바다는 무심한 듯 고요하기만 했다. 붉게 물든 바다는 이내 그 상처를 감추고 여느 때의 푸름으로 돌아갔다. 물결마저 알고 있음일까. 출렁이며 울지도 않았다. 바람이 불면 바람을 탓할 것이다. 바람이 불어 흐느끼는 것이라, 바다는 생각할 것이다. 몇 달 동안의 전투에 시달렸으니 바다 또한 잠시 숨이라도 고르고 싶었을 것이다.

하지만 긴 여름을 바다 위에서 보낸 전라좌수사 이순신은 숨 고를 겨를도 없이 다시 전투로 가을을 시작해야 했다. 5월부터 7월까지, 여름 석 달동안을 꼬박 전투로 보낸 후 맞이한 가을이었다. 육지로 치고 올라간 왜군들은 아직 기세가 꺾이지 않았다는데…. 의주의 행재소는 어떤 상황인지. 류성룡의 안부도 궁금했다. 겨우 풍원부원군의 직함만을 돌려받은 채로 애를 쓰고 있다 했다. 지금은 어찌 지내시는 것일까. 자신 안에 있는 무언가를, 자신보다 먼저 알아보아준 사람이었다. 수사水使라니, 스스로도 생각하지 못한 모습 아닌가.

지난해 2월. 류성룡이 느닷없이 자신을 수사로 천거했을 때, 놀라움이 없지 않았다. 류성룡은 신중한 사람이었다. 함부로 칭찬하며 가벼이 자리를 맡기는 이가 아니었다. 그런 그가 자신의 어떠함을 보고 수사의 중책을 맡으라 함인가. 무과에도 늦게 들어선, 이름도 없는 일개 무관에게. 그저 나이만 마흔을 훌쩍 넘겼을 뿐, 미관말직의 작은 고을 현감이었다.

아무도 이순신의 능력을 눈여겨보지 않았다. 힘 있는 누군가가 끌어주지도 않았다. 이순신으로서는 기댈 곳도 없었으나 기대고픈 마음 따위도 없었다. 그러던 어느 날, 류성룡이 그를 발탁해주었던 것이다. 파격적인 승진을 반대하는 목소리들도 가볍게 눌러버렸다. 조선의 바다를 지키라…. 이순신은 자신에게 바다를 준 류성룡의 마음을, 그의 근심을 깊게 받아들였다.

내려와 본 전라도 좌수영은 그야말로 말뿐인 진영이었다. 좌수영만의 문제는 아닐 것이다. 군사도, 군기도, 전투를 할 배마저도… 제대로 갖춰진 것이라곤 없었다. 이순신은 꼬박 1년 동안 무너진 진영을 다시 세워 나갔다.

그리고 전쟁이 시작되기 한 달 전인 임진년 3월. 서울의 류성룡이 한 권의 책을 보내왔다. 이제 때가 이른 것인가…. 이순신은 생각에 잠겼다. 나라를 걱정하는 류성룡의 진심이겠다. 자신에 대한 기대이기도 할 터다.

> 저녁에 서울 갔던 진무가 돌아왔다. 좌의정 류성룡이 편지와 《증손
> 전수방략增損戰守方略》이라는 책을 보내왔다. 이 책을 보니 수전水戰·
> 육전陸戰·화공전火攻戰 등에 대한 전술을 낱낱이 설명했는데, 참으로
> 만고에 뛰어난 이론이다.
>
> – 이순신 《난중일기》 1592년 3월 5일

드디어 임진년 5월. 함대를 거느리고 첫 해전에 나섰다. 옥포에서, 당항

포에서 연이은 승리를 거두었다. 그리고 기어이 큰 전투를 시작했다. 여름이 한창이던 7월 8일, 이순신의 함대가 거제 견내량으로 들어섰다.

한산대첩, 이 한 번의 승리 덕분이었다

일본 수군을 이끄는 장수는 와키사카 야스하루. 용인성에서 대승을 거둔 그는 원래 수군장이었다. 육군을 돕기 위해 북진했다가, 일본 수군이 연패를 거듭하자 전세를 뒤집기 위해 다시 내려온 것이다. 본국의 도요토미 히데요시가 대노하며 수군 전체에 엄명을 내린 상태였다. 홀로 공을 차지하고픈 마음에, 와키사카 야스하루는 다른 부대를 기다리지 않고 전투를 서둘렀다. 자신의 함대 70척으로도 승산이 있다고 생각했던 것이다.

옥포 해전 이후, 각 도의 수군이 연합하여 출정 중인 조선군이었다. 다시 이순신과 이억기, 그리고 원균의 부대가 한곳에 모였다. 이순신은 견내량 바깥 바다에 머무르면서, 지형과 물의 흐름을 살피며 작전을 세우기 시작했다. 당항포 첫 출전에서 위력을 발휘했던 거북선에 의지하기보다는, 판옥선을 활용한 진법陣法에 무게를 두기로 했다. 바다가 달라졌으니 작전도 달라야 한다. 섣부른 공격이 자칫 아군의 손실로 이어질지도 모르는 일. 견내량 포구 안에 나란히 늘어선 적선들은 이미 전투 준비를 마친 상태였다.

"이곳을 보니 바다가 좁고 물이 얕아, 자칫 우리 배가 서로 부딪쳐 위험할 수 있습니다. 거짓으로 도망하며 적선을 넓은 바다로 유인해서 싸우는 것이 좋겠습니다."

이순신은 적들의 배를 넓은 바다로 유인하고자 했다. 조선의 판옥선은 크고 튼튼한 강점이 있으나, 그렇기에 좁은 곳에서 민활하게 움직이기에는 적절하지는 않았기 때문이다. 하지만 원균의 생각은 달랐다. 적이 앞에 있으니 일단 공격해야 한다는 것이었다. 번번이 이순신의 작전을 따르는 것도 내키지 않는데다, 이번 전투로 얼른 공을 세워야 한다는 마음이 컸던 까닭이다. 이러다가 이순신에게 모든 공이 쏠릴까, 그래서 그가 전 수군을 지휘하는 자리로 오르면 어쩌나, 그것이 걱정이기도 했다.

"적에게 도망치는 모습을 보이다니, 이 무슨 말씀이십니까! 겁낼 것이 무어 있소이까. 바로 공격을 시작합시다."

원균이 할 말은 아니었다. 전란 초기, 이미 적에게 대패를 당해 자신의 함대를 고스란히 수장시키다시피 하질 않았던가. 연합 함대라는 말이 무색하게, 이번 전투에도 달랑 일곱 척의 배를 거느리고 합류한 원균이었다. 이순신은 차분히, 하지만 단호하게 자신의 뜻을 밝혔다. 지휘관의 오판이 곧 병사들에겐 죽음이기 때문이다.

"공께서는 병법을 모르시는 듯합니다. 그 방법으로는 반드시 패하고 말 것입니다. 게다가 이곳에서 적선을 공격한다면, 적들이 육지로 도망쳐서 백성들에게 큰 해를 끼칠 것입니다. 반드시 한산도 앞까지 끌어내어 큰 바다에서 공격을 해야 합니다."

이순신의 작전 그대로였다. 가까이 다가서며 공격을 하려던 조선 배들이 짐짓 도망쳐 나오자, 이를 본 적선들이 추격을 시작했다. 드디어 한산도 앞, 넓은 바다에 이르렀을 때 이순신이 크게 한 번 북을 울렸다. 이를 신호로, 조선의 모든 배들이 일제히 뱃머리를 돌리더니 순식간에 양쪽으로 열을 지어 벌려 섰다. 바로, 학이 두 날개를 활짝 펼친 형상의 진법鶴翼

陣이었다. 그리곤, 조선군의 공격이 시작되었다.

넓게 펼친 학의 날개를 오므리듯이 적을 몰아넣어 공격을 해대었으니, 적선들은 허겁지겁 퇴각하려 했으나 이 또한 쉬운 일은 아니었다. 도망치던 적선 대부분이 파괴되고 배에 탄 일본군은 화살을 맞거나, 혹은 물에 빠져 죽었다. 이날, 73척의 적선 가운데 66척이 침몰되었다. 병사들은 물론 대부분의 일본군 장수들도 목숨을 잃었으며, 총대장인 와키사카 야스하루 등 몇몇만이 간신히 도망쳐 나갈 수 있었다. 조선군의 전선은 72척 모두가 무사했으며, 수군 18명이 전사했다. 말 그대로의 대첩大捷이었다.

견내량 포구에서 하룻밤 휴식을 취한 이순신은 다음 날, 다시 마무리 전투를 지휘하러 배를 몰았다. 구키 요시타카九鬼嘉隆와 가토 요시아키加藤嘉明가 지휘하는 적선 40여 척이 안골포에 정박 중이라는 보고가 들어왔던 것이다. 지휘선을 비롯한 주력 함선을 격추시키며 몰아붙이자, 살아남은 왜군들이 육지로 올라가 달아나기 시작했다. 이순신은 더 이상의 추격을 멈추라 명하고, 남은 배들도 불태우지 말도록 했다. 안골포에 숨어 사는 피난민들이, 도망칠 곳 없는 적의 공격을 받을까 염려했음이다.

전투란 나라와 백성을 위한 것이 아닌가. 전공을 과시하겠다는 욕심 따위가 끼어들 수는 없었다. 인근에 남아 있던 적선들마저 모두 달아나버렸으니, 거제 일대에 적의 그림자도 보이지 않았다.

전라수군절도사 이순신이 경상우수사 원균, 전라우수사 이억기 등과 함께 거제도 앞바다에서 적병을 크게 물리쳤다. (…) 승전 소식을 들은 조정에서는 매우 기뻐하며, 임금께서는 이순신을 1품 벼슬로 올리려 하였다. 하지만 너무 파격적인 승진이라고 비판하는 사람이 있었기 때문에 이순신을 정2품의 정헌대부*로 승진시키고 이억기와 원균을 가선대부**로 승진시켰다. (…) 이에 앞서 고니시 유키나가가 평양에 도착하여 "일본 수군 십만여 명이 지금 또 서해를 통하여 올 터인데, 어가가 여기서 또 어디로 갈지 모르겠습니다"라는 글을 보낸 적이 있었다. 적은 원래 수군과 육군이 합세하여 서쪽으로 내려오려고 하였던 것인데, 이 한 번의 전투로 인하여 적의 한쪽 팔을 자른 격이 되었으니 고니시 유키나가가 아무리 평양을 얻었어도 그 세력은 고립되었기 때문에 감히 더 진군하지 못하였던 것이다. (…) 이 한 번의 전투 덕분이었다.

— 《징비록》

그야말로 이 한 번의 전투 덕분이었다. 조선이 드디어 숨을 쉴 틈을 얻었다. 한산도에서 대승을 거둔 이순신은 8월이 저물어가는 가을, 다시 일본 수군의 본영인 부산포 앞바다로 출정했다. 우리 조운선을 보호하고 적의 공급로를 완전히 차단하기 위함이었다. 이 기세로 밀고 나가리라…. 자신을 믿어준 한 사람과, 자신을 믿고 따르는 병사들을 위해서라도. 하루라도 빨리 이 끔찍한 전쟁을 끝내고 싶었다.

이순신은 언제나처럼 꼼꼼하게 지형을 살피고 적의 함대를 가늠해보았다. 적군을 크게 이기는 것도 중요하지만, 그보다도 아군이 피해를 입지 않을 작전이 더 소중하다는 생각에도 변함이 없었다. 출격 명령을 내렸다. 바람 사이로 이미 가을이 묻어났으나, 전투는 다시 바다를 뜨겁게 달

* 정헌대부正憲大夫. 조선시대 정2품의 상계上階 품계명.
** 가선대부嘉善大夫. 조선시대 종2품의 하계下階 품계명.

구기 시작했다.

바다의 전투가 육지의 시간을 흔들어놓았다. 안주의 류성룡은 이순신이 벌어준 시간을 틈타 다시 도성을 도모할 대책으로 분주했으며, 평양성의 고니시 유키나가는 이순신이 멈춰놓은 시간 속에서 진퇴를 고민하고 있었다.

왜군, 평양성에서 골몰하다
——

평양성에 틀어박힌 고니시 유키나가는 끊긴 보급로 때문에 초조해지기 시작했다. 피난 중인 조선의 국왕에게 조롱의 글까지 보냈으나, 정작 서쪽의 뱃길이 막혀버리면서 일이 뜻대로 풀리지 않았던 것이다. 여름을 너무 안이하게 낭비한 것일까. 바람 끝에 서늘함이 느껴지기 시작하니 부쩍 마음이 조급해졌다. 추위란… 일본군이 전혀 대비하지 못한 문제였다. 이러다가 겨울이라도 닥치면 정말 큰일이 아닌가.

도대체 수군들은 무얼 하고 있기에 바닷길을 빼앗겼다는 말인가. 본국의 주군이 대노하셨다 했다. 하여 다시 수군의 총출동을 명하여 한산도 앞바다에서 크게 붙어본 것이 아니던가. 그런데도 어찌 또 대패를 했다는 말인지, 그깟 조선의 수군 앞에서. 고니시 유키나가로서는 믿을 수가 없었다. 자신이 부산포에 상륙하던 4월. 조선의 바다에는 앞길을 가로막는 전선 따위는 찾을 수가 없었다. 대체 그 이순신이라는 자가 누구인가. 어디서 무얼 하던 자란 말인가. 아무래도 조선으로 건너오기 전과는 다른 대책을 세워야 할 것 같았다.

고니시 유키나가 혼자의 고민이 아니었다. 일본의 지휘부도 이럴 줄은 몰랐던 것이다. 한달음에 서울을 점령하면 그대로 모든 것이 해결될 거라는, 낙관에 기울어져 있었다. 부산에서 서울까지, 불과 보름 사이에 내달릴 때만 하더라도 조선 팔도를 일본 장수들이 나누어 통치하고 명까지 도모하겠다는 기대였으니.

서울 함락 소식이 전해지자, 도요토미 히데요시는 직접 조선으로 건너올 계획을 실행하려던 중이었다. 조선을 거쳐 명으로 들어가기 위함이었다. 자신의 후계자인 조카 도요토미 히데츠구豊臣秀次에게 정복의 야망을 가득 담은 편지를 보내기도 했다.

> 이번 중국과의 전쟁 준비에 방심하지 않기를 바란다. 너는 너의 땅 교토로부터 내년 음력 2월에 이곳 규슈를 향해 출발하여라. 조선의 서울이 점령되었다. 이 때문에 나는 조선으로 건너가는 일을 더욱 서두르고 있다. 나는 이번에야말로 틀림없이 전 중국을 남김없이 복종시킬 생각이다.
> – 〈도요토미 히데요시가 도요토미 히데츠구에게 보내는 편지〉 1592년 5월 18일,
> L. 프로이스Luis Frois 《일본사Historia de Japam》

하지만 이순신의 승전으로 상황이 바뀌어버렸으니. 조선으로 들어오려던 도요토미 히데요시도 발이 묶일 수밖에 없었다. 전쟁이 묘한 시기로 접어들었던 것이다. 일본군은 분명 조선 곳곳을 점령하고 있었으나, 온전히 점령하지는 못한 상태였다. 게다가 명에서 구원군을 파병하기 시작하면서 상황은 더 복잡하게 꼬여버렸다.

8월에 접어들자, 서울에 주둔 중인 총대장 우키타 히데이에*는 급히 조선 전역에 있는 일본군 대장들을 서울로 소집했다. 도요토미 히데요시의 명을 받고 들어온 감독관들과 함께 계책을 논의하고자 함이었다. 하지만 지휘부의 회의에서도 똑 떨어지는 결론을 내지 못했다. 아무리 도요토미 히데요시의 사위라고는 하나, 스물한 살의 어린 총대장이 무슨 대책이 있겠는가. 장수들은 일단 자신의 주둔지로 돌아가 조선과의 싸움을 이어가게 되었다.

그나마 조선에 내놓을 수 있는 의외의 변수는 가토 기요마사가 조선의 두 왕자를 포로로 잡은 일이었다. 조선인의 반란이 도운 결과였다. 이미 탐욕과 횡포로 백성들에게 반감을 사던 두 왕자 임해군과 순화군順和君이었다. 왕자로서의 책임감이나 부끄러움 따위라곤 없이, 피난지에서까지 그 행실을 고치지 못하고 포악을 부렸으니. 가토 기요마사에게 보배가 굴러들어온 셈이었다. 앞세워 써먹기에 더없이 좋은 무기 아닌가.

적병이 함경도에 들어오니 두 왕자가 적중에 역류되었다. 종신從臣 김귀영金貴榮, 황정욱黃廷彧, 황혁黃赫과 함경도 감사 유영립柳永立, 북병사北兵使 한극함韓克諴 등이 모두 붙잡혔으며, 남병사 이혼李渾은 갑산으로 달아났다가 우리 백성에게 살해되었다. 이에 함경남북도의 군현이 모두 적의 수중에 떨어졌다…. 두 왕자 임해군과 순화군은 모두 회령부로 갔었다. 처음에 순화군은 강원도에 있다가 적군이 강원도

* 우키타 히데이에宇喜多秀家. 1572~1655년. 오카야마岡山의 영주. 도요토미 히데요시의 양자이자 사위였으며, 임진왜란 당시 스물한 살의 나이로 총대장이 되었다. 히데요시가 자신의 아들을 부탁한 다섯 대로大老 가운데 한 명이다.

로 들어오자 방향을 바꾸어 북도로 향하였다. 이때 적병이 속도를 늦추지 않고 왕자들을 끈질기게 추격하였는데, 회령 아전 국경인鞠景仁이 그 무리를 이끌고 반역을 일으켜 왕자와 종신들을 묶은 뒤에 적을 맞이하였다. 적장 가토 기요마사는 그 묶인 것을 풀어 군중軍中에 두고 함흥으로 되돌아와 주둔하였다.

-《징비록》

고니시 유키나가는 절로 한숨이 나왔다. 8월 초의 서울 회의를 다녀온 뒤로 부쩍 생각이 많아졌다. 서울에서 끝을 보지 못한 채 평양에서 이처럼 머뭇거리게 될 줄은 몰랐다. 그렇다고 의주까지 올라갈 생각은 없었다. 그럴 형편도 아니었으며 그럴 필요도 없었다. 자칫 배후를 공격당하거나 애써 점령한 평양성을 빼앗길지도 모른다.

마음을 알았음일까. 사위인 소 요시토시가 조심스레 말을 꺼냈다. 강화로 문제를 푸는 것은 어떻겠냐는. 이제 스물다섯의 젊음이었으니 두려움 때문은 아니었다. 자신들이 처한 어려움이 같았음이다.

"아무래도 달리 방법이 없지 않겠습니까."

"그렇기는 한데… 조선이 계속 버틴다면 어찌하면 좋겠는가. 지난번 이덕형의 입장이 곧 국왕의 생각일 터인데."

이 전쟁 자체에 회의적인 고니시 유키나가였다. 감히 어길 수 없는 명이니 제1군의 장수로 군을 이끌었을 뿐. 하루빨리 전쟁을 끝내고픈 마음이었다. 자신이 보기엔 일본에게도 그리 실익이 없는 전쟁이었다. 가토 기요마사 같은 강경파들이 문제였다. 과연 주군의 생각대로, 명을 침략하여 승산이 있겠는가. 조선 팔도를 나누어 통치하고자 했던 꿈을, 아직 가져도 좋겠는가. 확신이 서질 않았다.

"저들은 아직 우리의 형편을 알지 못할 터이니 조금만 더 기다려보시지요. 간자間者들의 말을 들으니 다시 명군을 청한다고는 하나… 명도 군사를 내었다가 그리 패주하질 않았습니까. 강화할 길이 없지는 않을 것입니다."

"아직도 조선군은 평양 주변에서 온전히 물러가질 않았는가."

"예. 조선군은 순안에 주둔 중인데 지휘부는 안주에 있는 것 같습니다. 그쪽에서 명령이 내려오고, 의주로 오가는 장계가 많다고 합니다."

"무엇보다도 가토 기요마사를 경계해야 한다. 그자가 분명 왕자들을 미끼로 먼저 공을 세우려 할 것이다."

고니시 유키나가는 조금 더 버티면서 기다리기로 했다. 평양성 코앞에서 아직도 물러나지 않는 조선군이 신경은 쓰였으나, 이달 초에 순찰사의 부대가 공격에 실패했으니 다시 조선군이 단독으로 공격을 해오지는 못할 것이다. 명과 조선의 교섭을 기다렸다가 우리도 그때를 노려서…. 하지만 후방이 걱정스럽기도 했다. 애써 점령한 곳곳이 다시 조선군의 수중으로 넘어가고 있었다. 평양성을 지키고 있을 때, 아직 주도권이 있을 때 강화가 되어야 할 것인데.

떨쳐 일어나는 의병, 의병들
———

정말 그랬다. 전쟁이 몇 달을 넘어서자 점령지 곳곳을 다시 조선군이 되찾기 시작했다. 시간이 적의 약점을 알려주었다. 적에게 대응할 방법을 찾게 되었던 것이다. 무엇보다 의병들의 활약 덕분이었다. 글 읽던 선비들이 지역민을 조직하여 전투에 참여했으며, 승려들 또한 조국의 위기 앞에 병사로 나서기를 주저하지 않았다.

적군으로서는 예상치 못한 일이었다. 병사도 아닌 자들이 오직 의로운 마음에 기대어 전투에 나선다? 도저히 상상할 수 없는 행동이었기 때문이다. 의병은 때로는 관군과 힘을 합해, 때로는 자신들의 힘을 규합하여 조선 땅 곳곳을 방어하고, 또 수복하기도 했다.

> 이때 각 도에서 의병을 일으켜 적을 토벌한 사람들이 매우 많았다.
>
> 전라도에서는 전 판결사 김천일金千鎰, 첨지 고경명高敬命, 전 영해부사 최경회崔慶會가 있었다.
>
> 경상도에서는 현풍 사람 곽재우*, 고령 사람 전 좌랑 김면金沔, 합천 사람 전 장령 정인홍, 예안 사람 전 한림翰林 김해金垓, 교서정자校書正字 유종개柳宗介, 초개 사람 이대기李大期, 군위교생軍威校生 장사진張士珍이 있었다.
>
> 충청도에서는 승려 영규靈圭, 전 제독관 조헌趙憲, 전 청주목사 김홍민金弘敏, 서얼 이산겸李山謙, 사인 박춘무朴春茂, 충주 사람 조덕공趙德恭, 내금위 조웅趙熊, 청주 사람 이봉李逢이 있었다.
>
> 경기도에는 전 사간 우성전禹性傳, 전 정랑 정숙하鄭淑夏, 수원 사람 최흘崔屹, 고양 사람 진사 이로李魯와 이산휘李山輝, 전 목사 남언경南彦經,

---

* 곽재우郭再祐. 1552~1617년. 전란이 발발한 직후인 1592년 4월 22일 의병을 일으켰다. 사재를 모두 털어 군사를 모집, 뛰어난 전술로 연승을 거두며 적군의 위협으로 떠올랐다. 조식의 외손서外孫婿이며 홍의장군紅衣將軍으로 유명하다.

유학 김탁金琢, 전 정랑 유대진兪大進, 충의위忠義衛 이일李軼, 서얼 홍계
남洪季男, 사인 왕옥王玉이 있었다.

내가 안주에서 각자 군대를 일으켜 국난에 임하라는 공문을 사방으
로 돌렸는데, 그 문서가 금강산으로 들어가자 유정*은 이를 불탁 위
에 놓고 여러 승려들을 불러 읽으며 눈물을 흘렸다. 마침내 승군을
일으켜 서쪽으로 가서 근왕하니 그 수가 천여 명에 이르렀다.

함경도에서는 평사評事 정문부鄭文孚, 훈융 첨사訓戎僉使 고경민高敬民의
공이 가장 컸다고 한다.

- 《징비록》

의롭게 일어서 나라를 지켰으나 이미 전사한 이들도 적지 않았다. 류성
룡은 그들의 이름 하나하나를 새겨보았다. 향병鄕兵을 이끌고 적을 토벌
하다 전사한 고경명. 그의 아들 종후從厚가 아버지를 이어 '복수군復讐軍'이
라는 이름으로 부대를 지휘하고 있었다. 용맹이 널리 알려져 적병에게 두
려움을 주던 장사진도 전사했다. 청주를 수복하여 이름을 떨친 영규와 조
헌은 금산성 전투에서 나란히 장렬한 죽음을 맞았다. 어디 이들뿐이겠는
가. 이름도 없이 죽어간 수많은 조선의 백성들이 있었다.

류성룡은 적과 싸워 이긴, 혹은 전사한 이들의 이름을 부지런히 적어
의주로 올려 보냈다. 나라를 위해 모든 것을 내놓았으니 나라가 이들을
기억해야 할 것이다. 상급을 주는 일도 시일을 넘겨서는 아니 될 일. 나라

---

*   유정惟政. 1544~1610년. 고승 휴정休靜의 제자로 전란 시에 승병장이 되어 승군을 일으켰다. 제3차 평양
성 전투에 참가했으며, 여러 차례 적진으로 들어가 강화교섭에도 임했다. 속성은 임任, 호는 사명당泗溟堂, 또
는 송운松雲.

가 이 지경이 되었으나 그래도 나라를 버리지 않고 목숨을 건 이름들이었다. 정작 고을의 수령과 장수들은 제 한 몸을 아껴 도망치는 자들도 적지 않았다. 류성룡은 이런 자들을 엄히 징계할 것을 함께 진언했다.

하지만 걱정이 없는 것도 아니었다. 류성룡의 근심은 아군 사이에 생기기 시작한 틈이었다. 소소한 다툼이 자칫 큰 패전으로 이어질지도 모르는 일. 특히 경상도의 의병장 곽재우와 관찰사 김수의 갈등은 자칫 위험한 순간으로 치달을 뻔했다. 패전을 거듭하면서도 끈질기게 자리를 보전하던 관찰사 김수가, 의병장의 군병들을 빼앗아가기 시작하면서 일이 불거졌다. 참지 못한 곽재우가 김수의 목을 베겠다는 격문을 보내자 김수는 오히려 곽재우를 반적叛賊이라고 조정에 알렸으니.

"곽재우가 김수를 죽이려고 했다는 것이 사실인가? 혹 자신의 병세兵勢를 믿고 죽이려는 것이 아니겠는가."

임금은 혹여 의병의 세력이 너무 세어질까, 그 힘을 믿고 또 다른 변이 있을까 염려하는 눈치였다. 유근柳根이 상황을 이야기했다.

"재우가 김수의 편비褊裨에게 통문通文을 보내어 '네가 김수를 죽이지 않으면 내가 군사를 일으켜 죽이겠다'고 하였다 합니다."

"김수를 체차遞差할 수도 없고 곽재우를 견책할 수도 없으니, 어떻게 하면 좋겠는가?"

난처한 상황이었다. 김수의 잘못이 있다고는 하나 임금이 내려보낸 관리가 아닌가. 그렇다고 한창 적군들에게 위세를 떨치는 의병장에게 죄를 내릴 수도 없는 일이었다. 규율이 무너질까 그 또한 걱정이었으니. 윤두수가 해법을 내놓았다. 사람 사이의 문제이니, 그 문제를 풀 수 있는 사람을 써야 하겠다고.

"초유사 김성일이 있지 않습니까. 그를 시켜 타이르도록 하는 것이 좋을 듯합니다."

결국 김성일이 사태를 수습했다. 두 사람 모두에게 허물을 깨우치는 한편, 그 사이를 원만히 조정한 후 임금께 치계하여 곽재우의 억울함을 풀어주기도 했다. 이에 조정에서는 김수를 파면하고 김성일을 경상도 관찰사로 임명했다. 그곳의 의병과 관군 사이의 문제를 직접 알아서 할 만한 권한을 준 것이다. 연이어 곽재우에게도 5품의 벼슬을 내려 그 공을 격려했다.

이처럼 관직을 주면서 의병의 사기를 진작시키기도 했지만 조정에게 의병은 부담스러운 존재이기도 했다. 관군의 책임을 대신 맡아주고 있었으니, 제 일을 하지 못하는 나라의 모습을 보는 것 같았음이다. 누군가 사사로이 병력을 거느린다는 점이 편치 않았던 것도 사실이다. 관군이라 해서 명령으로 일사 분란한 것은 아니었다. 장수들 사이에도 전공을 둘러싼 알력이 없지 않았다. 류성룡 자신만 해도 장수 이일과 이빈李蘋 사이의 불화를 해결하라는 임금의 명까지 받지 않았는가.

원균이 올리는 장계도 분란의 씨를 품고 있었다. 원균으로서는 자신의 지역도 지키지 못해 이순신의 함대에 기대고 있는 형편이었다. 하지만 한때 자신의 부하였던 이순신이 더 높은 품계로 오르자, 자신의 공을 내세우며 이순신을 비방하기 시작했던 것. 누구의 말이 사실일까. 조정에서 직접 살필 수도 없었으니, 진실과 거짓의 안개로 둘러싸인 그들의 바다는 너무 먼 곳에 있었다.

내가 누구인지, 누구일 수 있는지, 누구여야 하는지

류성룡은 그 수많은 장계와 시비를 보고 들으며 제자리를 지키는 중이었다. 여전히 안주에서 순안으로, 혹은 정주로. 곡식을 챙기고, 군사를 점검하고, 적세賊勢를 탐문하며, 그리고 장계를 올렸다. 길고도 힘든 여름은 지났으나 가을의 시작도 여느 가을과 같을 수는 없었다. 그렇게 안주의 백상루에서 다시 바뀌는 계절을 마주했다.

잠시 계절의 흐름에 마음을 기대어보았다. 이제 가을로 들어서려는가. 나라는 여전히 위태로움 그대로인데 다시 계절이 바뀌려는가. 전란은 이 가을 어디쯤에서 그 고비를 만날 것인지. 햇살이 금빛으로 깊어지기 시작했다. 가을이 오면… 들판의 곡식이 여물어 굶주린 백성을 살리고 군사를 먹일 수 있으려는가…. 그러다 문득, 이런 자신이 낯설어졌다. 내가 가을 햇살 앞에서 곡식을 근심하고 있구나. 먹여야 할 목숨들을 헤아리고 있구나…. 내가 만난 그 어느 가을도 이런 의미로 다가오진 않았거늘.

가을이 올 무렵이면, 여름이 끝날 무렵이면 상념에 젖곤 했다. 조용히 제자리를 찾아가는, 그 생명의 이치를 되새기게 되는, 천천히 서늘해지는 이 계절의 느낌이 좋았다. 그 느낌을 온전히 누리려 여름의 끝을 애써 기다린, 그런 날들도 없지 않았다. 이 가을도 다르지 않을 것이다. 햇살도, 들판도, 생명의 이치도 달라진 것은 없었다. 달라진 것은 사람의 일, 그것뿐이었다.

전란 전에는 미처 알지 못한 일이었다. 이제야… 이제 와서야. 들판의 곡식을 간절함으로 기다리는 법을 배우게 된 것이다. 명색이 한 나라의 재상을 지냈으면서도. 가을이면 이토록 햇살이 깊어져야 하는 까닭을, 금빛으로 빛나야 하는 이유를. 온몸으로 깨닫지는 못했었다.

배움이란 무엇이었는가. 꿈꾸었던 조선은, 꿈꾸었던 자신의 모습은 무엇이었는가. 적어도 이런 스스로를 생각하지는 못했다. 자신도 몰랐다. 전란의 한가운데서 군정을 책임지게 될 줄은. 가을 햇살 앞에서 곡식을 근심하게 될 줄은. 그리고 그런 자신을 받아들이게 될 줄은… 몰랐었다. 하긴, 어디 나 하나뿐이랴. 저 바다를 손에 넣은 한 절도사도, 홍의紅衣로 뜻을 세운 한 의병장도. 이 전란이 없었다면 알지 못했을 것이다. 자신이 누구인지, 누구일 수 있는지, 누구여야 하는지.

저마다의 자리를 지키는 자들이 있어… 조선은 견뎌낼 수 있을 것이다. 나랏일을 한다는 것이 무엇인가. 백성들을 안다는 것이 무엇인가. 이 전란이 끝날 때, 그때까지만이라도 나라를 위해 일할 수 있어야 한다. 가을 햇살이 일깨워준 부끄러움을 갚을 수 있어야 한다.

그런데 도대체 명에서는 군사를 내기는 하겠다는 것인가. 조승훈이 패주하여 요동으로 건너간 지도 한 달이 지났거늘. 대체 어찌 시원한 소식이 없는 것인가.

명, 다시 파병을 고민하다

기다리는 출병 소식 대신, 다소 의외의 사람이 압록강을 건너왔다. 명의 병부상서兵部尙書 석성*이 보낸, 심유경**이라는 인물이었다. 평양성으로 들

---

* 석성石星. 명의 병부상서로서 조선 파병을 적극 주장했다. 이후 사태가 장기화될 조짐을 보이자 자국 내의 재정 등을 고려, 강화로 조선 전쟁을 마치고자 했다. 명 조정 내 강화파의 핵심 인물이다.

** 심유경沈惟敬. 석성의 명으로 일본과의 협상을 위해 파견되었다. 상인 출신으로 일본의 사정에 밝았다. 직

어가 고니시 유키나가와 담판을 짓는다는 것이었다.

> 9월에 명나라의 유격장군 심유경이 왔다. (…) 순안에 도착하자 왜장
> 에게 편지를 보내어 황제의 교지로써 "조선이 일본에 무슨 잘못을 저
> 질렀기에 일본이 멋대로 군대를 일으켰는가?"라고 문책하였다. (…)
> 심유경은 황색 보자기로 편지를 싸서 가정家丁 한 사람에게 짊어지게
> 하고는 말 타고 곧장 달려가서 평양성의 보통문으로 들어가게 하였
> 다. 왜장 고니시 유키나가가 그 편지를 보고 즉시 "만나서 의논하고
> 싶다"라는 답서를 보냈다.
>
> ─《징비록》

사실 명도 조선의 이 전쟁으로 고심 중이었다. 조선이 일본과 내응했을
지도 모른다는, 애초의 그 의심을 거두어들이기는 했으나 호기롭게 군대
를 보내줄 여유가 없었다. 명으로서는 나라 안의 반란만으로도 이미 힘에
부친 상태였다. 북쪽 여진의 세력도 평온하질 않았다. 조선과의 관계를
유지하겠다고, 함부로 군사를 낼 만한 입장은 아니었던 것이다. 그렇다고
조선을 그저 내버려둘 수는 없었다. 혹여 조선이 무너지기라도 한다면,
그야말로 적군과 국경을 나란히 하는 꼴이 되어버릴 터이니. 순망치한脣亡
齒寒의 이치를 생각해야 할 때였다.

조선 국왕의 거듭되는 내부 요청도 부담스러운 일이었다. 제 나라를 버
리고 명으로 들어온다니, 자칫 짐을 떠맡게 될지도 모른다는 판단이었다.

접 일본으로 건너가 도요토미 히데요시를 만나는 등, 명 측의 실질적인 협상 대표로 활동했다.

아예 조선을 명의 영토로 삼자는 의견이 없었던 것도 아니다. 하지만 이 또한 작은 문제는 아니었다. 일단 선발군을 보내주어, 전쟁을 조선 땅에서 끝낼 수 있도록 달래기로 했다. 전투도, 강화도 상황에 따라 생각해볼 요량이었다.

하지만 애써 보낸 조승훈의 부대가 참패해버리자 명 조정은 다시 고민에 빠지고 말았다. 이 전쟁을 어찌 대해야 할 것인가. 일본이 어느새 이토록 힘을 키웠었는지. 그저 몇 천의 군사로 해결될 일이 아니었다. 조선의 지형상, 기병만으로 대적할 수 없음도 분명해졌다. 남방의 포병을 보내야할 터인데…. 하지만 대군이 조선까지 이동하는 시간도 문제였다. 그사이에 적군이 의주까지 치고 올라온다면, 그래서 명의 국경을 위협한다면 어쩔 것인가.

결국 대군의 파병은 결정되었다. 황제는 칙서를 보내 조선의 국왕을 위로하고 청병을 받아들이겠다고 했다. 물론 조선을 위해서가 아닌, 명의 안위 때문이었다.

황제는 조선 국왕에게 칙유敕諭하노라. (…) 요사이 듣건대, 왜노가 창궐하여 마구 침구해 들어와서 왕성을 공격, 함락시키고 평양을 침략하여 점거하였으며, 이에 백성이 도탄에 허덕이고 원근이 소란스러우며 국왕은 서쪽 해변으로 피난하여 초야에 파천해 있다고 하였다. 급한 소식을 전해 듣고 이미 변방의 신료에게 군사를 동원하여 구원하라는 칙서를 내렸다. (…) 요양遼陽 각진各鎭의 정병 십만을 통솔하고 가서 흉적의 토벌을 돕도록 하였으니, 그대 나라의 병마와 앞뒤에서 협공하여 기어코 흉포 잔악한 무리를 무찔러 없애어 하나도 살아

남는 자가 없게 하도록 힘쓸지어다.

- 《선조실록》 1592년 9월 2일

명 조정에서는 시간이 필요했다. 병력이 온전히 이동할 때까지, 평양성의 일본군을 그대로 묶어두어야 했다. 조선 파병을 앞장서 주장해온 병부상서 석성이 나름의 묘책을 생각했다. 무기가 아닌, 유세로 시간을 벌어줄 사람…. 심유경을 떠올렸던 것이다. 상인 출신으로 언변에 능할 뿐 아니라 일본의 사정에도 밝은 인물이었다. 그에게 유격장군이라는 임시 칭호를 주고 일단 평양의 사정을 살펴보도록 했다. 역시 강화를 기다렸던 상인 집안 출신의 고니시 유키나가와는, 이야기가 잘 풀릴 만한 조합이었다.

50일 동안의 휴전 협정

만나서 의논을 하자는 고니시 유키나가의 답서에 심유경은 호위군도 거느리지 않은 채 평양성으로 들어갔다. 회담의 결과는 일본군이 평양성에서 철수를 하겠다는 것도, 명에서 일본 측의 봉공요청을 수용하겠다는 것도 아니었다. 일단 50일 동안 휴전하자는 막연한 내용이었다. 평양성을 기준 삼아 십 리를 경계선으로 정하여, 일본과 조선이 서로의 영역을 침범해서는 안 된다는 것이었다. 심유경은 다시 명으로 들어갔다가 50일 후에, 이 사태를 해결할 명 황제의 답서를 가지고 돌아오겠다 했으니.

조선은 회담에 배석하지도 못했다. 명의 처분에 따를 수밖에 없는 처지가 되어버린 것이다. 혹시 명과 일본 사이에, 조선을 배제한 강화 교섭이 시작되는 것은 아닌가 근심하는 목소리들도 없지 않았다. 평양 가까이에서 그 상황을 지켜보는 류성룡으로서는 속만 탈 뿐이었다. 심유경을 찾아가 한 통의 서찰을 전했다.

노야께서 땅의 경계를 약정하고 50일의 기한을 넉넉하게 정한 것은 일부러 계책을 시행할 여지를 늦추어놓은 것이겠으나, 답답하고 절박한 사정으로서는 또한 의심이 나는 바가 있음을 면치 못하겠습니다. 지금부터 50일이라면 곧 11월 20일이 되는데 왜적과 대치하고 있는 쇠잔한 우리 군사가 어찌 한데서 거처함을 견디겠으며, 도망쳐 숨어 사는 백성들 또한 얼어 죽는 것을 어찌 면할 수 있겠습니까? 흉악하고 간사한 왜적이 꾀를 여러 가지로 내어, 풀을 베는 외에 벼까지 다 베어 가는데 우리가 꼼짝없이 앉아서 보고만 있어야 하겠습니까? (…) 만약 베어 죽이게 된다면 또한 약속을 어겼다는 책망을 받지 않겠습니까? (…) 한 말씀의 결정을 내려주십시오.

― 〈심유격의 의도를 아뢴 뒤에 각 군진에 분부하기를 청하는 서장
呈稟沈遊擊指意後 分付各陣狀〉 1592년 9월

류성룡은 조선의 절박한 상황을 고려하지 않은 약조로 인한, 그 이후에 불거질 문제를 명확히 하자는 것이었다. 명으로서는 시간을 벌기 위해 거짓 휴전을 제안한 것일지 모르나, 당장 평양 근처에 살고 있는 조선 백성들의 삶은 어쩔 것인가. 하루가 다급한 날들이었다.

심유경은 간절한 사정인 줄은 알겠으나, 50일 사이에 대단한 일이 일어나지 않는다면 왜적을 굳이 잡아서 베어 죽일 것까지는 없다, 이 모두가

적병을 소탕하기 위한 것이니 의심하지 말라, 다만 형세를 헤아려야 한다고 회답하였다.

50일 후면 조선은 겨울이 한창인 때에 들어선다. 명의 대군이 온다 해도 백성과 군사들이 살아남지 못하고서야 무슨 의미가 있겠는가. 결국 장기전을 준비해야 하겠구나…. 류성룡의 마음이 바빠지기 시작했다.

세 나라 모두 골몰하는 시간이었다. 세 나라 모두 빨리 전쟁을 끝내고 싶었다. 하지만 쉬운 일이 아니었다. 힘의 균형이 기울지 않는 한, 제 것을 먼저 내놓을 이유는 없었기 때문이다. 전쟁이 길어질수록 곤궁해지는 것은 조선 백성들이었다. 지금의 전쟁터는 그들 삶의 터전이 아닌가.

그나마 큰 전투를 연이어 이기며 주요한 거점들을 다시 확보하기 시작한 것이 다행이었다. 9월에는 경주에서, 10월에는 진주에서 대승을 거두었다. 적군의 피해를 가장 심하게 입은 경상도 지역이 회복되기 시작하면서, 군민들의 마음 또한 자신감으로 조금씩 회복되고 있었다. 하지만 도성을 되찾지 못한다면 이 전쟁을 끝낼 수는 없을 것이다. 전란을 겪는 것만으로도, 이 시간을 견디며 준비하는 것만으로도 온 나라 사람들의 피가 마르고 있었다. 그렇게 가을이 지나고 기어이 겨울로 접어들었다.

류성룡의 생각, 류성룡의 자리

의주의 겨울은 서울과는 비할 수 없는 추위였다. 전란 사이에서 병조판서의 책임을 맡은 이항복은 올라오는 장계들을 검토하느라 분주한 중이었다. 일할 만한 사람이 더 있으면 좋겠다는 생각이 들기도 했다. 하긴 임금

또한 여러 차례 투정 아닌 투정을 늘어놓지 않았는가. 대신이 부족한 때인데 류성룡은 크게 하는 일도 없이 안주에서 무얼 하고 있느냐, 이제 종사관에게 맡기고 올라오라며 소환을 명하기도 했었다. 그때마다 신하들이 진언해야 했다. 류성룡을 안주에 그대로 머물게 하소서. 군무를 총괄하고 민심을 안정시켜야 하옵니다.

답답했다. 아직 모르시는가. 임금께서 안전한 의주에 머물 수 있는 것은, 누군가 조정의 일을 전선에서 대신하고 있기 때문임을. 이항복 자신만의 생각도 아니었다. 강화도로 대신을 보내어 후일을 대비하자는 논의가 나왔을 때, 좌의정 윤두수는 혹여 임금이 류성룡을 거론할까 먼저 말을 꺼내기까지 했다.

"전하. 류성룡은 안주에 있으면서 평양의 일을 혼자서 관장하고 있으니 강화로 보낼 수는 없습니다. 동조東朝에 대신 두 사람이 있으니 그중 하나를 보내는 것이 합당할 듯합니다."

이제 곧 명에서 군사를 낼 터인데…. 류성룡 없이는 평양을 도모하기 어려울 것이다. 누가 그 크고 작은 문제들을 해결하겠는가. 평양성을 되찾는 일이 바로 도성을 수복하는 길임을 이항복도 모르지 않았다.

그러면서도 놀라움이 없지 않았다. 류성룡이 이런 사람이었던가. 그저 책상물림이 아닌 줄은 알고 있었으나. 그가 조정의 중심을 잡고 국난을 이겨낼 인물이라 생각은 하고 있었으나. 이 정도인 줄은 몰랐다. 예전의 그 느낌이 떠올랐다. 모두와 함께 있으면서도 혼자 있는 것 같은 사람… 어쩌면 그것이었을까. 그는 그 혼자로 충분한 이였는지도 모른다.

어찌 군정軍政에도 이리 밝은 것인가. 작은 것들을 세심히 살피면서도 큰 대책을 세우는 데 거침이 없었다. 그가 올리는 장계들을 볼 때마다 드는 생각이었다. 언제 이런 곳에까지 눈길이 닿았는지…. 그저 지나치는 말들이 아니었다. 직접 부딪치며 고민한 자의 목소리였다.

> 군사는 수효가 많은 것에 있지 않고 이를 쓰는 것이 어떠한가에 있을 따름입니다. (…) 명나라 군사에 대한 군량은 한 사람마다 두 말만을 주어야 하는 것인데, 애초에 너무 우대하여 날마다 서 말을 주었으니, 능히 다 먹지 못하고 많이 남긴 쌀로써 다른 물건과 서로 바꾸었다고 합니다. 실정을 들어 조사하고, 적절하게 감손滅損하여 계속 공급할 길을 마련해야 할 것입니다.
>
> -〈군량을 헤아려서 처리하기를 청하는 서장料理軍糧狀〉 1592년 8월 9일

무조건 많은 명군을 청해서는 안 된다, 자칫 폐단으로 이어짐을 걱정하고 있었다. 그들에게 지급할 양식 또한 지나치게 많았던 점을 거론하며, 그야말로 실정에 맞게 해야 한다는 것이었다. 전란으로 흐트러진 신하들의 행태를 일깨우며 임금의 대책을 요구하기도 했다.

> 요즈음 각 역참의 피폐한 상황은 너무도 심합니다. (…) 변방의 보고와 장수와 군사들의 왕래며 진상하는 일로 사명使命이 밤낮으로 끊이지 않아서, 채찍으로 때리며 재촉을 심히 하니 사람들이 명령을 견디어내지 못합니다. 그런데도 조정의 신하가 피난해 와서 나들이하는 경우에도 공무로 인함이라 핑계하고 역마를 타지 않는 자가 없습니다. (…) 비록 긴급한 소식이 있더라도 시기에 맞추어 전보傳報할 수가 없게 되었으니 매우 한심한 일입니다. (…) 해당 관청으로 하여금 서

둘러 처리하도록 해야 할 것입니다.

— 〈역로의 피폐한 상황을 급히 아뢰고 또한 산성을 수즙하여 보수하기를 청하는 서장

馳啓驛路之弊 且請修葺山城 以爲保守狀〉1592년 9월 14일

길어지는 전란을 대비할 대책을 진언하기도 했다. 산성을 보수하여 백성들의 안전을 도모하고 청야책淸野策을 써서 적군이 버틸 근거를 잘라버리자…. 신미도 등의 큰 섬을 골라 백성들을 피난시키고 곡식을 저장해두자…. 화차火車를 개량하여 시험해본즉 그 효능이 놀라웠다. 적을 제압할 수 있는 무기 제조에 힘쓰자…. 능히 시행할 만한 계책들이었다.

적들에게 잡힌 백성들에 대한 장계를 읽으면서, 이항복은 마음이 찡해지기도 했다. 그는 진정 백성들의 마음을 알고 있는 것이다. 이것이 전장을 가까이서 겪은 자의 헤아림인가.

적병이 우리 백성들 중 건강한 자를 잡으면, 모두 머리털을 깎아서 왜인의 모습으로 고쳐 만들고 마구 몰아서 부립니다. 이에 백성들이 도망쳐서 나오고자 하나 관군에게 살해될까 두려워하여 왜적에게 붙어 의지합니다. (…) 지금 곳곳에 방문을 써 붙여 알리되, 적중으로부터 와서 몸을 의탁하는 자는 베어 죽이지 말도록 하고, 각각 그들의 살던 곳으로 돌아가도록 하며, 왜적을 죽였거나 혹은 적군의 실정을 와서 고하는 자가 있다면 후하게 상을 주어서, 귀순하는 길을 넓히도록 해야 할 것입니다.

— 〈사방의 상황과, 그에 대한 처치가 적당하지 못하였음을 조목별로 진달하는 서장

條陳四方形止 處置失宜狀〉1592년 10월

그런가 하면 세상의 이치를 넓게 읽고 있었다. 명이 군대를 보내주는 이유가 조선을 위한 것은 아니었으니, 우리의 절박함과는 같을 수 없다는 것이다.

> 대체로 옛적부터 남을 구원하는 것과 남에게 구원을 바라는 것은 그 사정이 같지 않습니다. 중국이 왜적을 토벌하고자 하는 것은 중국을 위해 전쟁을 중지하려는 데 불과할 따름이니, 어찌 우리의 이처럼 절박한 사정을 헤아리겠습니까?
>
> ─〈심유경이 지나간 사연과, 여러 진영에 분부하여 장차 나아가서 적병을 무찌르고자 함에,
> 명나라 대군 출병 여부를 시급히 탐문하여 지시하도록 청하는 서장
> 沈遊擊過去辭緣 及分付諸陣 將爲進勤 大兵出來與否 速爲探問指揮狀〉 1592년 11월

그러할 것이다. 그러니 무조건 명군만을 믿어서는 안 된다는 경계였다. 임금 곁을 오래 비운 자에게 돌아올 것이란, 무성한 비방과 위험한 소문들이다. 하지만 류성룡은 그 또한 상관치 않겠다는 뜻일까.

드디어 명의 선발대가 압록강을 건넌다 했다. 본격적으로 평양성 공격을 시작하게 될 것이었다. 의주 행재소에 조금씩 생기가 돌았다. 소식을 전해 들은 안주도 분주해지기 시작했다. 그리고 며칠 후, 임금은 류성룡을 도체찰사에 임명하였다.

> 비변사가 아뢰기를 "풍원부원군 류성룡이 안주에 주재하고 있어 이미 군사 업무를 겸하여 살피도록 했는데 명호名號가 없어 방해되는 일이 많습니다. 도체찰사의 칭호를 주어 각 군의 일을 총독하게 하는 것이 어떻겠습니까?" 하니, 아뢴 대로 하라고 답하였다.   ─《선조실록》 1592년 12월 4일

사실, 새삼스런 이름이었다. 비변사의 말처럼, 이미 전선 근처에서 군무를 총괄하고 있지 않았는가. 굳이 이름을 주는 까닭은 명군과 잘 협의하라는 뜻일 터. 명 제독의 접반사*로는 외교 실정에 밝은 이덕형을 명하였으니, 누군가 조선 쪽 지휘부를 맡을 재상이 있어야 했다. 각 군의 문제도, 군량의 상황도, 적군의 형편도 알고 있는 사람이어야 했다. 결국 류성룡밖에 없지 않은가. 이름을 주어 불편함을 덜어준다는 뜻이었으며, 임금이 직접 전선으로 내려와 상황을 살피지 않겠다는 뜻이기도 했다.

저는 왜적의 간첩입니다

섣달의 추위를 뚫고 류성룡의 장계가 의주에 도착했다. 그날의 장계는 여느 때와는 다른 급박함을 담고 있었다. 명군의 도강 소식을 묻는 것도, 군량미의 상황을 보고하는 것도, 장수들의 자리를 조정해 달라는 것도 아니었다. 예상치 못할 일이 아니기는 했다. 성이 점령당하고 벌써 반년이 지나고 있었으니. 적의 간첩을 잡았다는 내용이었다.

> 신은 지난 달 18일에 수군 대장에게 전령을 보내어 지시를 한 일이 있었는데 시일이 오래 지났는데도 회답하는 공문을 돌려보내지 않았습니다. 괴이하게 여겨 공문을 보내어 추구推究하고 힐문하니, 벌써 22일에 우방어사에게 공문을 갖추어 돌려보냈다는 것입니다. 공문

---

* 접반사接伴使. 외국의 사신 등을 맞아 접대하던 관직으로, 사신의 지위에 따라 조선 측 접반사의 품계도 달라졌다.

이 중간에서 없어졌기에 이내 차례로 따지고 물으니, 공문을 받아가
지고 나간 사람은 삼화현三和縣의 수군 김순량金順良이었습니다.

– 〈왜적의 간첩 김순량을 잡아서 숙천에 가두었음을 아뢰는 서장

獲賊諜金順良 囚肅川狀〉 1592년 12월

류성룡은 치밀한 사람이었다. 하물며 이런 위중한 일이겠는가. 차례로
따져 물어 김순량에 이르자 직접 그를 심문하기로 했다. 발뺌을 하던 김
순량이었으나 이어지는 추궁과 고문을 이기지는 못했다.

"저는 7월에 왜적에게 사로잡혀… 간첩 노릇을 해왔습니다."

적에게 소소한 상급을 받으며 공문을 보여주고 정보를 건네주었던 것
이다. 이런 노릇을 하는 자가 한둘이 아니었다. 적군이 조선의 동정에 밝
은 이유였다. 산천의 형세와 길의 이어짐, 심지어 조선군의 행군 날짜까
지 알고 있었으니. 평양을 중심으로 순안, 안주는 물론, 멀리 의주에까지
움직이는 자들이 있다고 했다.

류성룡은 큰 한숨을 쉬었다. 나라가 이러하니, 마음이 굳지 못한 백성들
이 못할 짓을 하는구나…. 결국 김순량을 참형에 처하고 연이어 다른 간첩
들을 조용히 잡아들였다. 그들의 입을 막고 평양성으로 들어가는 소식을 끊
었다. 혹여 명군의 참전 소식이 왜장에게 전해진다면 그야말로 큰일이었다.

12월 25일. 명의 제독 이여송*이 이끄는 5만 대군이 압록강을 건너 평
양으로 진격하기 시작했다. 하지만 평양성 주변은 여전히 고요했다. 드디
어 해가 바뀌었다.

---

* 이여송李如松. 조선 출신인 이성량의 아들이다. 요동에서 태어나, 명 변방의 반란군들을 제압하며 명성을
쌓고 승전을 거듭했다. 조선에 파병된 명군의 최고 지휘관으로 5만의 원군을 이끌고 조선으로 들어왔다.

· 류성룡, 7년의 전쟁 ·

● 한산대첩 閑山大捷 ●

　한산대첩은 한산도 앞바다에서 이순신이 이끄는 조선 수군이 대승을 거둔 하나의 '사건'이다. 일본군이 절대 우위를 차지하던 육지에서의 싸움과는 달리, 해전은 개전 초기 원균이 대패한 전투 이후로는 옥포, 당항포 등에서 조선 수군이 연전연승을 거두고 있었다. 그리고 다시 7월 8일, 한산도 앞바다에서 벌어진 이 전투를 완벽한 승리로 이끌면서 제해권을 완전히 장악하게 되었다.

　조선군은 전라좌수사 이순신을 중심으로 전라우수사 이억기와 경상우수사 원균의 연합 함대였으며 일본군은 수군장 와키사카 야스하루의 부대였다. 적선 73척 가운데 66척을 격파하면서도 아군의 배 72척은 모두 무사했으니, 상황에 따라 작전을 달리하는 '이순신식 전투'를 다시 한 번 보여주었다고나 할까. 당항포 전투에서 거북선이 빛을 발했다면 한산대첩에서는 그 유명한 학익진을 펼쳐 대승을 거두었다. 이 전투는 일본군으로 하여금 이후의 전쟁 전체의 방향을 수정하지 않을 수 없게끔 몰아붙인 결정타이기도 했다.

　결국 전쟁이 장기화되면서 승패의 관건은 군량 확보에 있다고 하겠는데, 한산대첩으로 인해 조선의 조운선은 수군의 보호하에 안전하게 세미를 운반할 수 있었다. 반면, 일본군은 서해로 올라가는 보급로가 막힘으로써 군량 등의 군수물자를 자유롭게 공급받기 어려운 상황에

처하게 되었다.

이에 평양까지 올라갔던 일본군 1번대는 강화를 고민해야 할 상황에 처했으며, 일본의 도요토미 히데요시는 해전 금지령을 내리기도 한다. 초반의 전세를 뒤집어놓은, 그야말로 '이 한 번의 전투'였던 것이다. 정유재란 시기의 명량대첩, 노량대첩과 함께 이순신의 '3대 대첩'으로 불린다.

· 의병義兵 ·

전쟁 초기, 거침없이 밀고 올라오는 일본군의 기세 앞에 조선군은 제대로 된 전투 한번 치르지 못한 채 성을 내어주고 있었다. 개전 20일 만인 5월 2일에 도성이 함락되었으니 일본군은 그야말로 한걸음에 서울을 손에 넣은 것이다. 연이어 일본군은 평양성, 그리고 함경도까지 밀고 올라갔는데 그럼에도 불구하고 실질적으로 조선 전역을 '점령'하지 못한 것은 곳곳에서 일어난 의병들 덕분이다.

각지의 선비들이 사재를 털어 의병장으로 나섰으며, 승려들도 승군을 조직하여 가세했다. 일본군의 피해가 가장 컸던 경상도를 시작으로, 전국 각지에 의병이 궐기하지 않은 지역이 없을 정도였다. 일본군은 이 의외의 사태에 당황했다. 군사가 아닌 이들이 '의로움'을 이유로 전투에 자발적으로 참여할 수도 있다는 사실에 놀랐던 것이다.

의병은 관군과 힘을 합하기도 하면서 전투의 주요 세력으로 인정을 받기도 했으나 조정에서 그들을 보는 시선은 단순할 수가 없었다. 전쟁 초기에는 의병장의 공을 치하하며 벼슬을 내리는 등 더욱 분발할

것을 촉구했으나, 시간이 지남에 따라 의병 부대를 관군에 편입시켜
야 한다는 의견이 대세를 이루었다.

의병장의 운명 또한 저마다 달랐다. 고경명, 조헌, 영규, 김천일 등
수많은 의병장들이 전투에서 목숨을 잃었으니 당당하고 의로운 죽음
이었다. 하지만 1596년 이몽학李夢鶴 역모 사건에 얽여 억울하게 옥사
한 김덕령金德齡의 경우처럼, 그 세력이 임금에게 위협으로 느껴지는
예도 없지 않았다.

전쟁이 끝난 뒤 살아남은 의병장들은 어찌 되었을까. 곽재우는 거
듭 내리는 벼슬을 대부분 사양하며 몸을 낮추어 살아갔으며, 정인홍
은 다음 시대의 권력자로 자리를 바꾸었다. 전쟁 중에도 강화 회담에
나섰던 승병장 유정은 종전 이후인 1605년 일본으로 건너가 조선의
포로 송환에 힘을 보태는 등 마지막까지 자신의 역할에 충실했다.

6장

진
퇴 進退

·

1593년
1월
~
4월17일

안주

❶❹ 평양

류

개성 동파
벽제
❷
❸ ❺ 서울
행주

❶ 1월 8일 제3차 평양성 전투. 조명 연합군
 일본 제1군에 승리하여 평양성 탈환. 일
 본군 서울로 퇴각.

❷ 1월 27일 벽제관 전투. 이여송 군 패배.

❸ 2월 12일 행주 대첩. 권율 군, 우키타 히
 데이에 군에 승리.

❹ 2월 18일 이여송, 평양으로 퇴각.

❺ 3월 8일 명의 심유경과 고니시 유키나가,
 서울에서 강화협상 재개.

류 안주에서 이여송 군과 함께 남하해 동파
 에 머물며 도체찰사 직무 수행.

무릎 꿇고 빌어야 한다면

바람은 여전히 겨울이었다. 구름마저 어둡게 몰려들기 시작했다. 다시 한 차례 비라도 뿌리려는 것일까. 절기로는 어느새 봄을 기다릴 만한 때가 되었으나 그저 기다림일 뿐. 겨울은 좀처럼 제자리를 내주려 하지 않으니, 바람 끝 어디에도 봄기운이 실려올 기미라곤 보이지 않았다. 이 스산한 추위를 얼마나 더 버텨내야 하는 것인지.

눈물이 흘러내렸다. 진중의, 차가운 바닥에 꿇어앉은 류성룡은 쏟아지는 눈물을 막을 수가 없었다. 사죄의 말도 더 통하지 않았다. 하지만 이런 부끄러운 모습을 보여야 한다는 사실 때문에, 그래서 눈물이 흐른 것만은 아니었다. 그가 결국 마음을 돌리지 않으면 어찌하나. 그것 때문이기도 했다. 누군가에게 그저 처분을 맡겨야 하는 처지였다.

나는 류성룡이 아니다. 나는 한 나라의 도체찰사가 아니다. 나는… 자국을 지키지 못한 소국小國의 신하일 뿐이다. 무릎 꿇고 빌어서라도 명장明將의 마음을 돌려야 하는, 그 책임을 맡은 자일 뿐이다. 무릎 꿇을 것이다. 고개 숙여 사죄할 것이다. 그래서 바뀔 수 있다면 하지 못할 것이 무엇인가. 하지만 이 모습이 나의 것이 아니기에. 아무런 힘도 없는 이 나라의 모습이기에. 참담했다.

대군이 개성부에 온 뒤로 시간이 많이 지나자 군량미가 바닥났다. 오로지 수로를 통해서만 강화도의 좁쌀과 말 먹일 풀을 구하고, 또 충청도와 전라도에서 세금으로 받은 쌀이 운반되었는데, 조금씩 올 때마다 즉시 바닥나니 상황이 더욱 급해졌다. 하루는 명나라의 여러 장군들이 식량이 떨어졌다는 이유로 제독에게 돌아가자고 청하자, 제독은 화를 내며 나와 호조판서 이성중李誠中, 경기좌감사 이정형李廷馨을 불러서 뜰아래 무릎 꿇게 하고 큰소리로 질책하면서 군법을 시행하려 하였다. 쉼 없이 사과하면서 나랏일이 이 지경에 이른 것을 생각하니 나도 모르게 눈물이 흘렀다.

- 《징비록》

갑자기 눈물을 보인 류성룡의 모습에 오히려 당황했음일까. 명 제독 이여송이 잠시 생각에 잠겼다. 모양새가 민망하게 되어버린 것이다. 명색이 한 나라의 재상이 아닌가. 퇴각을 만류하며 전투를 요청하는 류성룡이 불편하기는 했다. 하지만 이렇게 함부로 대할 일은 아니었다. 이여송은 자신의 부하들을 돌아보며 큰소리로 외쳤다.

"너희들이 예전에 나를 따라 서하를 정벌할 때를 생각해보거라. 병사들이 여러 날을 먹지 못할 때도 감히 돌아가자는 말을 하는 자는 없었다. 그래서 마침내 큰 공을 세우지 않았느냐!"

의외의 상황에 장수들도 잠잠해졌다. 갑자기 서하 정벌 때를 거론하시다니. 오히려 말을 꺼낸 자신들이 질책을 당할 분위기였다.

"지금 조선이 며칠 동안 식량을 지급하지 못하였다 해도, 어찌 감히 회군하자는 말을 하는가? 가려면 가거라. 나는 적을 섬멸하기 전에는 돌아

· 류성룡, 7년의 전쟁 ·

가지 않겠다. 말가죽으로 내 시체를 싸서 갈 뿐이다!"

　대장이 이렇게까지 말하니 어쩔 것인가. 장수들은 모두 머리 숙여 사과할 수밖에 없었다. 물론 이여송의 속마음까지 그렇지는 않았다. 다만 이런 상황에서 말이라도 그렇게 해보았을 뿐이다. 그는 여전히 싸울 마음이 없었다. 더 북쪽, 아예 평양으로 진영을 옮기고 싶었다.

　명의 제독 이여송이 이끄는 대군이 조선에 들어온 지도 벌써 한 달을 훌쩍 넘기고 있었다. 한 번의 승리와 한 번의 패배. 그리고 후퇴를 앞에 두고 이여송과 류성룡 사이에 신경전이 있었던 것이다. 둘은 그렇게 어색한 채였다. 도대체가 개성으로 퇴각하여, 군량미가 다 떨어지도록 오랜 시간을, 싸움도 하지 않으면서 시간만 보내고 있는… 이 상황이 문제였다. 놀고먹는 군대를, 제대로 먹이지 못했다고 질책받아야 했으니. 한 달전. 평양에서 첫 승리를 거두었을 때, 그때만 하더라도 이대로 서울까지 진격할 일만 남은 줄 알았다.

드디어, 평양성 탈환
———

평양성 공격을 앞에 두고 처음 만난 이여송과 류성룡은 서로에 대한 첫인상이 나쁘지는 않았다. 그 이유는 다를지라도, 평양을 탈환하고 서울을 수복하자는 그 뜻이 다르지는 않았기 때문이다.

　내가 제독을 만나 일련의 상황에 대하여 말하겠다고 청하니 제독은
　동헌에 있다가 나에게 들어오도록 하였는데, 만나보니 그는 당당한

대장부였다. 의자를 놓고 서로 마주 앉은 뒤, 나는 소맷자락에서 평양 지도를 꺼내어 지형과 군대가 진입할 수 있는 길을 설명하였다. 제독은 나의 말을 경청하면서 내가 가리키는 곳마다 붉은색으로 표시하였다.

—《징비록》

작은 전투로 서로의 전력 가늠하기를 이틀. 드디어 계사년癸巳年(1593) 1월 8일 아침, 명과 조선의 연합군이 평양성 총공격에 나섰다. 제독 이여송은 성의 서북쪽을 포위하며 각 부대를 나누어 배치하였다. 유격장군 오유충吳惟忠과 원임 부총병 사대수査大受는 모란봉을, 중군 양원楊元과 우협 도독 장세작張世爵은 칠성문을 공격하게 했다. 좌협 도독 이여백李如栢과 참장 이방춘李芳春은 보통문을, 부총병 조승훈과 유격 낙상지駱尙志는 조선의 병사兵使 이일, 방어사防禦使 김응서* 등과 함께 함구문을 맡았다. 승장 유정이 이끄는 승군 또한 전투복 차림으로 조선군에 합세했다.

여러 군사가 비늘처럼 늘어서서 점차로 진격하였는데, 빙판길을 바라보니 말발굽에 날리는 얼음 조각과 잡다한 티끌이 흰 안개처럼 공중에 가득하였다. 해가 떠오르며 투구와 갑옷에 내려 비치니 은빛은 찬란하고 만상萬狀이 현란하게 빛나, 매우 장관이었다. 적도 성가퀴 위에서 오색의 깃발을 가득 펼치고, 긴 창과 큰 칼을 묶어 날을 가지런하게 밖으로 향하도록 하여 항거하며 지킬 뜻을 세웠다.

—《선조실록》 1593년 1월 11일

---

* 김응서金應瑞. 1564~1624년. 무과에 급제하여 벼슬에 나섰으나 미천한 집안을 이유로 파직되는 등, 우여곡절을 겪었다. 제3차 평양성 전투에서 공을 세운 후 승진을 거듭했으며, 항왜降倭를 활용하는 데 능했다.

얼음 조각 날리며 빙판길을 달리는 연합군이나, 오색 깃발 펼치고 항전의 의지를 굳힌 일본군이나. 양쪽 모두 물러설 수 없는 일전이었다. 평양성을 뺏느냐 지키느냐는, 서울의 승패까지 걸린 중대한 문제였으니. 5만에 가까운, 수석으로 월등히 앞서는 연합군 쪽이 공격을 시작했다. 일본군 또한 조총을 쏘아대며 좀처럼 성을 내어주지 않았다. 연합군 측의 피해도 만만치 않았으나 일본군으로서는 대군을 막아낼 수 없었다. 이미 추위에 지칠 대로 지친 상태이기도 했다. 계속되는 교전으로 명군의 사상자가 수천에 이르자 이여송은 잠시 공격을 멈추었다. 결국, 일본군의 퇴로를 열어주는 쪽으로 전투를 마무리 짓기로 했다.

제독이 진영에 머물면서 장대선張大膳을 시켜 고니시 유키나가에게 회유하기를 "차마 인명을 다 죽일 수 없어 너희의 살길을 열어주니, 속히 여러 장수를 거느리고 와서 약속을 들어라" 하니, 고니시 유키나가가 대답하기를 "우리들이 퇴군할 것이니 뒷길을 차단하지 말아 달라" 하였다. 제독은 궁지에 빠진 적이 결사 항전할까 염려하였고, 휘하의 측근에서도 설득하는 자가 있었으므로 이에 고니시 유키나가의 청을 허락하고는 우리 군사에게 영을 전하여 일로의 복병을 철수하게 하였다. 밤중에 고니시 유키나가가 남은 적을 거느리고 얼음이 언 강을 건너 탈출했는데, 중화와 황주에 주둔해 있던 적은 이미 철수한 뒤였다.

– 《선조수정실록》 1593년 1월

마침내 평양성의 왜적이 모두 물러갔다. 무려 반년 넘게 점령하던 적을 몰아내었으니 전쟁의 큰 기세를 돌린 것이었다. 이여송은 퇴각하는 왜군을 추격하면서 힘을 뺄 생각은 없었다. 평양성을 탈환한 것으로 일단 전공을 세웠으니, 무리한 전투로 부하들을 잃고 싶지 않았던 것이다. 왜적을 섬멸하여 복수하겠다는 마음은 조선의 것일 뿐.

평양성을 탈환했다는 안도감…. 하지만 살아남은 적군이 온전히 철수했다는 소식을 들은 류성룡은 마음이 무거워졌다. 이러한 사태 또한 예상했던 바. 하여 미리 이여송의 지휘를 받지 않는 황해도의 조선군에게 적의 퇴로를 끊으라, 비밀리에 명을 내려놓지 않았는가. 그런데 어찌 된 것일까.

이보다 며칠 전에 류성룡이 황해도 방어사 이시언李時言과 김경로金敬老에게 비밀히 통보하여 적의 퇴로를 지키고 있다가 공격하게 하였었다. 그런데 이때 황해도 순찰사 유영경柳永慶이 해주에서 군사로 자신을 호위시키면서 김경로를 부르니, 김경로는 적과 교전하기를 꺼려하여 바로 유영경에게 갔다. 고니시 유키나가 등이 밤새도록 도망치느라 군사가 피곤하여 부오部伍도 이루지 못하였는데, 이시언은 군사가 얼마 되지 않아 감히 접전하지는 못하고 단지 굶주리고 병든 낙오병 60급만을 베었다. (…) 류성룡이 김경로를 베도록 청하니, 상이 선전관을 보내어 형을 집행하려 하였는데, 제독이 소식을 듣고 이를 말리므로 백의종군 하도록 명하였다.

– 《선조수정실록》 1593년 1월

장수 하나도 자신의 군율대로 다스릴 수 없는 것이 조선의 체찰사였다.

· 류성룡, 7년의 전쟁 ·

아니, 국왕의 명령조차도 명의 제독을 거스를 수 없었다. 이여송은 퇴각하는 일본군을 추격하게 한 류성룡이 못마땅했던 것이다. 군의 모든 지휘권은 오직 이여송 자신에게 있지 않은가.

류성룡은 한탄으로 가슴을 쳤다. 이 한 번의 기회를 놓친 것이⋯ 얼마나 큰 후회로 남게 될지 가늠할 수 없었다. 고니시 유키나가의 1번대만 완전히 격파했다면, 그야말로 일본군은 주력을 잃게 되는 셈이다. 이대로 서울로 진격만 하면 될 일이었다. 서울을 지키고 있는 일본군의 어린 총대장은 적수가 될 수 없었다. 함경도를 점령하고 있는 가토 기요마사의 2번대를 고립시킬 수 있는 기회까지 놓친 셈이다.

그렇다면 시간이 문제일 것이다. 아직 적군이 기운을 회복하기 전에 서울로 몰아붙여야 한다. 적군이 모두 서울에 모여 세력을 이루기 전에 선수를 쳐야 한다. 가토 기요마사의 수중에는 조선의 두 왕자가 있지 않은가. 이를 미끼로 어떤 대가를 요구할지 모르는 일. 가토 기요마사가 합세하기 전에 서둘러야 한다. 그래야 승산이 있을 것이다. 이여송에게 행군을 재촉했다. 어서 개성을 거쳐, 임진강을 건너야 한다.

구원의 무거운 대가

의주의 임금은 감격으로 목이 메었다. 치욕스런 파천 이후 어느 하루도 마음 편치 못한 임금이었다. 이 얼마 만의 통쾌함이랴. 명의 은혜 앞에 눈물 흘리며 황제의 나라를 향해 무릎 꿇었다. 자문을 보내어 평양성 회복의 쾌거를 황제께 알리고, 싸움에 나선 명의 장수들에겐 상급으로 감사를 표했다.

하지만 공을 가려 상을 나누는 곳에 다툼이 없을 수 없었다. 이미 전투 전부터 구원군의 위세를 부리며 기고만장한 명군이었다. 조선의 국왕이 명의 일개 벼슬아치에게, 혹 그의 비위를 거스를까 전전긍긍할 지경이었으니. 승리의 기쁨만큼이나 그 대가는 무거웠다. 그야말로 눈 뜨고 보지 못할 행태들이 끝없이 이어졌다.

> 명나라 장수가 타던 말이 철환에 맞아, 신들로 하여금 준마 한 필을 구하도록 하였습니다. (…) 널리 군중에 찾아보았으나 마음에 드는 말이 없자 '국왕에게 이문移文하여 한 필을 빌려 가지고 싶다'고 하였습니다.
>
> – 《선조실록》 1593년 1월 14일

제독 이여송은 선조에게 어마御馬를 요구하기까지 했다. 감히 생각할 수도 없는 일이었으나 결국 선조는 자신이 타던 말을 내릴 수밖에 없었다. 그뿐인가. 없는 전공을 만들어 달라, 요청하기도 했다. 조선은 이 또한 들어주었다. 평양성을 되찾아준 은혜도 그러하려니와 앞으로의 관계 때문이기도 했다.

> 윤근수가 아뢰기를 "장 도사가 비밀리에 조그마한 쪽지를 보내어 그의 아들을 위해 왜적의 수급 세 개를 얻고자 하였습니다. 이것이 비록 공을 꾸며대려는 것이므로 따를 수 없는 일이기는 하지만, 도사가 우리나라를 위하여 진력하고 있으니 요청하는 바를 따라주는 것이

· 류성룡, 7년의 전쟁 ·

온당할 듯합니다. 그래서 비변사와 의논하였더니 무방하다고 하기에 감히 여쭙니다" 하니, 상이 이르기를 "그의 요청을 성의 있게 들어주지 않을 수 없다. 넉넉하게 주어 공을 이루어주고 싶으니 빨리 시행하는 것이 매우 마땅하다" 하였다.

- 《선조실록》 1593년 1월 16일

심지어 전공을 과시하기 위해, 애꿎은 조선 백성들을 벤 후 적국의 수급으로 위장하는 만행까지 있었으니. 기어이 명 조정에까지 이야기가 흘러들어 그 진위 조사를 위해 관리를 파견해야 할 정도였다. 하지만 조선에서는 항의조차 하지 못했다. 혹여 문제가 커져 회군을 하게 될까, 오히려 그것을 걱정해야 할 지경이었다.

서로 간의 공을 겨루고 더 나은 대접이 없었다며 불평하기 일쑤였다. 북쪽 출신인 제독 이여송과 남쪽 출신인 경략 송응창*이 삐걱댄 것도 조선으로서는 골치 아픈 일이었다. 지위로는 경략이 위에 있으나 정작 전투를 지휘하는 것은 제독이다. 양쪽의 눈치를 살피며 모두에게 섭섭하지 않도록, 황제에게 올리는 주문마저도 양측 모두를 배려해서 작성하지 않으면 안 되었다.

하지만 조선은 명군이 필요했다. 마음을 맞춰가며 다시 진격해야 했다. 적이 퇴각하는 기회를 놓치지 말고, 어서 서울까지 내달려야 했다.

---

* 송응창宋應昌. 조선에 파병된 명군의 최고 지휘권자로, 병부시랑兵部侍郎으로서 경략經略의 책임을 맡았다. 석성과 생각을 같이하여 적극적인 전투 대신 강화에 뜻을 두었는데, 본국으로 돌아간 이후에도 조선과의 갈등이 적지 않았다.

경솔했다, 벽제관 전투

———

류성룡은 이대로만 진격한다면 분명 서울을 도모할 수 있다고 생각했다. 평양성에서 승리를 맛본 이여송 또한 큰 공을 세울 좋은 기회로 여겼다. 승전의 기세를 몰아 남쪽으로 진군하기 시작했다.

　류성룡으로서는 행군 속도에 맞춰 군량을 대는 것이 무엇보다 큰 문제였다. 조선 병사는 굶는 한이 있어도 명군의 군량미에 손을 댈 수는 없었다. 식량이 바닥나기 전에라도, 어서 진군하여 서울로 들어가야 했다. 그런데 임진강을 건넌 후 문제가 생겨버렸다. 1월 27일, 벽제에서 의외의 일격을 당하고 만 것이다.

　제독이 대군을 이끌고 남쪽으로 내려갔는데, 류성룡이 먼저 가서 군량과 마초를 서둘러 마련하였기에 다행히 공급에 부족함이 없었다. 임진강의 얼음이 녹았기 때문에, 얼음이 얇은 상류를 따라 칡으로 만든 밧줄을 연결하여 다리를 만들어 군사를 건넸다. 열읍列邑의 사민이 산골짜기에서 나와 힘을 다해 운반하였으므로 일이 모두 제때에 처리되었다.

　제독은 서서히 행군하며 파주에 이르렀는데 (…) 사대수가 우리 장수 고언백*과 함께 군사 수백 명을 거느리고 먼저 가서 정탐하였다. 서울의 서쪽에 이르렀을 때 적을 벽제역 남쪽 여석현에서 만나 1백여 급을 베었다. 제독이 그 소식을 듣고 크게 기뻐하며 친병親兵인 기병

———

* 고언백高彦伯. ?~1609년. 무과 급제. 전란 시 경기도 방어에 공이 컸다. 벽제관 전투 이후 권율, 이빈 등과 함께 한강을 방어했다. 이후 경상좌병사에 올랐는데 동년배에 직급도 비슷한 김응서와 경쟁 관계에 있었다.

1천여 명과 더불어 달려가면서 대군을 계속 출동시키도록 명하였다. 그러나 적은 많은 군사를 고개 뒤에 매복시키고, 단지 수백 명만 고개를 지키게 하여 짐짓 약세를 보였다. (…) 군사들이 채 교전하기도 전에 적병이 갑자기 뒤에서 일어나 산 위에 진을 쳤는데 거의 1만여 명이 되었다. 명나라 군사는 단검에 기마뿐으로 화기가 없었으며, 길이 험하고 진흙이 쌓여 말을 제대로 달리지도 못하였다. 제독은 사대수에게 후위를 맡게 하고 길을 뚫고 빠져나갔다.

– 《선조수정실록》 1593년 1월

진지로 돌아온 이여송은 아끼던 부하들의 죽음 앞에서 통곡하기 시작했다. 적의 상황을 제대로 살피지도 않은, 경솔한 공격이었던 것이다. 기운이 꺾여서일까. 패전의 자리를 돌아보기 싫어서일까. 다시 임진강을 거슬러 동파東坡로 물러나 주둔하겠다고 했다.

"승패는 병가지상사兵家之常事라 하였습니다. 마땅히 형세를 보아서 다시 전진해야 하는데 어찌 가벼이 움직이려 하십니까?"

이 한 번의 패배가 무엇이라고. 벽제에서의 패배는 그저 작은 싸움 걸기라, 그리 넘겨도 그만인 일이었다. 류성룡의 만류에 이여송은 짐짓 아무렇지 않은 듯 후퇴가 아님을 강조했다. 패전은 아니라는, 무장의 자존심이었다.

"어제 우리 군대가 불리했던 것은 없습니다. 다만 비가 와서 이곳이 진흙탕이 되었으므로 군사를 주둔시키기가 불편합니다. 동파로 돌아가 군사를 휴식시킨 뒤에 다시 진군하려고 할 뿐입니다."

류성룡은 어떻게든 이여송의 후퇴를 막으려 했다. 그렇지 않은가. 한번 뒤로 물러나기 시작하면… 되돌아오는 길은 얼마나 더 멀고 힘들 것인가. 하물며 이 긴박한 전투에 있어서야. 명군이 후퇴했다는 소문이 퍼진다면 적들의 기세가 다시 살아날지도 모르는 일이다. 아군의 사기는 또 어찌한 단 말인가. 명군을 건네기 위해서 임진강 위에 칡으로 엮은 다리까지 만들어주었다. 쉬운 일이 아니었다.

이때 대군이 임진나루에 이르고 있었으나 강물의 얼음이 녹아 건널 수 없는데, 사람들이 모두 속수무책이었다. 선생이 칡을 꼬아 큰 밧줄을 만들게 하고, 또 강의 남북쪽 언덕에 각기 기둥 두 개씩을 마주 세우도록 하였다. 그 두 기둥 사이에 한 통나무를 눕혀 끼우게 한 후, 큰 밧줄을 끌어다가 강을 지나 양쪽 기둥 사이에 끼인 통나무에 매게 하였다. 천여 명의 사람들이 각각 짧은 통나무를 가지고 밧줄 꼰 틈에 끼워 몇 바퀴 돌려서 다른 밧줄에 끼워넣어 서로 버티게 하니, 엄연히 다리 하나가 완성되었다. 그리고 그 위에 갈대와 실버들을 깔고 흙으로 덮게 하였다. 천병天兵이 보고 크게 기뻐하며 다리 위를 말 채찍질하면서 통과하였고, 화포와 병기가 모두 이 다리를 이용하여 건넜다.

– 《서애선생연보》 1593년 1월

대책을 내놓은 것은 류성룡 자신이었으나 엄청난 손이 필요한 일이었다. 혹여 행군이 지체될까, 승기勝氣가 무뎌질까… 근읍의 백성과 병사들이 온 힘을 한데 모았던 것이다. 그런데 그 다리를 어찌 다시 거슬러 건넌다는 말인가. 그 칡 하나하나를 엮었을 백성들의 노고에는, 강토를 되찾고자 하는 간절함이 배어 있는 것을. 그 마음들을 내팽개칠 수는 없는 일이다.

"지금 왜적들은 제독의 위명威名에 두려워 떨고 있질 않습니까. 게다가 조선의 근왕병勤王兵들도 이곳에 모여 결전을 준비하고 있습니다. 힘을 모아 계속 진군한다면 기필코 서울을 얻는 큰 공을 세우실 수 있을 것입니다. 이야말로 하늘이 주신 기회입니다."

제독 이여송, 전투를 포기하다

하지만 이여송은 결국 임진강을 건너 동파에 진을 쳤다. 한번 뒤로 물러서기 시작하더니 이제 개성으로까지 군사를 물리려 했다. 류성룡은 다시 제독 앞을 막아섰다.

다음 날 동파에서 다시 개성부로 돌아가려 하였기에 나는 다시 온 힘을 다하여 반대하며 "대군이 한번 후퇴하면 적의 기세는 더욱 교만해질 것이니 가깝고 먼 지방의 사람들이 모두 놀라고 두려워해서 임진 북쪽 지역도 지킬 수 없을 것입니다. 부디 잠시 동파에 주둔하면서 기회를 보아 움직이소서"라고 말하였다. 제독은 거짓으로 그렇게 하겠다고 하였지만 내가 물러난 뒤에 말 타고 개성부로 돌아가고 말았다. 오직 부총병 사대수와 유격 관승선冊承宣의 군대 수백 명만이 임진을 지켰다. 나는 여전히 동파에 머물면서 날마다 제독에게 사람을 보내 다시 진군하여 달라고 청하였다. 제독은 속임수로 "날이 맑고

길이 마르면 당연히 진군할 것입니다" 하고 답하였지만 실은 진군할

뜻이 없었다.

— 《징비록》

사실이 그랬다. 이여송은 이미 전의를 잃고 말았다. 평양에서 승리를
거두고 서울로 진격할 때만 해도 큰 공을 세울 기회로구나, 의기양양했었
다. 이미 조선을 구한 영웅으로 칭송되고 있었으니 서울만 수복한다면 그
야말로 명에 돌아가서도 한층 당당할 것이었다.

하지만 벽제에서 패한 이후 마음이 달라지기 시작했다. 더 싸울 필요가
있는가…. 이미 평양성을 탈환해주었으니 조선에게는 큰 은혜를 베푼 것
이다. 게다가 임진강 아래로 왜군을 밀어내었으니 명의 국경을 위협할 걱
정도 덜지 않았는가. 애초에 조선에 출병한 까닭도 이것 아니었던가. 이
정도라면… 더 이상 희생을 감내할 필요가 없을지도 모른다. 경략 송응창
의 마음도 다르지 않을 터. 심유경이 다시 오가고 있는 까닭이 무엇이겠
는가. 이대로 적당히 강화를 한다 하여 명으로서는 손해 볼 것이 없었다.
기다려보기로 했다.

그렇게 개성에 주둔하고도 여러 날. 그러다가 기어이 군량미로 인한 그
소동이 생겨버린 것이었다. 마침 부하 장수들이 군량미를 들먹이며 회군
을 청할 때는 차라리 잘되었다. 이를 핑계로 평양까지 올라가자는 마음이
었다. 하여 류성룡을 꿇어 앉혀 그리 질책했던 것인데. 하지만 눈물을 흘
리는 그를 본 순간, 스스로가 민망해져버렸다. 류성룡의 눈물은 나라를
위한 진심이었다. 신하로서의 충정이었다. 차마, 그 모습을 보고도 더 화
를 내며 재촉할 수는 없었다.

· 류성룡, 7년의 전쟁 ·

어쩐지 류성룡을 마주 대하고 있으면 그의 말을 거절하여 내치기가 어려워져버린다. 차분하게 사리를 밝혀가며 이야기하는 그의 말을 듣노라면 어느새 고개를 끄덕이고 마는 것이다. 때론 거절할 명분을 찾기조차 궁색했다. 번번이 그 앞에서 거짓으로 답을 하게 되는 까닭이기도 했다.

그날 저녁, 총병 장세작을 보내 류성룡의 마음을 위로했다. 이미 그날로 군량도 도착한 상태였다. 조금 쉬었다 다시 진군할 것이니 걱정 말라, 다독였다. 물론 그럴 마음까지는 없었다. 자존심 때문만도 아니었으나…이상한 일이었다.

명군 막사에 들어와서 자신을 수행하고 있는 접반사 이덕형도 편치만은 않았다. 한 치의 어긋남 없는 예로서 임무를 다하고 있었으나 자칫 자신의 허물이 드러날까 신경이 쓰이기도 했다. 이 명민한 자가 제 나라 국왕에게 무어라 장계를 올려 보내고 있을지…. 물론 그런 장계 따위가 대명 제국의 제독 앞에 무엇일까마는. 재촉하는 류성룡도, 주시하는 이덕형도 모두 멀리 떼어놓고 싶었다. 하지만 무장으로서 싸움이 싫어졌다, 차마 그렇게 말할 수는 없는 노릇 아닌가. 그럴 즈음 마침 좋은 핑계가 생겼다.

적장 가토 기요마사는 아직 함경도에 있었는데, "가토 기요마사가 함경도에서 양덕, 맹산을 지나 평양을 습격하려 한다"는 소문을 전하는 사람이 있었다. 이때 제독은 북쪽으로 돌아가고 싶어도 기회를 얻지 못하고 있다가 이 소문을 이용하여 "평양은 근본이니 만약 이를 지키지 못하면 대군이 돌아갈 길을 잃으므로 구하여야 한다"는 말을 퍼뜨린 후 마침내 군대를 돌려서 평양으로 돌아갔다. 왕필적王必迪을 개성에 남겨서 지키게 하고는 접반사 이덕형에게 "조선군은 고립되어 있고 원군도 오지 않으니 모두 임진강 북쪽으로 돌아와야 한다"라고 말하였다.

- 《징비록》

이여송은 그야말로 발걸음도 가볍게 평양성으로 돌아갔다. 동파에 머물던 류성룡이 이 소식을 듣고 종사관을 보내어 철수가 불가한 이유 다섯 가지를 조목조목 전하였으나, 이미 마음이 돌아선 제독에게는 그저 지나가는 바람 소리와 다름없을 뿐.

물론 가토 기요마사가 평양을 공격한다는 소문은 그저 소문일 뿐이었다. 그의 2번대는 고립될 위험이 있다는 서울 본부의 연락을 받고, 밤낮을 달려 서울로 퇴각하는 중이었다. 적군은 그렇게 서울로 집결하고 있었다.

어가, 마지못해 남쪽으로 한 걸음씩

명의 제독 이여송이 군대를 이끌고 조금씩 북으로 진영을 옮기고 있을 때, 의주에 머물던 조선의 국왕은 조금씩 어가를 남쪽으로 옮기고 있었다. 물론 이여송처럼 스스로의 뜻에 따른 것은 아니었다. 평양 수복의 소식이 전해진 그날, 비변사는 어가를 옮기자 주청했다.

비변사가 아뢰기를 "평양을 수복하면 그날 바로 어가를 받들고 정주에 진주進駐하는 것이 마땅합니다. 인심이 이와 같을 뿐만 아니라 대

간도 이 의논을 여러 번 진달하였습니다. 지금 평양이 이미 수복되었
으니 속히 조처하심이 타당할 듯합니다" 하니, 상이 이르기를 "적의
사세를 관망하며 천천히 의논해서 처리하는 것이 타당할 듯하다" 하
였다.

- 《선조실록》 1593년 1월 10일

　어가의 전진을 놓고 임금과 신하들 사이에 매일같이 주고받는 이야기
였다. 평양이 수복되었으니 어서 전진하자는 신하들에게 임금은 천천히
의논해서 처리하겠다며 버티고 있었다. 그러다가 기어이 명군의 총책임
자 송응창의 질책을 받기에 이르니. 1월 18일, 어쩔 수 없이 의주를 떠나
천천히 남하하기 시작했다. 그렇게 정주에 이르러 드디어 세자의 분조와
합쳐 하나의 조정을 이루었다. 하지만 이미 평양이 수복된 마당인데 정주
에서 멈출 수는 없지 않은가. 신하들이 주청하기 시작했다. 전하, 전진하
심이 가할 것이옵니다.

　임금은 차라리 세자에게 다시 분조를 명하겠다며 편치 않은 심기를 드
러냈다. 세자에게 먼저 안주로 내려가 군량을 점검하고 군사를 독려하라
는 것이었다. 결국 영의정 최흥원이 신료들을 거느리고 나아가 분조의 불
가함을 아뢰었다. 세자를 모시고 분조를 이끈 그였으니, 세자의 고단함을
누구보다 가까이에서 보아왔던 것이다.

　하지만 임금은 여전히 남하할 생각 없이 기어이 정주에서 2월을 맞이하
고 있었다. 송응창이 의주로 들어올지 모르니 이를 접대하지 않을 수 없
다는 핑계였다. 이에 요동에 다녀온 이산보李山甫가 말했다.

　"신이 전일 요동에 갔을 때 석 상서石尙書의 말을 들으니 '송 시랑은 끝

내 그대 나라에는 가지 않을 것이다'라고 하였습니다. 이러하니 전하께서 전진하여 책응하는 것이 마땅할 듯합니다."

"북적이 도망가지도 않았는데 전진을 어찌하겠는가?"

임금은 여전히 머뭇거리며 핑계를 찾고 있었다. 다시 영의정 최흥원이 나섰다. 누가 이 나라의 임금인가를 생각해보라는 뜻일 터.

"적이 만약 패주한다면 점차 전진하시어 개성부에 머무셔야 할 것이옵니다. 신들이 전진하시기를 청하는 것은 오직 종묘사직을 위해서입니다. 어찌 다른 의도가 있겠습니까?"

하지만 임금은 적진 가까이 어가를 옮기려는 신하들에게 그 진의를 묻겠다는 뜻을 내비치기까지 했다.

"대체 경들은 어찌 북적을 뒤에 두고 전진하라 하는가. 그 본의를 알지 못하겠다."

"당초에는 평양의 왜적 때문에 전진하지 못하였는데 지금은 북적 때문에 또 전진할 수 없다고 하신다면 끝내 진주하실 시기는 없을 것입니다. 이 한 모퉁이에 머무시다가 만약 의외의 환난이라도 생기게 되면 어찌하려 하시옵니까."

최흥원이 진심을 토로했다. 비록 영상의 자리에 있다고는 하나, 정치적 무게가 자신에게 있지 않다는 것도 알고 있었다. 하지만 신하로서 해야 할 일을 미루거나 회피하는, 그런 불성실함을 스스로 용납하지는 않았다. 임금의 뜻을 대놓고 거스르는 일이라곤 없는 그였으나 지금의 상황은 임금께서 너무하신다 싶었다.

"이 지역은 중국군이 있어 믿을 만하다. 설령 금년에는 중국군의 위세를 힘입어 적을 소탕한다 해도 명년에 만약 다시 침입해 온다면 조정에서 어떻게 방어하겠는가?"

명군이 없는 곳에는 갈 수 없다, 다시 침입해 올지 모르는 왜적 때문에 함부로 움직이고 싶지도 않다…. 임금은 여전히 스스로 전쟁의 중심에 서지 못한 채였다. 그렇다면 대체 도성을 언제 수복하여 환도하겠다는 것인가. 그 간절함이 있기는 있는 것일까.

임금이 먼 곳에 있으니 무엇보다도 전선에 나가 있는 이들의 불편함이 컸다. 장계가 오가는 데만도 여러 날이 걸리기 일쑤였다. 그렇다고 전선을 지키는 누군가에게 모든 것을 알아서 처결하라, 전권을 주지는 않았다. 이곳저곳의 명령이 중복된다는 어려움을 호소하고 있었으나 임금은 그 권한을 한곳에 몰아주고 싶지 않았던 것이다. 신하들을 지치게 하는 것이 왜적만은 아니었듯이, 임금을 불안하게 하는 것 또한 왜적만은 아니었다.

통쾌했다, 행주성 전투

명군이 후퇴하여 편히 쉴 진영을 갖추고, 임금이 머뭇거리며 한 걸음씩 전진하는 동안. 서울 수복을 위해 모여든 근왕병에게는 편히 쉴 진영도, 머뭇거릴 한가함도 있을 수 없었다. 서울로 진격할 기회를 기다리면서, 간간이 적을 기습하며 아군의 여전함을 과시하기도 했다. 체찰사 류성룡이 동파를 지키고 있어 명령과 체계의 중심이 흔들리지 않은 것이 다행이었다.

전라도 순찰사 권율이 행주성에 진을 친 것도 명군에 호응하여 서울 수복을 돕고자 함이었다. 이미 이치 전투와 독산성 전투에서 큰 이름을 얻은

바. 장수의 지휘력도 그러하려니와 병사들 또한 정예병이라 부를 만한 부대였다. 좀처럼 움직이지 않는 명군에 발이 묶여, 서울을 도모할 날만을 기다리던 2월 12일. 적군이 행주성으로 오고 있다는 보고가 들어왔다. 서울을 지키던 일본군의 총대장 우키타 히데이에가 이끄는, 무려 3만의 대군이었다. 행주성에는 권율의 부대와 승장 처영處英의 승군 등, 2천 3백 명 정도의 병력이 성을 지키고 있을 뿐이었다. 권율은 성안의 백성들도 전투를 도울 수 있도록 만반의 준비를 갖추었다. 열 배가 넘는 적군을 막아야 했다. 필요한 것이 무엇인지 장수도, 군사들도, 백성들도 모르지 않았다.

적은 외로운 군사가 깊이 들어간 것을 보고 수만 명의 대군을 출동시켜 새벽에 책柵을 포위하였다. 그들이 울려대는 징소리·북소리가 땅을 진동하니 온 책 안이 두려움에 사로잡혔는데, 권율은 거듭 영을 내리며 이를 진정시켰다.

적은 군사를 나누어 교대로 진격해왔는데 묘시卯時에서 유시酉時에 이르기까지 안팎이 모두 사력을 다해 싸웠다. 우리 군사가 점령한 지역은 높고 험준한 데다가 뒤로는 강벽江壁에 막혀 달아날 길이 없었으므로 모두 죽을 각오를 하였다. (…) 화살을 비 오듯 퍼부을 때마다 적의 기세가 문득 꺾이곤 하였다. 왜적이 각자 짚단을 가지고 와서 책에 불을 놓아 태우자 책 안에서는 물을 길어 불을 껐다. 적이 서북쪽의 책 한 칸을 허물자 지키고 있던 승군이 조금 물러났다. 이에 권율이 직접 칼을 빼어 물러난 자 몇 사람을 베고, 다시 책을 세워 방어하였다. 화살이 거의 떨어지려 할 때 수사水使 이빈이 배로 수만 개의 화살을 실어다 대주었다. 적이 결국 패해 후퇴하면서 시체를 네 무더기로 쌓아놓고 풀로 덮고 태웠는데, 그 냄새가 몇 리 밖까지 풍겼다.

－《선조수정실록》 1593년 2월

지리멸렬 상태에 빠진 전선에 모처럼 큰 용기를 준 대첩이었다. 명군의 도움 없이 거둔 통쾌한 승리였다. 이깟 작은 성 하나에 총대장까지 출격하였으니, 일본군으로서는 기세를 돌려보겠다는 다짐이었을 것이다. 적군은 다시 서울을 방어하며 대책을 논할 수밖에 없었다. 만약 조선과 명의 연합군이 서울로 진격해온다면… 이 또한 장담할 수 없었음이다. 일본의 지휘부에서도 전투가 아닌, 다른 방식의 종전을 고민할 수밖에 없었다.

류성룡의 생각도 다르지 않았다. 이 행주 전투야말로 아군이 다시 기세를 올릴 수 있는 계기가 아니겠는가. 배고픔을 견디며 여전히 서울을 둘러 지키고 있는 군사들이었다. 고마움과 안쓰러움으로 가슴이 아려왔다. 하지만 조선군만으로는 그 수가 너무 부족했다. 작은 성을 지킬 수는 있으나, 대군이 지키고 있는 큰 성을 빼앗을 수는 없을 터. 서울을 도모하려면 명군이 합세하지 않으면 안 될 것이다. 이미 조선군의 배치는 마친 상태였다. 임금께 장계를 올렸다.

경성에 있는 적의 무리가 12일의 행주 전투로 인하여 사망자가 매우 많다고 하는데 이에 대해서는 도망해 돌아온 사람들의 말이 모두 같습니다. 15일에 충청 수사 정걸丁傑이 수군을 이끌고 곧바로 용산창龍山倉 아래에 다다라 왜적을 향하여 포를 쏘았는데, 강변에 진을 친 왜병의 수가 거의 2만 명이나 되었습니다. 한강 이남은 사평원에서

부터 왜적의 분탕질이 전보다 더욱 치열하여 죽산까지 미쳤으며, 충주·음성·죽산 지경의 적세가 아주 큽니다. (…) 신은 재차 권율을 독려하여 행주산성을 지키게 하고 싶었으나 목책과 영루가 이미 모두 타버려 군사들이 웅거할 곳이 없으므로, 부득이 임시로 파주 뒷산에 머물며 이빈·고언백 등과 고기비늘처럼 진을 치게 했습니다. 이렇게 임진 이남 지역을 굳게 지키는 한편 기회를 보아 서울의 동서를 습격하여 공취할 계획입니다. (…) 소문에 의하면 이 제독은 지금 봉산에 머물면서 자못 후회하는 빛이 있어, 군사를 돌려 남쪽으로 향하려 한다고 합니다. 만약 왜적들을 쫓아 여러 왜적들이 합세하기 전, 우리 측의 군량이 그다지 떨어지지 않았을 때에 대군을 다시 전진시킨다면 큰 공을 이룰 수 있을 것입니다. 상께서도 잇따라 중신을 보내어 지성으로 간청하여 대사를 이루게 하소서.

— 《선조실록》 1593년 2월 25일

행주성의 대승 이후, 우리 군사와 왜적의 형편을 상세히 알리는 장계였다. 임금이 나서서 명 지휘부를 설득해 달라는 요청이기도 했다. 시기를 놓쳐서는 안 될 일이다. 아군의 사기가 꺾이기 전에, 왜적들이 합세하기 전에, 우리 군량이 다 떨어지기 전에.

굶주림, 전투보다 더 참혹한 싸움

기다리는 시간이 그저 기다리는 시간일 수는 없다. 기다리는 동안에도 밥

·류성룡, 7년의 전쟁·

때는 어김없이 돌아왔다. 전투 없이 놀고 있는 명군에게, 여전히 군량미를 지급해야 하는 류성룡으로서는 마음이 편할 수 없었다. 저 군량을 차라리 우리 군사들에게 배불리 먹였으면…. 수만의 대군을 먹인 것도 벌써 두 달이 지나고 있었다. 대군이 놀고 지내는 중이니, 백성들에게 끼치는 폐해 또한 나날이 늘어가기만 했다.

류성룡은 하루도 거르지 않고 제독에게 싸울 것을, 어서 서울로 향할 것을 요청했다. 조선의 근왕병이 의기충천하여 한강 북쪽에 주둔하고 있으니 수를 보태어 달라…. 작전까지 촘촘하게 세워 글을 올렸다.

류성룡이 왕필적에게 글을 보내기를 "적이 바야흐로 험고한 지대에 웅거하고 있으니, 쉽게 공격할 수 없다. 그러나 만일 대병大兵이 파주에 진주하여 그 후미를 끌어내어 묶어두고, 별도로 남병南兵 1만 명을 뽑아 강화로부터 한강 남쪽에 진출시킨 뒤 여러 둔屯을 공격하게 하면, 둔치고 있는 적의 형세가 약화되어 있으므로 쉽게 격파할 수 있을 것이다. 그리고 경성에 있는 적은 돌아가는 길이 차단되면 반드시 용진 쪽으로 달아날 것이니, 후병後兵으로 강진을 쓸어버린다면 일거에 소탕할 수 있을 것이다" 하였다. 왕필적이 기책奇策으로 여기고 그 계책을 쓰려고 하였으나 제독이 따르지 않았다.

— 《선조수정실록》 1593년 2월

이여송은 같은 말만 되풀이할 뿐이었다. 길 사정이 좋아지고 군사들이 휴식을 취한 후에 진격할 것이라고. 여전히 동파를 지키고 있는 류성룡이었다. 자신마저 임진강에서 물러날 수는 없었다. 조선의 군사들도, 조선의 백성들도 마음으로 의지할 곳이 있어야 했다.

> 오래도록 동파에 머물러 있었는데, 전쟁을 치른 뒤라서 마을은 다 폐
> 허가 되어 머무를 곳이 없었다. 이에 풀을 베어 막사를 만들고 여러
> 달 그곳에서 유숙하니 옷과 이불이 풀빛으로 물들었다.
>
> ─《서애선생연보》1593년 봄

류성룡이 동파에 머물자 인근 백성들이 모여들기 시작했다. 류성룡은 밤이 되어도 잠을 이루지 못했다. 도움을 기다리는 이들의, 배고파 우는 흐느낌이 멈추지 않았기 때문이다. 가슴 깊은 곳을 찌르는 소리였다. 눈물이 흘렀다. 이 전쟁을 끝낼 수만 있다면 하지 못할 일이 무엇이랴. 진정 비참한 전쟁을 치르는 이들은 전장으로 나설 수조차 없는 백성들인지도 모른다. 하지만 먹일 것이 없었다.

남는 곡식이 있을 리가 있는가. 생각다 못해 명군의 군량미를 따져보았다. 명군의 군량이 떨어지면 어떤 일이 벌어질지 이미 혹독한 경험을 치른 뒤였다. 곰곰 헤아려보았다. 명군에게 말먹이로 주려 했던 곡식에 생각이 미쳤다. 명군이 받아 가기를 원치 않은 거친 벼 가운데 천 석을 덜어 내었다. 말먹이로 백성을 먹이고자 했으나 그나마도 턱없이 부족한 양이었다.

> 백성의 목숨은 길바닥에 고인 물속의 붕어와 같이 하루하루 죽음만
> 을 기다립니다. 구제하자니 곡식이 없고 그대로 두자니 차마 볼 수
> 없습니다. 중국 군사의 양식거리로 강어귀에 도착한 것이 근일에 제

·류성룡, 7년의 전쟁·

법 모였습니다. 현재 동파에 쌀과 콩이 만여 석이요, 그 뒤편 서강에
도 몇 천 석은 됩니다. 이 밖에 중국에서 보낸 양식이 제때에 도착된
다면, 대군이 또 온다 하더라도 지급할 수 있습니다.

그 가운데에 각 고을에서 실어온 거친 벼 2천여 석도 배 안에 있습니
다. 이것을 말먹이 콩 대신 지급하려 하였으나 중국 군사가 받아가
려고 하지 않아 별로 소용이 없습니다. 이에 신은 눈앞의 참상을 차
마 볼 수 없어 삼가 편리한 대로 1천 석을 덜어내어 파주·개성부·장
단·적성·마전·고양·삭녕·풍덕 등의 굶주린 백성과 서울의 떠돌
이 백성으로 찾아온 자를 모아 골고루 나누어 구제하였습니다.

– 〈굶주린 백성을 진휼한 일을 진달하는 서장陳賑恤飢民事宜狀〉 1593년 2월

솔잎으로 가루를 내어 죽을 끓여 먹이게도 하였다. 하루가 지나면 다시
배고픔은 시작되지만, 하루가 지난다 하여 곡식이 생기지는 않는다. 그래
도 한 목숨이라도 더 살려보고자 각 도에서 올라오는 곡식을 모으고, 헤아
리고, 나누며 분주했다. 죽음보다도 무거운 시간들이었다. 연이은 호소에
임금도 마음이 답답했을 것이다. 임금은 곧 백성들의 어버이가 아닌가. 유
지를 내려 백성을 구하라, 했다. 농사를 지어 가을을 도모하라, 했다.

삼가 유지를 받으니, "백성이 정처 없이 떠돌며 굶주리다 못해 머리를
나란히 하고 구렁에 죽어간다고 하니, 한편으로는 곡식을 고루 나누
어 죽어가는 목숨을 살리고, 한편으로는 형편에 따라 농사를 권하여
가을 수확을 도모하도록 하라" 하셨습니다. 신은 덕음德音을 받들고
감격하여 눈물을 흘렸사오나, 밀가루 없는 수제비란 예로부터 어려

운 일입니다.

- 〈군량과 백성의 먹을 것을 논하는 서장論軍糧民食狀〉 1593년 3월

임금의 말씀이야 그른 것이 없었다. 하지만 무엇으로 백성을 구한다는 말인가. 밀가루 없이 수제비 만드는 법을… 류성룡은 알지 못했다. 어느새 계절은 봄이 한창이었으나 그저 계절이 그러했을 뿐이다. 따스한 봄 햇살 아래, 굶주림에 지쳐 차갑게 식어가는 이들이 늘어갔다. 이여송이 머뭇거리는 그 하루가, 누군가에겐 죽음으로 들어선 그 하루인 것이다.

당장 류성룡을 파직하라

임금은 노기를 띠었다. 당장 류성룡을 파직하라 역정을 내었다. 심지어 그의 자질을 비난하기까지 했다.

류성룡의 사람됨은 내가 자세히 아는데 적을 헤아려 승리로 이끌어 가는 것은 그의 장기가 아니다. (…) 요사이 하는 것을 보니 자신이 한 나라의 곤수*로서, 강화한다는 말을 듣고서도 한 번도 적을 치고 원수를 갚자고 언급하거나 명장 앞에서 머리를 부수며 쟁변하는 일은 전혀 없고 강화의 말을 당연하게 여기는 것 같았다. 임무를 받은 뒤로 한 번도 기이한 계책을 세워 적을 격파한 적이 없으니 아마도 끝내

---

* 곤수閫帥. 조선시대 절도사 등의 장수를 칭하는 말로서, 여기서는 도체찰사를 지칭.

· 류성룡, 7년의 전쟁 ·

는 일을 실패시킬 듯하다. 나의 생각에는 권율 · 고언백 · 조호익曺好
益 등 몇몇 사람에게 위임하여도 족할 듯하다. 싸움에 임하여 장수를
바꾸는 일의 염려스러움은 말하지 않아도 벌써 알고 있다.

– 《선조실록》 1593년 3월 27일

비변사에서는 어찌할 바를 몰랐다. 류성룡의 장계가 문제가 되었던 것
이다. 임진강을 오가는 심유경의 행적을 보고하며, 이미 명과 일본 사이
에 강화의 논의가 있다며 올린 장계였다. 하지만 류성룡이 강화를 찬성한
다는 말이 아니지 않은가. 그런 사정을 알았으니 고하지 않을 수 없을 터.

사실, 강화에 대한 이야기가 나온 것은 하루 이틀도 아니었다. 그런데
임금께서 갑자기 어찌 이러시는가. 지금 이 상황에서 류성룡을 파직하
라…. 임금 곁을 떠나 전선에서 군무를 총괄한 것이 벌써 얼마이던가. 명
군이 평양까지 물러나 있는 이 마당에, 여전히 임진강을 지키며 조선군을
다독이고, 백성을 구휼하고, 명군에 호소하며… 아무나 할 수 있는 일은
아니었다.

임금 곁에서 조정을 이끌고 있는 좌의정 윤두수는 이래저래 마음이 더
무거웠다. 임금의 마음을 헤아려야 하는데… 그저 강화라는 말을 내었다
는 불편함 때문은 아닐 터인데…. 이미 3월 초, 임금은 자신과 마주 앉아
강화 이야기를 하지 않았는가. 이여송은 전투를 회피하고 있는 터에, 심
유경이 다시 오가며 어수선한 것. 명 지휘부에서는 이미 강화를 염두에
두고 있음이 분명했기 때문이다. 만약 경략 송응창이 강화 쪽으로 마음을
굳혔다면 임금으로서도 되돌리기 어려운 일. 임금은 그것이 걱정이었다.

"송 시랑이 와서 강화를 한다면 어떻게 할 것인가?"

"우리나라에서 한다면 안 되겠지만 명장이 한다면 잘못은 명장에게 있습니다. 우리에게 무슨 상관이 있겠습니까. 사리로 말한다면 결단코 강화를 할 수는 없습니다. 그러나 백성을 보호하고 싸움을 쉬게 하는 데 있어서는 강화만 한 것이 없습니다."

윤두수는 현실적인 방법을 이야기했다. 사리를 따를 것인가. 현실을 따를 것인가…. 그 판단만이 남았을 뿐이다. 아니, 그 판단 또한 명에서 할 일이었다. 곁에 있던 좌승지 홍진洪進이 말을 거들었다. 임금의 명을 전하는 임무를 띠었던 만큼, 송응창의 진영에서 전해지는 분위기를 알고 있었던 것이다.

"사세에 구애되어 더러 이러한 의논이 나오곤 합니다. 만약 성사가 된다면 그래도 괜찮은 것입니다."

"어찌 그렇게 하겠는가. 반드시 토벌을 해야 된다는 뜻으로 명장에게 청해야 한다."

윤두수는 일단 임금의 말을 받들었다. 하지만 우리의 마음은 우리의 마음이고, 우리의 분노는 우리의 분노일 뿐. 그 결정은 명장의 몫이었다. 그때만 해도… 강화가 백성을 위한 방법일 수 있다는 말까지 꺼냈음에도 임금은 노여움을 보이지는 않았다. 우리의 입장을 명 측에 잘 밝히라는 정도였거늘. 평안도 순찰사 이원익과도, 자신의 동생인 예조판서 윤근수와도… 이미 강화 문제가 거론되고 있었다. 강화 의논이 전해지자 명 진영의 군관들 사이에서는 환호가 일었다고 했다. 그들 또한 타국의 이 전쟁이 지겨워지기 시작했을 터.

그렇다면 류성룡을 파직하라는 임금의 뜻을 어찌 헤아려야 하는 것일까. 어쩌면 그런 것이었을까. 임금이 류성룡에게 유독 죄를 묻겠다는 뜻은… 그의 무게 때문인가. 임금 곁에서 멀리 떨어져 있는, 그의 존재가 가끔씩 떠올라 부담스럽기 때문인지도 모르겠다. 윤두수로서는 류성룡을 특별히 감싸고 돌 이유 따위는 없었다. 하지만 지금 나라의 위기를 생각해본다면…. 윤두수는 류성룡을 잘 알고 있었다. 가끔 그가 두렵기는 했지만, 어쩌면 그렇기에 나라에는 그가 필요했다.

윤두수도, 비변사의 여느 당상들도 다른 의견이 있을 수 없었다. 엎드려 같은 죄를 청하며 마음을 돌리시라, 아뢰었다.

이는 모두 신들이 중요한 자리에 있으면서 일 처리를 잘못한 까닭인데 여러 차례 성교聖敎를 수고롭혀 지극히 황공합니다. (…) 체찰사 류성룡은 대신으로서 막중한 임무를 받아 비록 특별한 공을 세운 것은 없지만 큰 실책도 없었습니다. 그가 강화의 의논에 쟁변하지 않은 것은 반드시 창졸간에 일어난 것이어서 그랬을 것이니 어찌 다른 뜻이 있겠습니까. 이 일로 대신의 병권을 가벼이 체직한다는 것은 미안할 듯합니다. 더구나 서울과 경기의 백성들은 날마다 관군이 구제해주기를 바라고 있는데, 이제 불의에 체직한다면 불안과 실망이 전날보다 더 심할 것입니다. 신들의 어리석은 생각에는 다만 글을 내려서 성룡을 크게 책망하여 스스로 제 잘못을 알게 하는 것이 괜찮겠습니다.

– 《선조실록》 1593년 3월 27일

임금 또한 예상했던 답이었을 것이다. 임금은 비변사의 뜻을 받아들여 파직은 거둔 채, 질책으로 가득한 답서를 내려보냈다.

다만 아뢰지 않을 수는 없기에

임금의 전지를 받은 류성룡은 천천히 그 뜻을 짚어보았다. 임금의 마음을 알 것도 같았다. 비변사의 난감함도 헤아릴 만했다. 이미 파천의 치욕을 겪어야 했던 국왕이었다. 그것만으로도 씻을 수 없는 한이 쌓였을 터. 하지만 파천이 국왕만의 슬픔은 아니었다. 강화라는 이 모욕적인 언사를 받아들이고 싶은 자, 조선에 어디 있겠는가. 그래도 일이 그렇게 된다면…. 임금은 자신만큼은 그 일에 타협하지 않았다는, 그 모습을 보여주고 싶다는 것일까. 길고도 긴 서장을 올렸다. 감히 임금에게 변명 따위를 하고자 함은 아니었다.

> 신은 본래 지극히 어리석고 보잘것없는 사람으로서, 나라 일이 어지러운 시기에 중대한 임무를 외람되게 맡았으나, 일을 그르치고 나라를 욕되게 한 형상은 진실로 모두 헤아리기가 어렵습니다. 하물며 왜적과 더불어 살고 있는 데다 하는 일 없이 시간만 오래 끌면서 서울을 수복하지도 못하고, 오로지 명나라 군대에게 의지하고만 있으니 신자臣子의 죄로 보자면 만 번의 죽음이 오히려 가볍습니다. 다만, 신의 변변치 못한 어리석은 의견을 군부君父 앞에 아뢰지 않을 수가 없습니다.

류성룡은 명군을 수행하며 겪었던 그간의 일들을, 하는 일 없이 기이한 계책 하나 세우지 못했다 책망 받았던, 지난 몇 달의 일들을 상세히 아뢰었다. 시간만 오래 끌면서 아직 서울을 회복하지 못한 죄인이었으나 해야 할 말은 해야 할 것 같았다. 명군과 함께 안주에서 평양을 거쳐, 다시 개성을 지나 임진강까지. 돌이켜보니 스스로도 숨 가쁜 몇 달이었다.

신의 자질구레한 힘과 조그마한 정성은 이미 남김없이 다하였으나 일에 있어서는 도움이 없었으니 신의 죄는 마땅히 주형誅刑을 받아야 할 것인데, 다시 무슨 말을 할 수 있겠습니까.

조금이라도 더 나아가고자 그 시간을 견뎌보고자 류성룡 자신으로서는 할 수 있는 최선을, 말 그대로 조그마한 정성까지 다해왔던 것이다. 전진하지 않는 명군을 독촉하느라 답답하고, 백성들을 돌아보느라 가슴 아픈 시간이기도 했다. 그래도 일에 있어 도움이 되지 못하여 질책을 받아야 한다면, 받아야 할 일이다.

다만 명나라 군대가 전진하는 일과 퇴각하는 일, 강화하는 일과 전쟁하는 일은 그 결정권이 경략과 제독에게 있을 뿐인데, 제독은 이곳에 있을 때에도 강화에 관한 일은 말하지 않았습니다. 군대를 물러나게 한 뒤에는 또한 수백 리 밖에 있습니다. (…) 신은 비록 머리가 부서질 지경에까지 다투어 변론하고자 하나 그 방도가 없으므로, 다만 그 사이에 보고 들은 일들을 상세히 갖추어서 조정에 모두 아뢰어 시급히 분별하여 처리하기를 청하는 것입니다. 변변치 못한 신의 망령된 생각으로는, 오직 조정으로 하여금 일찍 일의 곡절을 들어서 알게 하고, 대장과 경략이 있는 곳에 힘을 다하도록 하여, 큰 계획을 성취시키고자 할 따름입니다.

　　　－〈전지를 삼가 받은 후에 스스로를 탄핵하는 서장有旨祗受後 自劾狀〉 1593년 4월 7일

임금도 알고 계신 일들 아닌가. 이미 원군을 청해온 이상, 결정은 황제의 나라에 매인 것임을. 누군가에게 도움을 청한 이상, 받은 도움 이상의 것들까지 내놓아야 했음을. 임금은 머리가 부서질 정도로 변론하지 않은 자신에게 노했으나 하고 싶어도 그 방도가 없는 것이 이곳 전선의, 명군과 조선군의 사정이었다. 강화라는, 입에 담아선 안 되는 그 일을 알릴 수밖에 없는 것은… 혹여 조정에서 알지 못하여 그르치는 일이 생길까 염려했던 것임을 솔직하게 털어놓았다.

마음이 편할 수는 없었다. 섭섭하지 않다고 말할 수도 없었다. 하지만 그렇다 해도 스스로 이 자리에서 물러나지는 못할 것이다. 이런 자리를 누가 맡고자 하겠는가. 아니, 누구에게 맡길 수 없음이 솔직한 마음이었다. 이 전란이 끝나기 전까지는… 비록 질책을 받고 힘겨워 울지라도. 내가 먼저 돌아서지는 않겠다고, 부끄러움을 갚겠다고. 결심하지 않았던가.

평양에서 서울에 이르는 길이 이토록 멀었던가. 몇 달을 길 위에서 근심으로 뒤척이고 기대 속에 분주하였는데도. 아직 서울에 이르지를 못했다. 서울은 멀기만 하고, 그 서울에 있어야 할 임금은 더 먼 곳에 있었으니. 임금을 뵌 것이 벌써 아홉 달 전인가. 지난해 7월. 의주를 떠난 뒤로 임금과 자신 사이에는 수많은 장계와 답서만이 오고 갔을 뿐이다.

봄이 벌써 절반을 넘어섰건만 여전히 한겨울의 바람 소리가 웅성대고 있었다. 흔들리는 자신을 차라리 다잡게 해준, 마음 깊은 곳의 그 바람이었다.

· 평양성 탈환 ·

선발로 파병했던 조승훈의 부대가 1592년 7월, 제1차 평양성 전투에서 어이없이 참패하자 명 조정은 일본군의 전력에 대한 생각을 바꿀 수밖에 없었다. 이에 명은 결국 대규모 파병을 결심하고 제독 이여송에게 5만 대군의 지휘권을 주어 조선으로 보낸다. 제독 위로는 경략 송응창을 두어 조선 전쟁에 대한 모든 상황을 지휘하도록 했다. 1592년 12월 25일 압록강을 건넌 명군이 평양성 탈환을 1차 목표로 삼았음은 물론이다. 1593년 1월 8일 이른 아침, 조선군과 합세하여 평양성 총공격을 시작했다.

두 차례의 공격을 거뜬히 물리친 일본군이었지만 한겨울의 대규모 공격을 더 이상 막아내지 못하고, 결국 제1군의 대장 고니시 유키나가는 성을 비워줄 테니 퇴로를 열어 달라며 이여송에게 퇴각을 요청했다. 이미 일본군은 추위와 굶주림으로 더 이상 버틸 여력이 없었던 것이다. 이여송 측 또한 수천의 사상자를 내게 되자 이에 합의, 일본군은 성에서 완전히 철수하여 개성을 거쳐 서울까지 빠른 속도로 퇴각하기에 이르렀다.

이처럼 제3차 평양성 전투는 조명 연합군의 완벽한 승리로 끝났다. 평양성 탈환으로 조선과 일본 양측의 전세는 완전히 뒤집어졌는데, 이 전투는 이후 전쟁 전체를 놓고 볼 때도 매우 주요한 사건으로 꼽힌다. 평양성을 빼앗김으로써 주요 근거지를 잃은 일본군은 서울에 집결하여 그 진퇴를 고민할 수밖에 없었다. 함경도에 주둔하던 2번대까지 고립의 위기를 피해 서울로 합류했다. 평양성 패배로 기세가 꺾이고 더 이상의 방어가 어려워지자, 일본의 도요토미 히데요시는 서울에서의 철수를 명했다. 남해안에 성을 쌓고 장기 농성에 들어가자는 생각이었던 것이다.

명으로서는 일단 평양을 확보함으로써 최소한의 위험은 넘긴 셈이 되었다. 국경선이 어느 정도 안전해졌을 뿐 아니라, 번국을 전란에서 구했다는 명분까지 얻을 수 있었다. 하지만 예상보다도 일본군의 무력이 만만치 않음을 확인하고, 전투 대신 강화로 전쟁을 끝내는 방법을 고려하게 된다. 명 내부의 상황도 여러 모로 어지러웠던지라 조선의 전쟁을 오래 끌면서 재력을 쏟아부을 마음도, 여력도 없었기 때문이다.

결국 명과 일본 사이에 강화협상이 성립되어 4월 18일 일본군이 서울에서 전면 철수하고 다시 이틀 뒤인 4월 20일 명군이 서울로 입성한다. 하지만 전쟁은 그 뒤로도 오래도록 끝나지 않았다. 전혀 새로운 국면으로 접어들게 되었을 뿐이다.

류 원주

①②④
서울

충주

안동

고령
합천

❸ 진주

① 4월 18일 명과 일본의 강화 합의로 일본
   군, 서울에서 퇴각.

② 4월 20일 조명 연합군 서울 입성.
   5월 23일 도요토미 히데요시, 나고야에
   서 명 사절과 회담.

❸ 6월 29일 제2차 진주성 전투, 조선군 패
   배.
   8월 이순신, 삼도수군통제사에 임명.

④ 10월 1일 선조, 서울로 돌아옴.

류 4월 20일 서울로 돌아와 6월 20일 남도
   순행, 8월까지 경상·충청 각 지역 순시.

돌아온 서울, 아무것도 남지 않았다

——

차마 바로 볼 수 없었다. 기울어지는 해를, 그저 붉게 번지는 강물의 빛깔로 짐작하기로 했다. 지난 1년간 도성에도, 왜군이 짓밟은 도성에도… 해가 뜨고 또 이렇게 기울었을 것이다. 그저 여느 날처럼 아무렇지 않은 듯 그랬을 것이다. 류성룡은 한숨을 삼킨 채 임진강을 건넜다. 도성에 들어선 것은 희미한 햇살마저도 모두 잠겨버린 저녁 무렵이었다.

임금과 신하 사이에 오갔을 노여움이나 서운함으로 강화를 막을 수는 없었다. 4월 8일. 명의 심유경과 일본의 고니시 유키나가 사이에 강화협상이 이루어졌다. 조선은 강화 자체가 고려 대상이 아니었으나, 명으로서는 조선이 고려 대상이 아니었던 셈이다.

계사년(1593) 4월 20일. 명 제독 이여송의 부대가 서울에 입성했다. 협상에 따라 일본군은 이미 서울을 떠나 남쪽으로 퇴각하고 있었다. 역시 협상에 따라 추격과 공격이 금지되었다. 왜적은 서울에 들어오던 날처럼, 아무런 저항도 받지 않고 유유히 도성을 빠져나갔다. 류성룡도 명군을 뒤따라 서울로 돌아왔다. 1년 만이었다.

서울에 들어와서 보니 성안에 살아남은 사람은 원래 인구의 백 분의 일도 되지 않았고, 살아 있는 사람들도 모두 굶주려 낯빛이 귀신 같았다. 그때 날씨가 매우 더웠기에 죽은 사람과 말이 여기저기 널브러져 썩는 냄새가 성을 가득 채워서 길 가는 사람은 코를 막고 지나갔다. (…) 종묘와 경복궁, 창덕궁, 창경궁의 세 궁궐, 종루鐘樓의 각종 관청과 성균관 등 대로 북쪽에 있던 건물들은 모두 자취를 찾을 수 없었고, 불타고 난 재만 남아 있었다.

－《징비록》

종묘에 고하고자 했으나 그저 남은 터뿐이었다. 무릎을 꿇은 채 통곡했다. 모든 것이 불타버린 서울은 폐허와 같았다. 아무것도 남아 있지 않았다. 남은 것이라곤 절망과 분노뿐. 어찌해야 좋을 것인가. 오래도록 자리에서 일어나지 못했다. 그래도… 그래도… 아직 살아남은 백성들이 있지 않은가. 그 절망에서 시작할 것이다. 그 분노에서 일어설 것이다. 절망과 분노로, 이날을 잊지 않을 것이다.

서울로 오기까지, 일본과 명나라

5월이 되자 이여송의 부대가 남쪽으로 향했다. 함께 서울로 입성했던 이덕형 또한 다시 길을 떠나야 했다. 아무리 보아도 조금 이상한 강화협상이, 좀 더 이상하게 진행되고 있었기 때문이다.

한 달 전인 4월. 서울로 들어오기까지, 사실 답답한 것은 명이나 일본 모두 마찬가지였다. 강화가 말처럼 쉬운 일이 아니었다. 하긴 서로의 속마음을 솔직하게 털어놓지 못하는 양측이었으니. 게다가 당장 협상에 나선 인물들은 자신의 군주에게조차 솔직하지 못한 상태였다. 강화는 서로의 마음을 넘겨보면서, 적당히 속이고 속아주면서, 그렇게 진행되고 있었다.

명의 황제와 조정에서는, 조선에서 벌어지고 있는 전쟁 상황을 정확히 알지 못한 채였다. 이미 1월 말의 벽제관 패전 이후, 병부상서 석성을 중심으로 한 송응창, 이여송 등의 명군 지휘부는 강화로 전쟁을 맺고자, 마음이 기울어져 있었다. 전력으로 제압하기에는 생각보다도 일본군이 너무 강했던 것이다. 명 조정 내부의 반대 세력을 애써 잠재우며 조선 파병을 주장했던 석성이었다. 자칫 전쟁이 길어지면서 확실한 승리를 보장받지 못한다면… 책임져야 할 사안이 적지 않았다. 전쟁 지원을 위한 명의 재정도 여의치 않았으니. 차라리 강화를 통해서라도 빨리 끝내는 편이 나았던 것이다.

황제에게 솔직히 진언할 수도 없었다. 패전으로 주춤했다고 보고하기도 난처했을 뿐 아니라, 적의 형세를 제대로 파악하지 못했다는 문책도 없지 않을 것이기 때문이다. 게다가, 어느 정도는 파병의 목적을 달성한 것도 사실이었다. 이미 평양을 회복했으니 명의 국경을 위협할 걱정은 덜지 않았는가. 더 이상 번국의 전쟁으로 힘을 빼고 싶지 않았음이다. 응징이든, 강화든. 조선을 보전하고 전쟁을 끝냈다면 천자의 위엄에도 손상이 없을 일이었다.

이런 차에 왜군 측에서도 강화를 원한다 하였으니. 명군 지휘부는 이 기회를 놓치고 싶지 않았다. 저들이 봉공을 애걸하기에, 난동을 피운 것을 엄히 꾸짖고 조선에 들어온 일본군을 모두 철수시켜 전쟁을 끝내기로 했다면. 그럭저럭 모양새도 갖추는 결말 아니겠는가.

하지만 일본 측의 사정은 저 나름대로 복잡했으니. 강화를 주장하는 고니시 유키나가는 가토 기요마사와의 경쟁으로 마음이 편치 않았다. 자신의 평양 패전으로 전선이 서울까지 밀려 내려온 데다, 강화 따위에 신경 쓰느라 진격의 시기를 놓쳤다는 주전파의 비판으로 힘든 상태였다. 게다가 가토 기요마사는 볼모로 잡은 왕자를 내세워, 그 자신이 이 전란의 흐름을 주도하고자 했던 것이다. 고니시 유키나가로서는 애초에 조선을 통치하고 명까지 정벌한다는 도요토미 히데요시의 야망이, 그저 망상일지도 모른다, 생각하던 차였다. 조선으로 들어와 전쟁을 치르면서 그런 생각은 더해져만 갔다.

그러던 중에 일본의 주군에게서 서울 퇴각의 명이 내려왔다. 해안에 주둔할 수 있는 성을 쌓고 장기전에 대비하자는 뜻이었다. 고니시 유키나가는 심유경에게는 이 사실을 숨긴 채 일단 협상에 들어갔다. 심유경은 왜군이 서울에서 물러나지 않기에, 명에서 다시 대군을 보내었다며 으름장을 놓았다.

"대군을 서해로 보내어 퇴각로까지 끊을 것이라고 하는데, 그때 후회한다면 늦을 것입니다. 우리가 평양부터 친숙해진 사이이니 차마 말해주지 않을 수가 없습니다. 군사를 물리시지요."

"전투로 서로의 군사를 잃는 것이 무슨 유익이 있겠습니까? 일단 저희가 먼저 양보하여… 서울에서 모든 군사를 철수토록 하겠습니다. 다만, 제 뜻과는 다른 장수들이 있으니 저희가 군사를 물리는 동안 공격은 말아주십시오. 혹여 다시 전투로 번질까 걱정이 됩니다."

고니시 유키나가는 짐짓, 강화를 위해 서울을 비워주겠노라고 했다. 심유경은 전투 없이 서울을 수복할 수 있다는 말에 마음이 동했다. 하지만 왜군 진영에 억류된 왕자들 문제를 해결해야 했다. 혹여 신변에 무슨 일이라도 생긴다면 강화 문제도 쉬이 풀리지 않을 터.

"그렇다면 이야기가 쉬울 것입니다. 그 점은 약속을 드리지요. 하지만 조선의 왕자들을 돌려보내주셔야 합니다. 그래야 저로서도 조선을 대할 명분이 있지 않겠습니까."

"이를 말씀입니까. 하지만 저를 믿지 못하는 가토 기요마사가 가로막고 있으니… 명에서도 강화에 뜻이 있음을, 직접 사신을 보내어 확실히 밝혀주셔야겠습니다."

고니시 유키나가로서는 무엇보다도 서울에서 무사히 퇴각하는 것이 시급한 일이었다. 강화를 반대하는 장수들에게도, 명과 조선의 연합군을 언제까지 막을 수는 없으니 일단 안전하게 철군하는 것이 우선임을 내세웠다.

심유경과 고니시 유키나가는 각자의 조바심이 있었다. 저마다 자신의 조정에 솔직할 수도 없었다. 사실 심유경으로서는 명 황제의 정식 사절을 청할 수는 없었다. 그를 보낸 석성이나 송응창도 황제로부터 전권을 위임받은 자는 아니었다. 고니시 유키나가 또한 도요토미 히데요시에게 머리 숙여 봉공을 청하라, 감히 말을 꺼낼 입장이 아니었다. 그런데도… 협상이 이루어졌다. 저마다의 조정을 속이면서, 아슬아슬 줄타기가 시작된 것이다.

서울로 오기까지, 조선과 명나라

서울을 떠나고, 들어온 사정을 저마다의 공으로 내세우는 양측이었다. 특히나 명군 입장에서는 왜군이 자신들의 위세가 두려워 자진 철수한 것이라, 무혈입성을 내세우고 싶었다. 혹여 강화가 틀어질까, 전투가 벌어질까…. 왜군을 추격하지 못하도록, 퇴각하는 왜군을 후위에서 보호하기까지 한 명군이었다. 추격하는 조선 장수들의 앞을 막고, 강제로 결박하여 끌어가기까지 한 명군이었다.

하지만 왜군은 조선의 왕자들을 돌려보내지 않은 채 남쪽의 주둔지로 집결하고 있었다. 심유경의 청에 따라 송응창이 파견한 사용재謝用梓, 서일관徐一貫 두 사절과 심유경 또한 왜군들과 함께 남쪽으로 향했다. 상황이 이렇게 되어버리자 이여송은 마음 한구석이 편치 않았다. 혹여 적군을 그저 놓아보냈다는 책임을 자신이 지게 될까, 뒤늦게 추격 아닌 추격을 하게 된 것이다. 이여송의 부대는 이미 멀리 떠나버린 왜군의 뒤를, 천천히 따르고 있었다.

솔직한 사정은 털어놓지 않은 명 측이었으니 조선으로서는 대략 짐작으로 그 속내를 가늠할 뿐이었다. 추격하는 이여송의 진심을 온전히 믿을 수는 없었으나 희망을 온전히 거두기도 어려웠다. 어쨌거나 추격에 나서질 않았는가. 그의 뜻을 지켜볼 뿐이었다.

이여송을 가장 가까이에서 수행하는 이덕형이었으니 잠시도 마음 놓을 틈이 없었다. 군량이며 명령 전달이며, 명군의 요구는 여전히 무거웠다. 도원수 김명원이 따르고는 있으나 그가 해낼 수 있는 일들이 아니었다. 사세로 보아 류성룡도 동행해야 할 길이었다. 그의 자리가 허전했다. 이런 것이었나. 하루의 일 앞에서, 하나의 결정 앞에서 그가 필요했다.

하긴, 류성룡이 이여송과의 관계가 편하지는 않았었지. 하지만 그래도 이여송이 함부로 대하지 못하는 이가 아닌가.

공은 매번 제독에게 글을 보낼 때, 고금을 드나들며 의리를 인용하여 수천백 언言의 글이라도 붓을 잡으면 곧 완성하였다. 제독이 그 말을 들어 쓰지는 않았으나 그의 재주와 식견에 깊이 탄복하였다. 또한 '류 모는 근심하는 빛이 안면에 넘쳐흐르니 징말 지성으로 국가를 위하는 자다' 하였다.

― 《서애선생연보》 이덕형 수기 중에서

서울로 들어오기까지, 임금에게 질책을 받으면서도 결국 동파를 지키며 명군을 설득하려던 그사이에도 이덕형은 류성룡을 보며 마음을 졸이기도 했다. 명군의 분위기를 살펴가면서 류성룡에게 사람을 보내어 상황을 알리고, 사태를 의논하던 중이었는데. 그날은 정말 큰일이 나는 줄 알았다. 강화 교섭이 한창이던 4월 초. 류성룡이 왜군과의 화의를 담은 기패旗牌에 절할 수 없다, 거절하던 날이었다.

유격장군 주홍모周弘謨가 우리들에게 기패에 절하게 하니 나는 "이 깃발은 왜의 진영에 들어가는 것인데 내가 어찌 절할 수 있겠습니까? 또 '적을 죽이지 말라'는 시랑 송응창의 패문이 있으니 더더욱 그 명령을 받아들일 수 없습니다"라며 거절하였다. 주홍모가 서너 번 강요하였지만 내가 아무 말 하지 않은 채 말 타고 동파로 돌아가니, 주홍모는 사람을 제독에게 보내어 상황을 보고하였다. 그러자 제독은 크게 화내며 "기패는 곧 황제의 명령이니 북쪽 오랑캐도 이를 보면 곧 절을 하는데 왜 그는 절을 하지 않은 건가? 나는 군법으로 이를 다스린 뒤에 철군하겠다"라고 말하였다. 접반사 이덕형이

"내일 반드시 사과하러 오셔야 합니다"라며 나에게 급히 이 소식을
전하였다.

- 《징비록》

이덕형의 눈에도 자칫 큰 문제로 불거질 위험이 있어 보였다. 류성룡의
마음을 어찌 모르랴. 자신의 생각 또한 어찌 다르랴마는. 류성룡으로서는
그렇게 할 수밖에 없는 일이다. 어쨌거나 이곳에서는 그의 행동 하나하나
가 곧 조선의 입장이 아닌가. 자칫, 조선에서 강화를 받아들인다는 뜻으
로 전해져도 곤란했을 것이다. 하지만 이여송의 입장에서도 그냥 넘어갈
수는 없는 일이었다. 이를 그냥 넘겼다는 말이 잘못 흐른다면, 이여송 또
한 큰 문책을 당할 사안이 아닌가.

가뜩이나 강화 문제로 사이가 틀어져 있는 마당에, 이여송에게 고개를
숙여야 하는 류성룡의 처지라니…. 그가 누구에게 고개를 숙여 사과 따위
를 해야 할 사람인가. 하지만 이덕형은, 그가 사과하러 올 것이라 생각했
다. 그것이 그 사람이다. 저 하나의 의기를 앞세워 이름을 구하는 이는 아
니었다. 이덕형은 그런 그가 아쉽고… 하지만 그런 그가 미더웠다. 무거
운 마음으로 아침을 기다렸다.

"체찰사와 도원수께서 다녀가셨습니다."

상황을 전하러 온 군관이었다.

"어찌 되었느냐."

"체찰사께서 상황을 말씀하시며 사과를 하셨습니다. 제독께서는 시랑
의 패문에 쓰인 말은 자신도 몰랐던 것이라 해명하시고는, 혹여 시랑에게
오해를 살지도 모르는 일이기에 자신도 어쩔 수 없이 그리한 것이라 답하

셨다 합니다."

다행이었다. 하긴 위험한 순간이 어디 그뿐이었으랴. 그런 시간을 거쳐 가면서 겨우 돌아온 서울이 아니었던가. 전진하는 명군의 상황도 편치는 않았으나 폐허 속에 어수선한 서울도 걱정이었다. 류성룡은 아직 몸을 일으키지 못한 것일까. 자신이 서울을 떠나던 날에도 그는 쓰러진 채 정신을 차리지 못했었다.

슬픔을 달랠 시간마저 허락되지 않았다
———

"정신이 드셨습니까."

종사관의 목소리가 어렴풋이 들렸다. 자리에 누워 일어나지 못한 것이 벌써 얼마인가. 며칠을 깨어나지도 못한 채 혼절하여 지나기도 했다. 한기가 끼쳤다. 그러다가 땀으로 온몸이 젖기도 했다. 그랬었지. 아직 어가가 서울로 돌아온 것도 아니었지… 전쟁은 여전한 중이었다.

"대감… 경상 감사께서 그만…."

갑자기 경상 감사라니…. 류성룡은 설마, 하며 신음을 뱉었다.

"성 안에 역질이 돌았다 합니다. 좌우에서 잠시 피하라 하였으나… 나랏일을 다른 이에게 맡길 수 없다고 하시다가…."

경상좌도 순찰사 김성일이 졸하였다. 당시 혹심한 병란에 백성은 굶주리고 여역癘疫까지 크게 유행하였다. 이에 성일이 직접 나아가 진구賑救하면서 밤낮으로 수고하다가 여역에 전염되어 죽었다. 일로의 군사와 백성들이 마치 친척의 상을 당한 것처럼 슬퍼하였다. (…) 평소 군려軍旅에 대한 일은 알지 못했으나 지성으로 군중을 효유하고 관군과 의병 등 모든 군사를 잘 조화시켰는데, 한 지역을 1년 넘게 보전시킬 수 있었던 것은 모두 그가 훌륭하게 통솔한 덕분이었다.

－《선조수정실록》 1593년 4월

류성룡은 몸을 일으키지도 못한 채였다. 그랬구나… 그랬겠지…. 자리를 피할 사람이 아니었다. 나라를 위해 목숨을 바치겠다고, 그렇게 자신의 잘못을 씻겠다고. 전선에서 분주한 채 몸을 아끼지 않았던 것이다. 그는 스스로의 약속을 지키고 떠났구나….

지난 2월이었던가. 남쪽으로 내려가 만날 수 있을 것이라, 서찰을 띄웠었다…. 하삼도를 체찰하라는 명을 받았으니, 만약 명병을 따라 남쪽으로 내려가게 되면 만나 뵐 날이 응당 멀지 않을 것입니다…. 끝내 지키지 못한 약속이 되어버렸다. 전란이 일어난 뒤로 한 번도 다시 만나지 못한 채. 내가 병으로 쓰러지지 않았다면, 명군을 따라 남쪽으로 갔더라면. 그의 마지막 길이라도 지킬 수 있었으려나…. 한마음으로 스승을 따르고 그 학문으로 나라를 바로잡자 했었다. 좀처럼 누군가를 깊게 받아들여 마음으로 허락하지 못했던 내게… 젊음을 추억으로 남겨준 벗이었다.

서애 류 선생은 본래부터 신중하여 남을 칭찬하는 일이 드물었다. 그런데도 매양 선생을 공경하면서 중히 여겨, 일찍이 사람들에게 이르기를 "사순은 내가 따를 수 없다" 하였다. (…) 얼마 뒤에 선생이 돌아가시자 깊이 슬퍼하면서 이르기를 "평생에 지우知友로는 오직 사순한 사람뿐이었는데 불행하게도 이제 죽고 말았구나" 하였다.

– 〈연보〉《학봉전집鶴峯全集》

그렇게 벗을 보냈다. 다시 이별이 시작되었다. 추억의 시간들이 슬픔으로, 눈물로 되살아났다. 하지만 추억으로 슬픔을 달랠 수 있는, 그만큼의 시간도 허락되지 않았다. 행재소에서 보내온 수많은 지시들이 그를 다시 전쟁의 현실로 부르고 있었으니. 벌써 5월하고도 중순. 무려 20일 동안을 누워 지냈던 것이다.

하긴 어찌 병이 나지 않았으랴. 몸과 마음을 시달려가며 1년을, 전선을 지키며 분주했다. 서울로 입성한 다음이라 해서 나을 것도 없었으니. 어가가 무사히 돌아올 수 있도록 서둘러 도성을 정비해야 했다. 살아남은 백성들을 모아서 먹이고 다독여야 했다. 명군에게 조정의 입장을 대신하는 것도, 명군의 방해를 피해가며 왜군을 추격케 하는 것도… 모두 그의 일이었다.

서울이 이제 막 수복된 뒤라, 모든 일이 처음으로 일으켜 세울 때와 같습니다. (…) 조경을 도성 서도 포도대장으로 삼고 순변사 이빈과 별장 이사명李思命을 동도 대장으로 삼아 지저분하고 더러운 물건을 청소하도록 하였으며, 주민을 어루만져 편안하게 하고, 침노하여 약탈하는 일을 금지하도록 하였습니다. (…) 창고에 곡식이 남아 있는 것은 호조로 하여금 거두어 모으는 일을 전적으로 맡도록 하고 (…) 호성 도정과 창의사로 하여금 서적을 거두어 모으도록 하였습니다. (…) 유근으로 하여금 곡식 수백 석을 덜어내어 굶주린 백성을 구제하도록 하였습니다.

－〈여러 사람에게 분부하여 서울을 수습하도록 한 일을 아뢰는 서장

分付諸人收拾京城狀〉 1593년 4월 23일

서울로 돌아온 그날부터 나흘. 그 며칠 사이에도 류성룡은 쉴 틈이 없었다. 그저 전선이 서울로 내려왔을 뿐이다. 보고, 대책을 세우고, 지시를 내리고, 장계를 올렸다. 그러다가 기어이 혼절해서 쓰러져버린 것이다.

류성룡의 곁을 지키는 종사관으로서도 안쓰럽고 송구하기만 했다. 김성일과 어떤 사이인지 모르지도 않았다. 그런데도 그 슬픔을 삭일 시간도 없이 다시 그에게 짐을 지워야 하는 것이다. 임금은 아직도 병이 낫지 않았는가, 재촉하고 있었다. 중신이 병들어 누웠는데 임금에게 급한 것은 그의 빈자리뿐인가…. 서운하지 않았을까, 슬쩍 류성룡의 표정을 살폈으나. 그는 그저 담담해 보였다. 이미 내려온 전지를 살피고 있었다.

이달 초 8일에 좌부승지가 성첩成貼한 "명나라 군대가 남방으로 내려가니 부교와 군량을 조치할 일이 매우 걱정이 된다. 경의 병이 위중하다고 하는데, 지금 만약 병이 나았다면 마땅히 헤아려 처리하고 조치해야만 할 것이다. 만약 아직 낫지 않았다면, 유홍이 대신의 직책으로서 지금 서울에 있으므로 또한 경을 대신하여 살피고 검사하는 일을 할 수가 있으니, 경은 이것을 자세히 알고 있어야 할 것이다"라는 전지의 서장을 신이 서울에서 삼가 받았습니다.

－〈병으로 아직 남방에 내려가지 못함을 아뢰는 서장病未南下狀〉 1593년 5월 15일

류성룡은 몸을 겨우 기대며 하나하나 답을 해 나가기 시작했다. 부교는 지난 날 김억추金億秋와 이빈에게 임무를 맡겨 만들게 하였는데, 이미 다 완성되어 명나라 대군 모두가 한강을 건넜습니다…. 호조판서 이성중이 군량을 공급하는 일 때문에 명군을 따라 내려갔으니 군량을 독려 운반하는 일은 빠짐이 없을 것입니다…. 그 밖의 일은 신의 병세가 이와 같아 처리할 수가 없으므로 전지하신 내용으로 유홍에게 공문을 보내었습니다….

그랬었지. 아직 책임을 다하지 못한 것이다. 아파 누울 처지가 아니었다. 이제 자리에서 일어나야 하는데. 이 많은 일들이 나를 기다리고 있는데. 어서 병을 털고 남쪽으로 내려가 왜적의 상황을 살펴봐야 하는데…. 강화는 애매하게 겉돌고만 있을 뿐. 왜적은 아직 제 나라로 물러나지 않을 기세였다.

거짓과 거짓 사이, 여전히 협상은 진행 중
———

류성룡이 서울을 떠나 남쪽으로 순행을 나선 것은 6월 20일의 일이었다. 큰 전투가 벌어지지는 않았으나 그렇다고 태평한 시간을 보낼 수는 없었다. 여전히 왜적은 이 땅에 남아 있었고, 군량을 대야 할 명군이 있었으며, 나라를 지키려는 우리 군사가 있었음이다. 서울이 수복되었으니 남도로 내려가 슬픔을 어루만지고 흐트러진 마음을 모아야 했다. 재촉하는 임금의 명을 따라야 할 일이기도 했다. 그나마 몸을 일으킬 정도는 되질 않았는가.

우리 군사들은 어찌 지내고 있는지 마음이 쓰였다. 서울 수복을 위해 한강을 지키다가… 오히려 명군에게 막혀 적군을 고스란히 놓아 보낼 수밖에 없었으니 그 원통함이 어떠할 것인가. 명색이 체찰사로서 미안하기도 했다. 자신의 명을 따라 진격하면서 당한 고초도 모르지 않았다. 위로와 격려가 필요했다.

진주성이 예사롭지 않다는 소식이 들려오기 시작한 것은 류성룡이 경상도에 들어선 때였다. 긴급한 보고들이 연이어 들어오는 것이, 아무래도 적의 움직임이 심상치 않았다. 하지만 제독은 이미 서울로 돌아간 뒤였고. 명의 장수들이 경상도 곳곳에 주둔해 있었으나 싸울 기세 따윈 남아 있지 않았으니. 그저 강화의 결과를 기다리며 시간을 보내고 있을 뿐이었다.

왜군이 대규모 전투를 준비하는 형세였다. 서울에서 퇴각한 것도 벌써 두 달이 넘었거늘. 그들 또한 강화 결과를 기다리면서 해안을 중심으로 웅거하고 있을 뿐이었거늘. 이 움직임은 어찌 된 일인가. 왜적을 그리 곱게 돌려보낼 때 이미 염려했던 일이기는 했다. 명군은 대체 저들을 어찌 믿고 강화를 논했다는 말인지.

도원수를 만나기 위해 경주로 향하던 류성룡은 방향을 바꾸어 진주 쪽으로 길을 재촉하였다. 진주성을 지키고자 여러 장수들이 모여드는 중이라고 했다. 이미 명군에게도 구원을 청한 뒤였다. 왜 하필 진주인가. 적군이 얼마나 모여든 것일까. 지금쯤은 어찌 되었을까. 명군은 언제쯤이나 출발했을까…. 하지만 7월 5일. 안언역을 지나던 길 위에서 진주성 함락의 소식을 듣게 되었다.

적은 진군하여 진주성을 포위하고는 "지난해 패전한 원한을 갚겠다"

는 말을 퍼뜨렸다. 적은 임진년에 진주성을 포위하였지만 목사 김시민*이 잘 막았기 때문에 이기지 못하고 후퇴하였기에 이렇게 말한 것이었다. 8일 만에 성이 함락되어 목사 서예원徐禮元, 판관 성수경成守慶, 창의사倡義使 김천일, 경상우병사 최경회, 충청병사 황진, 의병 복수장 고종후 등이 전사하고 백성과 병사 6만여 명은 물론 소와 말, 닭과 개까지도 모두 살아남지 못하였다. 적은 성을 모두 부수고 해자와 우물을 메우고 나무를 잘라 지난해의 원한을 마음껏 푸니 이때가 6월 28일이었다.

－《징비록》

적군이 총집결하여 봉쇄한 성안에서, 8일 동안을 처절하게 싸우며 끈질기게 버텼으나… 기다리던 구원군은 오지 않았던 것이다. 진주성 방어를 위해, 응원을 위해 모여들었던 조선의 관군과 의병, 그리고 백성들 모두가 한자리에서 죽음을 맞았다. 전쟁이 시작된 이후의, 가장 치열하고 처참한 전투였다. 진주성 안에 살아 있는 것이라고는 남아 있지 않았다. 다른 이유가 아니었다. 그야말로 왜군의 원한 때문이었다.

명군이 조선군으로부터 왜군을 보호하기까지 하면서 추진했던, 그 강화협상이 진행되던 중이 아닌가. 명군은 강화를 끝맺지도 구원군을 보내지도 않았다. 당황하여 화를 내었을 뿐, 상황을 보아 진군할 것이라 말했을 뿐. 눈치를 보며 시간을 기다리고 있었다. 그들이 기다리는 것은 바로

---

* 김시민金時敏. 1554~92년. 1578년 무과 급제. 전란 시 진주목사, 경상우병사의 자리에서 제1차 진주성 전투를 큰 승리로 이끌었다. 이후 가장 뛰어난 조선 장수로 일본에 널리 알려졌는데, 전투 시 맞은 탄환으로 승전 며칠 후 사망했다.

도요토미 히데요시를 만나기 위해 일본으로 건너간 송응창 사절의 소식이었다.

그 사절 일행이 바다를 건너 도요토미 히데요시를 만난 것은 5월 23일. 일본의 접대는 지극한 것이었다. 도요토미 히데요시는 그들을 명나라 조정에서 보낸 정식 사절로 이해하고 있었으나, 그들의 처지는 그런 대접에 어울리는 것은 아니었다. 그저 심유경의 계략에 따라, 경략 송응창이 보낸 인물들일 뿐.

심유경과 고니시 유키나가는 모험을 하기로 했던 것이다. 송응창이 보낸 사용재와 서일관을 명 조정이 파견한 정식 사절로 속여, 드디어 도요토미 히데요시 앞에 서게 했다. 도요토미 히데요시는 이를 조선에서의 승리로 받아들였으니. 그들을 우대하고 고니시 유키나가에게 큰 상을 내리며 자신의 강화조건을 명 측에 전달했다. 하지만 한편으로는 군사를 움직이는 중이었다. 지난해 진주성에서 당한 그 치욕을 씻고 싶었다. 회담이 마무리된 6월 29일. 조선에서는 진주성이 함락되었다. 성안의 그 무엇도 살려두지 말라는 도요토미 히데요시의 엄명이 전달된 결과였다. 명군의 발을 묶어둔 채 전격적인 공격으로 한을 푼 셈이다.

거짓말로 시작된 강화협상이 평탄할 수가 있겠는가. 7월, 명의 사절은 일단 조선으로 돌아왔다. 약속대로 조선의 왕자들을 풀어주었다. 하지만 그다음이 걱정이었다. 도요토미 히데요시의 일곱 가지 요구사항은 말 그대로, 심유경으로서는 명 조정에 감히 말을 꺼낼 수도 없는 수준의 것이었다. 조공을 명목으로 무역을 요구하고, 조선의 분할을 논하는 것만으로도 걱정이었는데, 심지어 명의 황녀를 일본의 후비后妃로 달라는 항목까지 있었던 것이다. 이를 어찌… 황제는커녕, 송응창과 석성 앞에서도 죽음을 각오하고 내놓아야 할 모욕 아닌가.

심란하기는 고니시 유키나가도 다르지 않았다. 자신의 심복인 부장 나이토 조안內藤如安(고니시 도부小西飛)을 일본 측 사절로 심유경에게 딸려 보내기로 했다. 고니시 유키나가 또한 일본의 조건이 명 측에 전달조차 되기 어렵다는 것을 짐작하고 있었다. 결국 심유경은 이 사태를 송응창에게 바로 말하지 못했다. 그저 저들이 봉공만 청하였다, 거짓으로 고한 것이다.

"무사히 성사가 되었습니다. 관백*은 크게 기뻐하며 봉공만 허락해준다면 군사를 모두 물릴 것이라 했습니다. 이제 황제께 주청드릴 일만 남은 셈이지요."

"그런데 진주성을 공격한 일은 무슨 연유인가, 다른 말이 있지는 않던가."

"강화를 반대하는 가토 기요마사가 일부러 그리한 것이라고 합니다. 그자가 워낙 포악하니 고니시 유키나가 또한 어찌할 수 없다 하였습니다. 그러니 하루라도 빨리 일이 마무리되어야 하질 않겠는지요. 그야말로 시랑께서도 큰 공을 이루시는 것입니다."

심유경은 진주성 공격의 책임 또한 가토 기요마사에게 뒤집어씌웠다. 하지만 갈 길이 태산이었다. 이처럼 그들이 다시 거짓 위에 거짓을 쌓느라 고심하는 사이, 여전히 조선에서는 전쟁이 계속되고 있었다.

---

* 관백關白. 일본에서 천황을 보좌하던 최고의 관직. 일본의 실질적인 통치자로서 도요토미 히데요시는 1585년 관백의 자리에 올랐다. 1591년에는 후계자인 조카 히데츠구에게 양위하고 자신은 태합太閤이라 칭했으나, 통상적으로 당시 조선과 명에서는 히데요시를 관백이라 불렀다.

명과 일본이 조선을 분할한다면

조선 측에서 이런 강화를 받아들일 수는 없었다. 온 나라를 피로 물들인 원수들이었다. 그런데 어찌 저들과 화의를 맺을 수 있다는 말인가. 게다가 명 측에서는 명확한 강화조건을 알려주지는 않은 채, 제독도, 경략도, 심유경도… 저마다의 입장에 따라 다른 이야기를 늘어놓을 뿐이었다. 무엇 하나 확실한 것은 없었다.

명은 조선의 입장까지 신경 쓰려 하질 않았다. 네 손으로 지키지 못하여 우리에게 부탁한 것이 아니냐. 어떻게든 우리가 전쟁을 끝내줄 터이니, 복수는 힘을 기른 뒤에 때를 노려 하도록 하라. 천자의 나라가 일개 번국 때문에 이토록 애를 쓴 적이 있었더냐. 왜적이 봉공을 청하며 용서를 빌고 있으니 받아들이지 않을 수가 없노라. 그래도 정녕 강화를 반대한다면 당장 모든 군사를 철수해서 돌아가겠다….

임금은 이 원수들과 한 하늘을 이고 살 수는 없다, 당장 이 땅에 남아 있는 왜적들을 모두 무찔러야 한다, 어찌하면 좋겠는가, 소리를 높였다. 임금을 더욱 불안하게 만든 것은 문제의 그 강화조건들이었다. 조선의 국토를 일본에 할양한다는 이야기까지 들렸던 것이다. 남도를 순행 중이던 류성룡도 소식을 전했다. 송응창과 이여송은 믿고 의논할 수 없는 이들이니, 직접 명 조정과 의논해야 한다는 의견 또한 함께 올렸다.

심유경이 왜장을 데리고 간 뒤로부터 길거리에서 전하는 말들이 매우 떠들썩합니다. "한강을 경계로 해서 남북으로 분할할 것이다" 하니 그 얘기가 너무 놀라워 어떤 말로서도 형용할 수가 없습니다. 신이 합천에 있을 때에 의병장 정인홍이 쇠고기와 술로 명나라 군사들을 먹이고 위로하니 유총병劉總兵이 정인홍에게 말하기를 "왜놈이 심유경과 더불어 갔는데, 한강 이북은 중국 땅으로 만들고 한강 이남은 왜국 땅으로 삼으려고 한다. 명나라 조정에서 어찌 이것을 허락하겠는가마는, 만일 이를 허락한다면 그대 나라에서는 어찌할 것인가" 하니, 정인홍이 그 말을 직접 듣고 신에게 전하였습니다. 신은 그제야 길거리에서 전하는 말이 또한 유래한 데가 있음을 알고서 깜짝 놀라, 마음 아픔을 견딜 수가 없었습니다. (…) 송 경략과 제독은, 이미 이들과는 더불어 의논할 수가 없습니다. 오직 바라건대 조정에서 다시 헤아려 이러한 사정을 갖추어서 명나라 조정에 빨리 주문을 올려, 뜻밖의 걱정이 없도록 해야 할 것입니다.

–〈경상도의 적세가 위급하므로, 신속히 사유를 갖추어 천조에 주문하기를 청하는 서장
慶尙道賊勢危急 請速具由 奏聞天朝狀〉 1593년 7월

조정으로서는 기가 막힌 소식이 아닐 수 없었다. 이미 파천의 치욕만으로도 강화 따위는 들먹이고 싶지 않은 임금이었다. 게다가 선왕들의 능침陵寢을 파헤치는 만행까지 저지른 자들이 아닌가. 복수를 하여 원을 풀어도 부족한 차에, 그들에게 봉공의 길을 열어주고 화의를 한다? 그것도 나라의 절반을 떼어줄지도 모른다니.

임금은 싸우겠다는 자신의 의지를 보이고 싶었다. 도원수의 자리를 권율에게 맡겼다. 이순신을 삼도수군통제사三道水軍統制使로 삼아 전 수군의 지휘권을 주었다.

> 이순신을 삼도수군통제사에 겸임시키고 본직本職은 그대로 두었다.
> 조정에서 의논하기를, 삼도수사가 서로 통섭할 수 없다고 하여 특별
> 히 통제사를 두어 주관케 하였다.　　　　— 《선조수정실록》 1593년 8월

남도를 순행 중인 류성룡에게는 행재소로 올라오라, 명이 내려졌다. 7월이 지나고 8월이 다 흐르도록 아직도 남쪽 고을고을을 돌고 있던 류성룡이었다. 왜적의 북상을 주시하며 군대를 배치하고, 흔들리는 인심을 다독여야 했다. 해결할 일은 해결해주고, 들어주어야 할 일을 들어주었다. 상을 내릴 자와 벌을 내릴 자를 헤아리고, 수령들의 인품과 능력을 따져 그 자리를 조정하기도 했다. 류성룡은 여전히 마음이 우선일 것이라, 민심이 우선일 것이라, 그리 생각하고 있었다.

전선은 도원수에게 맡기고 행재로 올라오라…. 지금은 전선보다도 급한 것이 조정의 일이라는 뜻일 터. 임금께서 이제야 서울로 돌아갈 마음이신 게로구나. 어가가 서울로 돌아가면… 조선이 다시 일어서는 것인가. 그런 것인가.

한잔 술로 이별하자

이 밤, 임금은 지치고 낙담한 채였다. 겨울이 시작되던 11월. 명의 황제가 사신을 보내어 칙유를 전달케 하였던 것이다. 이미 총병 유정의 부대 일부만이 남아 있을 뿐, 제독 이여송을 비롯한 명의 대군은 철수한 뒤였다. 황제는 조선의 상황을 잘 모르고 있었다. 명군 지휘부는 자신들의 전공을

부풀리고 강화를 추진하기 위해, 조선 땅의 왜적은 모두 물러갔다는 보고까지 올렸으니. 황제의 칙유는 준엄했다.

"그 상패喪敗의 원인을 추적해 생각하건대 어찌 다 우연한 운수로만 돌리겠는가. 혹자는 말하기를 왕이 원려遠慮 없이 오락에 빠지고 뭇 소인에게 현혹되어 백성을 돌보지 않고 군실軍實을 정비하지 않았다 한다. (…) 장차 다시 화를 초래하여 갑자기 다른 변고가 있게 된다면 짐은 왕을 위하여 도모할 수 없을 것이다. 미리 알려 경계하고 옛 사람의 와신상담한 뜻으로 권면하노니 (…) 주색에 빠지지 말 것이며, 유락에 방탕하지 말 것이며, 치우치게 신임하여 하정下情을 막지 말며, 형벌과 부역을 각박하고 괴롭게 하여 백성의 원망을 모으지 마라. (…) 왕은 경계하고 삼가라."
— 《선조실록》 1593년 윤11월 12일

황제는 전쟁의 원인이 국왕과 조정의 무능에 있음을 힐책하고, 치욕을 갚을 마음을 어찌 다지고 있는가 물으면서, 다시 이런 일이 있으면 군사를 내어 도와주지는 않을 것이니, 국왕은 알아서 경계하고 삼가라, 했다. 조선의 국왕은 불안해지기 시작했다. 자신을 힐책하는 황제의 말을 그저 듣고만 있어도 좋은 것일까? 무능한 왕이니 선위禪位를 하여 나라를 새롭게 일으키라는 뜻으로 받아들여야 하지 않을까?

이 모든 것이 그저 꿈처럼 느껴지기도 했다. 어린 나이에 그야말로 느닷없이 임금의 자리에 올랐다. 학문을 닦고 하루하루를 가지런히 살아가면 될 줄 알았다. 성군이 되리라고, 아니, 부끄럽지 않은 임금이 되겠다고. 그런데 어째서 내 시대에 이런 비운을 만났는가. 그저 하늘이 원망스러웠다.

　아니, 신하들도 그렇다. 누구를 믿고 들어 써야 하는가. 함께했던 이들을 하나씩 떠올려보았다. 그래, 이이… 그의 말을 따르면 되겠다고 생각한 시절이 있었지. 하지만 어쩐지 그의 이야기는, 그저 먼 곳의 꿈같기만 했다. 정철은 또 어떠한가. 그 호방함에 끌린 적도 있었으나 기세만 지나칠 뿐 신중함이 부족한 인물이었고. 그리고 이산해… 편히 내 마음을 맞춰주던 이였으나. 아무래도 이런 국난을 해결해줄 재목은 아니었다. 지금은 세상을 떠나고, 논핵을 당하고, 적소謫所에 거하며… 그렇게 나와 멀어져갔구나.

　그런가. 그래도 여전히 곁을 지키고 있는 이는 류성룡인가. 10월 1일. 서울로 돌아오면서 결국 류성룡에게 영상의 자리를 맡겼다. 환도하는 마음이 편할 수 없었다. 나랏일을 의논하고 전쟁을 헤쳐가야 했다. 전선이 안정되지 않았음에도, 류성룡을 조정으로 부를 수밖에 없는 임금의 마음이었다. 그렇구나. 내가 그에게 기댄 시절이 짧지는 않았구나.

　임금은 도망치고 싶었다. 숨어 있고 싶었다. 누군가 이 난처함을 대신해주었으면 좋겠다. 그래서… 그를 불렀다.

　둘이 마주 앉은 자리는 오랜 추억을 끌어당긴다. 깊은 밤, 하물며 겨울밤이 아닌가. 임금은 예전의, 젊은 날의 신하를 떠올리고 있었다. 그 시절이 그리웠다. 자신도, 신하도 이런 전쟁 따위는 생각지도 않았던. 제자리를 지키는 것만으로 충분했던 시절이었다.

　"경과 내가 임금과 신하로 만난 것이 스무 해를 넘었구나…. 이제 작별할 때가 온 듯하다."

　"전하, 어인 말씀이십니까."

"내가 경을 볼 날은 오늘뿐이므로 아무리 밤이 깊었어도 경과 직접 결정하고 싶었기 때문에 부른 것이다. 옛사람이 말하기를 '영웅이 헛되이 죽는 것이 애석하다' 하였다. 경의 재주와 학식을 가지고도 나 같은 사람을 섬기기 때문에 위대한 일을 제대로 이룰 수가 없는 것이다" 하니, 류성룡이 울며 아뢰기를 "보잘것없는 신이 맡겨주심을 잘못 받아 국사를 이 지경에 이르게 하였으니, 모두 신의 죄입니다" 하자, 상이 이르기를 "그렇지 않다. 옛사람 중에도 자사子思 같은 분이 위衛나라에 있었으나 위나라의 영토가 깎이고 쇠약해짐을 면하지 못하였으며, 제갈공명諸葛孔明 같은 분도 제대로 한실漢室을 흥복시키지 못하였다. 어찌 일률적으로 논할 수 있겠는가" 하였다. 그리고 한 주발의 술을 하사하며 마시도록 명하고 이르기를 "이것으로 서로 이별하자. 내일은 내가 명나라 사신 앞에서 왕위를 사양할 것이다" 하니, 류성룡이 울며 아뢰기를 "명나라 조정에서는 우리나라가 떨치지 못함을 걱정한 것입니다. 칙지勅旨에 이른 바는 모두 권면하고 책려하려는 뜻이니, 원컨대 성상께서는 동요하지 마소서. 내일은 정말 그와 같이 해서는 아니 되니 부디 참작하소서" 하였으나 상이 답하지 않았다.

— 《선조수정실록》 1593년 윤11월

임금은 가라앉아 있었다. 황제의 칙유도 그러하려니와 윤근수가 비밀리에 바친 봉서의 내용도 심상치 않았다. 경략 송응창이 차마 들을 수 없는 말을 명 조정에 해대고 있었던 것이다.

한잔 술을 앞에 놓고 마주하자니 류성룡 또한 여러 생각으로 마음이 어지러웠다. 임금은 지금 원망하고 있는 것일까. 임금의 자리에 올라 사림을 쓴 것은 다른 나라를 만들자는 뜻이 아니었는가. 하지만 결국 사람이 훈척과 다른 것이 무엇이었냐고. 그대 또한 그 다툼의 앞자리에 서지 않았느냐고. 그대가 나를 경연장에서 가르치며 이끌지 않았던가. 어째서 이런 치욕을 막을 수 없었느냐고. 내게 답해 달라, 묻고 싶으신 것인가.

…전하. 누구도 이 전쟁을 막을 수는 없었습니다. 우리가 일으킨 전쟁은 아니었으나, 그렇다 해서 피할 수도 없는 일입니다. 전하께서도, 아니 전하이시기에 더욱 피하실 수 없습니다. 끝나는 날까지, 끝낼 수 있도록 견디셔야 할 뿐입니다….

그랬다. 류성룡은 임금이 다른 시대를 만났더라면 다른 임금이 되셨을 거라 생각했다. 성정도, 자질도… 차라리 평화로운 시대의 군주로 나셨더라면. 하지만 어찌하랴. 이 또한 임금의 운이고 나라의 운이다. 그저 받아들여 제자리에 충실할 밖에.

스무 해의 인연이라… 이제 이별을 나눌 때가 된 것인가. 아직은 아니었다. 언젠가 내가 더 쓰일 곳 없을 때가 오기는 하겠지만, 지금은 아니었다. 아주 예전의, 어리다고 해도 좋을 그때의 임금이 떠올랐다. 류성룡은 다시 임금의 마음을 일으켜 세워야 했다.

"전하. 내일 명 사신 앞에서는 절대로 선위의 말씀을 하셔서는 아니 되옵니다. 신의 말을 들어주소서. 신이… 막아드릴 것이옵니다."

류성룡은 다시 한번 다짐을 두었다. 물론 임금의 진심은 선위에 있지 않음을, 알고 있었다. 겨우 서울로 돌아왔다. 어떻게 돌아온 곳인가. 더 이상 무너져 내릴 수는 없었다.

이번엔 조금 위험했던 선위 소동

그렇게 말렸건만 다음 날, 임금은 기어이 사신에게 선위의 뜻을 내놓고
말았다. 그런데 하필이면, 그때. 명의 사신에게서 자신의 이름이 거론되
었는가. 류성룡은 식은땀이 흘렀다.

> 류성룡 같은 의정議政은 충성스럽고 남달리 곧으며 인의롭고 독실히
> 도를 믿으므로 천조의 문무백관 모두가 국왕이 제일 좋은 상신을 얻
> 은 것을 경하합니다. 참으로 국정을 들어 이 신하에게 맡긴다면, 어
> 찌 국위를 떨치지 못하고 병기兵氣를 드날리지 못할 것을 걱정하겠습
> 니까. 어제 영윤令胤 광해군을 보니 용안이 특이하였습니다. 또 신민
> 이 모두 추대한다 하니, 국왕을 위하여 훌륭한 아들이 있는 것을 경하
> 하고 또한 국왕의 선대를 위하여 경하합니다. (…) 영윤의 현명함이
> 당숙종唐肅宗보다도 훨씬 더하니, 국왕은 반드시 전위傳位하여 당명황
> 唐明皇이 숙종에게 전위한 고사를 본받으실 것입니다.
>
> — 《선조실록》 1593년 윤11월 14일

이런 말 아니겠는가. 류성룡에게 정사를 맡기고, 세자에게 선위하라.
임금은 그저 섭섭하기만 한 것도 아니었다. 현명한 경이 영특한 세자를
보필하면 국운이 성할 것이다… 나를 잡지 마라.

선위한다는 임금의 투정이 한두 번은 아니었으나 이번 일은 경우가 달
랐다. 명이 끼어들면서 자칫, 나라의 근본이 저들의 손에 좌우될지도 모
르는 일. 만일 이런 식으로 세자가 왕위를 물려받는다면 명의 간섭이 얼

마나 더 극심할 것인가. 그저 뒷전에 물러나 계실 임금도 아니었다. 일이 그렇게 흘러서는 아니 될 터. 류성룡은 명의 사신 앞에서 조정의 입장을 확실하게 보여야 한다고 생각했다.

임금이 자신을 따로 부른 것도 이 상황을 해결해 달라는 뜻일 터. 임금으로서는 이렇게 하지 않을 수 없으니, 하지 않고는 견딜 수 없으니… 대책을 세워 일을 제자리로 돌려 달라는 것 아닌가. 임금은 큰일 앞에서 자꾸 도망치려 했다. 결단하지 못하고 책임을 미루려고 했다. 누군가를 오래 믿지도 못했다. 그런 임금 때문에 힘겨웠으나 지금은 전란 중이다. 임금의 마음을 먼저 지켜야 한다.

류성룡은 백관을 거느리고 사신 앞에 나아가 선위의 불가함을 고하였다. 이 전쟁이 임금의 무능 때문은 아니라고, 임금은 학문을 닦고 나라를 근심하느라 쉴 틈이 없었다고, 세자께서 비록 출중하시나 아직 정사를 맡을 준비가 되어 있지는 아니하다고… 사신을 설득하고 명장들에게도 도움을 청했다.

이런 분위기에서 진정 선위라도 이루어지면 어찌할 것인가. 자신도 그러하려니와 무엇보다도 세자에게 부담스러운 일이었다. 당장도 문제이지만 다음 보위를 흔들어서는 아니 될 터. 게다가 지금은 그런 일에 낭비할 힘도 남아 있지 않았다. 오직, 전쟁을 마쳐야 한다. 그다음에… 그다음에. 다행히 사신을 설득하여 상황이 무마되었다.

이보다 앞서 경략 송응창이 요동에 있으면서 주본을 올렸다. 그 내용은, 우리나라 임금이 덕망을 많이 잃어 국란을 평정할 수 없는 군주이므로 속히 조치하여 세자에게 양위하기를 주청한 것이었다. 그로 인하여 명조에서 행인 사헌司憲이 나오게 되었고, 우리의 입장은 매우 난처해졌다.

공은 피나는 정성을 다하여 화인華人을 감동시켰으며, 난리 중 문란한 정치를 바로잡아 왕위도 안정되었고, 국가가 그 힘을 입어 중흥이 되었으니 이것이 누구의 공이겠는가. 공이 얼굴빛도 변하지 않고 소리 하나 내지 않으면서 국가의 기반을 태산같이 튼튼하게 조치하였다 할 것이다. 모든 일이 지난 후에는 입을 막고 그 당시 일을 말하지 않았으니, 옛사람이 이른바 신공을 거두는데도 고요히 처리하여 일이 없는 듯하였다는 말도 이에 지나지 않은 것이다.

― 《서애선생연보》 한준겸 수기 중에서

선위 소동을 막느라 류성룡도 지쳐가기 시작했다. 대체 이것이 몇 번째 인가. 앞으로도 일이 어려워질 때마다 임금은 선위를 꺼내며 신하들의 충심을 가늠할 것이다. 세자의 효심을 시험할 것이다. 세자의 마음이 안쓰러웠다.

세자 광해군, 다시 분조를 이끌고

임금이 중국의 사신을 전별하던 윤11월 19일. 다시 분조를 이끈 세자 일행이 남쪽으로 향했다. 세자를 남쪽으로 내려보내 군정을 살피도록 하라는, 명의 요구가 이어지고 있었던 것이다. 좌의정 윤두수를 선두로 병조 판서 이항복 등이 분조를 따르기로 했다. 이미 피난과 분조 생활로 지칠

대로 지친 세자였다. 전쟁으로 인해 그야말로 느닷없이 세자 자리에 올랐던 것이다.

전란이 터지고 파천을 의논하던 임진년 4월 28일. 신하들은 임금께 세자를 세울 것을 청하였다. 혹여 모르는 사태에, 나라의 근본을 정해야 했기 때문이다. 임금은 망설이고 있었으나 어쩔 수 없이 대세를 따랐다. 결국 열일곱 살의 광해군을 세자로 삼았다. 적자嫡子도, 장자長子도 아니었다. 다른 대안이 없었던 까닭이다. 대군이 없는 상황에서 여러 왕자들 중에 고르고 고른 세자였다. 호학好學하는 자세와 반듯한 성품으로, 대신들 또한 세자의 재목으로 마음에 두고 있던 차였다.

하지만 피난 생활이 길어지면서, 기어이 분조를 명하여 왕권을 나누기까지 하면서. 임금은 세자의 존재가 마음 편치 않았다. 정작 요동으로 건너갈 급한 마음에 분조를 명하였으나 상황이 바뀌자 임금의 생각 또한 조금 달라지기 시작한 것이다. 외롭고 궁색한 처지에 몰렸다는 초조함 때문이었을까. 임금은 끊임없이 신하들의 마음을 떠보았다.

분명, 선위를 원하는 신하들도 있을 것 같았다. 나라가 이런 지경에 처했으니 임금 자리를 내어놓으라 할 것만 같았다. 전란 중이니 어디서 역모가 일어난다 해도 제지할 수도 없었다. 차라리 세자가 없었다면…. 임금은 그렇게, 자신의 왕권을 나누어준 아들을 똑바로 바라보지 못하던 중이었다.

온 나라가 전란을 치르느라 힘겨웠으나 정작 임금은 선위 문제로 신하들에게 힘겨움을 더하고 있었다. 하긴, 세자의 괴로움 같겠는가. 분조를 지휘하면서, 혹여 두 조정 사이에 작은 틈이라도 만들어질까 근심이 적지 않은 중에. 때때로 전해지는 선위 소식에 마음 졸이며 숨을 죽여야 했다.

세자가 이천에 머물렀다. (…) 황해도의 협로를 경유하여 강원도로 들어갔는데 여러 번 적에게 핍박당하며 기구하고 험난한 길로 고생을 겪으면서 이천에 이르렀다. (…) 여러 도의 관원과 의병에게 글을 내려 근왕勤王에 힘쓰도록 하였는데, 조정의 소식이 처음으로 동남쪽에 선포되었다.

— 《선조수정실록》 1592년 7월

위험을 무릅쓰고 전선까지 내려가 의병을 모으고 관군을 조직하는 데 온 힘을 기울였다. 조정이 무너지지 않았음을 알리면서 백성들의 마음이 기댈 근거를 마련했으니, 세자의 활동이 결코 가볍지는 않았다.

하지만 임금은 그저 툭하면 선위를 내세우며 토라지기 일쑤였다. 세자로서는 그 명이 있을 때마다 부디 거두어 달라, 호소하는 것도 작은 일이 아니었다. 궐 바닥에 엎드려 먹지도 못하며 죄를 청하였으니, 가뜩이나 지친 몸이 견뎌낼 수가 없었다.

세자가 내선內禪의 명이 내렸다는 것을 듣고 즉시 예궐詣闕하여 땅에 엎드려 눈물을 흘리며 아뢰기를 "신은 본래 용렬하고 어리석어 어려서부터 학식이 없었으므로 비록 장성하긴 하였으나 덕업이 전혀 없습니다. 분수 넘게 세자가 된 뒤로 감당할 만한 능력이 없다는 것을 스스로 알기에, 밤낮으로 근심하고 두려워하여 몸 둘 곳이 없었습니다. (…) 명을 들으니 놀랍고 두려워 어찌할 바를 모르겠습니다. 성자聖慈께서는 신의 심정을 통찰하시고 속히 성지를 거두시어 신으로 하여금 어리석은 분수를 보존할 수 있게 하여주소서. 미신微臣의 민박

悶迫한 심정을 천지신명이 굽어살피고 계시니 간절히 기원합니다" 하
니, 사양하지 말라고 답하였다.

- 《선조실록》 1593년 8월 30일

전선의 분조 생활로 병까지 얻은 세자였으나 선위를 명하는 부왕 앞에
엎드리지 않을 수 없는 일이었다. 아직 명에서 책봉도 받지 못한 채. 불안
하고 서러운 처지였다.

정원이 아뢰기를 "예조의 공사公事에 따라 세자가 남으로 내려가 있
을 때에 쓸 인신印信을 지금 고쳐 만든다고 합니다. 왕세자지보王世
子之寶의 보寶 자를 인印 자로 고친다면 괜찮겠으나, 광해군지인光海
君之印이라 고친다면 의리에 방해되는 것이 있을 것입니다. 중국 예
부의 자문咨文과 장관들도 모두 세자라 부르고 있으므로 별로 온편
치 못한 것이 없으니, 이제 왕세자지인이라 고쳐 만드는 것이 합당
하겠습니다" 하니 전교하기를 "우리나라에서 범연히 세자라 일컫는
다 하더라도 중국에 세자 인을 찍어 보내는 것은 미안하다. (…) 이
일은 막대한 일을 위임받는 것이다. 내 생각에는 광해라 칭하여도
무방하겠다" 하였다.*

- 《선조실록》 1593년 윤11월 19일

---

* '보寶'는 임금의 인장에 사용하기에, 조선은 명에 보내는 문서에는 이 글자를 피하여 '인印'을 사용, 제후국
의 위계에 맞게 '조선국왕지인朝鮮國王之印'의 인장을 썼다. 교린의 대상인 일본에 보내는 문서에는 '보寶'를
사용했다. 왕세자 인장에 대한 이때의 의논에서, 예조는 '보'는 함부로 쓸 수 없더라도, '왕세자'라는 점을 강조
하여 '왕세자지인王世子之印'으로 고치자는 의견을 내었다. 이에 선조는 아직 명에서 책봉도 받지 못했으니
'왕세자'라고도 하지 말고, 그냥 '광해군지인光海君之印'으로 하라고 명했던 것이다.

·류성룡, 7년의 전쟁·

임금은 여전히 자신의 둘째 아들에게 왕세자의 인을 허락하지 않았다. 중국에서 책봉을 받기 전이라는 것이 이유였으나, 누군가를 자신의 후계자로 인정하고픈 마음이 없었던 것인지도 모른다. 자신을 대신할 누군가의 존재가 마음 편치 않았으므로. 조선의 세자는 아직은, 그저 광해군이었다.

머뭇거림은 일의 도둑이다

조정이 선위 소동으로 시끄럽던 사이에도, 명과 일본은 여전히 강화를 추진하기 위해 분주한 중이었다. 하지만 조선 땅 곳곳에서 여전히 양군의 대치는 계속되었고, 여전히 군량미가 필요했으며, 여전히 크고 작은 문제들이 불거져 나왔다.

영의정 류성룡도 여전히 자신의 길 위에서 또박또박 하루하루를 보내고 있었다. 서울을 수복하던 날, 그 절망과 분노 앞에서 무릎 꿇던 날을 잊지 않았다. 이 전쟁은 조선이 제힘으로 설 수 있을 때, 그때 온전히 끝날 수 있을 것이니. 조선의 힘을 찾거나… 없다면 만들기라도 할 마음이었다. 그 시작이 중요했다. 그 마음이 중요했다.

대저 머뭇거림은 일의 도둑입니다. 모든 일은 시작하지 않음이 걱정일 뿐이지 시작한다면 반드시 그 효과가 있을 것이니, 일을 맡은 사람이 마음을 다하느냐 아니하느냐에 달려 있을 따름입니다.
옛날부터 타국에 군대를 청하여 국가를 회복하려 함에, 주장은 우리

쪽에 있었고 타국의 군대는 우리를 위하여 원조할 뿐이었습니다. 이것을 병의 치료에 비유한다면 우리는 원기요, 타국의 군대는 약석藥石과 같습니다. 약석으로 치료할 때엔 반드시 원기를 바탕으로 삼습니다. 만약 우리 쪽에 원기가 전혀 없으면, 비록 만금萬金 가는 약이 있더라도 이것을 어디에 쓰겠습니까.

– 〈시무를 아뢴 차자陳時務箚〉 1593년 12월

시작은 훈련도감訓練都監. 군 조직부터 고쳐 나가기로 했다. 비난과 반대, 있을 것이다. 하지만 시작할 것이다. 모든 백성을 군사로 부를 것이다. 노비도 가리지 않을 것이다. 공이 있다면 상을 주고 면천免賤도 허락하여 온전한 백성으로 품을 것이다.

"전하. 무엇보다 군사 양성이 시급하옵니다. 명군에게만 의지할 수 없음이 자명해졌으니, 우리 힘으로 나라를 지킬 수 있는 군대를 만드소서. 모든 백성을, 공천公賤·사천私賤을 막론하고 군사로 부르소서. 공이 있는 자는 면천을 시키고 상을 주어 그 뜻을 분발하도록 해야 합니다."

조정이 술렁였다. 나라가 위급한 때였으나 그래도 제 이익을 내놓고 싶지는 않았던 것이다. 사노비까지 내어놓으라? 공이 있으면 면천을 시키겠다? 아니, 영상이 어찌 저리하시는가. 설마 전하께서 류성룡의 말을 따르시는 것은 아니겠지….

류성룡은 기회를 놓쳐서는 안 될 것이라 생각했다. 신하란, 그 이름이 비록 영상의 자리에 올랐을지라도 신하일 뿐임을 모르지 않았다. 믿어줄 때, 힘이 있을 때, 임금이 자신에 대한 신임을 거두기 전에 추진해야 한다. 임금은 누군가를 오래 믿어주지 않을 것이므로. 언제 한잔 술로 군신

간의 이별을 나누게 될지, 알 수 없는 일이므로. 머뭇거림은… 일의 도둑
이 아니겠는가.

· 진주성 전투 ·

진주성은 임진왜란의 주요 격전지 가운데 하나다. 이미 경상도 대부분의 지역이 일본군에게 점령당한 상황에서도 진주성만큼은 좀처럼 함락되지 않은 채 백성들의 희망이 되었다. 일본군의 입장에서는 반드시 빼앗아야 할 성이었다.

제1차 진주성 전투는 1592년 10월, 일본군의 대규모 공격으로 시작되었다. 진주목사 김시민의 철저한 작전 아래 곽재우, 이달李達 등의 의병부대가 합세했다. 진주성의 백성들 또한 자신들의 삶터를 지켜내고자 목숨을 걸었다. 겨우 3천여 명의 힘으로 수만 명의 적군을 막아냈으니 그야말로 대승이었다. 10월 10일, 성을 포위하고 있던 일본군이 퇴각함으로써 무려 6일 동안의 치열한 전투는 막을 내렸다. 하지만 전투 중에 맞은 탄환으로 김시민이 숨을 거두어 진주성은 탁월한 지휘관을 잃게 된다.

일본군은 이 치욕스런 패배를 잊지 않고 있었다. 제2차 진주성 전투가 시작되었던 것이다. 명과 일본 사이에 강화협상이 한창 진행되며 전면전이 중단되었던 1593년 6월 22일, 일본군은 전력을 집결하여 진주성 공격을 시작했다. 도요토미 히데요시가 직접 공격을 지시하며, "살아 있는 모든 것을 죽여 남기지 마라"라는 명령을 하달했을 정도였다.

조선 측에서도 성을 방어하기 위해 목사 서예원을 중심으로 이치梨峙 전투로 이름 높은 황진, 의병장 김천일, 고종후 등 싸울 만한 장수들이 대거 참전하며 항전의 의지를 보였다. 하지만 대군의 공격을 이겨내지 못하고 8일 동안의 처절한 항쟁 끝에 전멸하고 만다. 구원군도 오지 않는 봉쇄된 성 안에서 더 이상 버틸 힘이 없었던 것이다. 이 2차 전투에는 논개論介의 이야기가 얽혀 전해지기도 한다. 경상도에서 진을 치고 있던 명군은 구원군을 파견하지 않은 채 전쟁을 방기하던 중이었다.

이 제2차 진주성 전투는 사실상 임진왜란의 마지막 대규모 전투로, 이후 전쟁은 정유년 재란이 일어나기 전까지 길고 지루한 강화협상의 시기로 들어서게 된다. 류성룡의 표현 그대로 '전쟁을 하는 것도, 아닌 것도 아닌' 상태로 접어들었던 것이다.

• 도요토미 히데요시의 일곱 가지 강화조건 •

1593년 6월, 명 측에 전달된 도요토미 히데요시의 강화조건은 모두 일곱 가지로 알려져 있다.

1. 강화 약속의 증거로 명 황제의 공주를 일본의 후비后妃로 보낼 것.
2. 무역이 단절되었으니 다시 관선과 상선을 왕래시킬 것.
3. 양국의 인호隣好가 변함없을 것이라는 뜻을 양국 대신들로 하여금 서약하게 할 것.
4. 제시한 조건을 받아들인다면 명과 조선 8도를 분할하여, 그중 서

울과 4도는 조선 국왕에게 주겠다.

5. 조선 왕자를 인질로 일본에 보내고 대신 1~2인도 인질로서 왕자를 호종하게 할 것.

6. 포로로 잡은 조선 왕자들은 다시 돌려보내주겠다.

7. 조선 국왕의 권신은 만세토록 서약을 위반하지 않겠다는 서약서를 작성할 것.

심지어 명 황실과 혼인 이야기까지 들어 있었으니, 이러한 내용을 심유경이 명 조정에 그대로 고할 수는 없었다. 도요토미 히데요시와 만난 자리에서도 명 측에서 절대 불가한 조건으로 꼽은 것이 바로 이 혼인 문제였다. 조선 팔도를 분할한다, 조선 왕자를 인질로 보내라는 요구가 조선에서 받아들여질 수 없다는 것 또한 자명했다. 이에 협상 타결에 모든 것을 걸었던 심유경과 고니시 유키나가는 조금이라도 실현 가능한 조건을 찾느라 또 다른 거짓을 보태며 오랜 협상을 이어가게 되었다.

8장

재 조
再 造

·

1594년
1월
~
1595년
12월

⑤ 서울
광주

류

① 1594년 1월 20일 심유경, 고니시 유키나
가 진영인 웅천에서 '관백항표' 받아 명
으로 출발.

② 4월 14일 사명대사 유정, 울산 서생포에
서 가토 기요마사와 회담.

③ 11월 22일 경상우병사 김응서, 함안에서
고니시 유키나가와 회담.
12월 나이토 조안, 북경으로 들어가 명의
세 가지 강화요건 받아들임. 명, 책봉사
(정사 이종성, 부사 양방형) 파견 결정.

④ 1595년 4월 19일 심유경, 부산의 일본군
진영으로 들어가 강화 및 책봉 일정 논
의.

⑤ 4월 20일 명의 책봉사 서울 도착.

⑥ 11월 22일 책봉정사 이종성, 부산 일본군
진영 들어감.

류 남한산성 순시.

② 울산

함안 웅천
③ ① ④⑥ 부산

매화가 시든 까닭

묻고 있는 것이다. 옳다고 생각하느냐, 아니라고 생각하느냐. 그렇다면 어찌함이 좋겠느냐. 임금의 물음 앞에서… 어째서인가. 류성룡은 어느 봄의 그 매화를 떠올렸다. 설렘으로 꽃을 기다리던, 고향 집의 매화였다.

내가 창가에 매화 두 그루를 심어놓았다. 저절로 싹이 나고 자라서 높이가 한 길에 이르기까지는 참으로 답답하기가 마치 어린아이 자라기를 바라는 듯하였으니, 그것이 대체로 3년이나 되었다. 올봄에 서울에서 고향 집으로 돌아오면서, 이미 꽃이 피었으리라 생각하고 있었다. 대문에 들어서며 서둘러 매화를 찾아보니, 뿌리로부터 두서너 치 위까지 껍질이 벗겨져서 고갱이髓가 나타나고 가지는 모두 마르고 시들어서 다시 살아날 희망이 없는 듯하였다.

놀라 탄식하면서 그 이유를 캐어물으니 심부름하는 동자가 대답하기를 "선생님께서 벼슬하러 먼 곳에 가셨기 때문에 매화의 주인이 없어졌습니다. 이웃집의 염소들이 와서 짓밟으니 어찌 매화가 시들지 않을 수 있겠습니까?" 하였다.

— 류성룡 〈기매記梅〉

주인이 떠난 자리에 남겨진 매화…. 꽃을 기대하는 어리석음이라니. 마르고 시든 그 매화 위로 임금의 물음이 떠돌고 있었다. 임금께서도 아실 것이다. 꽃이 피어나지 못한 이유를. 슬픔이 밀려왔다. 꽃을 달지 못한 매화로 인함인가. 답하지 못하는 스스로에 대한 서글픔 때문인가.

날씨마저도 마음을 알고 있는가. 이 더위에 겹쳐 장마가 시작인가. 혹여 더운 기세라도 가라앉혀줄 빗줄기인가. 습한 기운으로 가뜩이나 힘든 병을 더 몰아붙일 빗줄기인가. 알 수 없는 것이 어디 장맛비뿐인가. 이利와 해害를 짐작할 수 없는 것이 어디 장맛비뿐인가. 힘들게, 간신히 시작하려는 지난봄의 다짐이 다시 발목을 잡혀선 아니 되거늘.

훈련도감에서 진관제도까지

봄을 막아서는 것이 전쟁만은 아니다. 길을 막아서는 것이 왜적만은 아니다. 차갑게 닫힌 마음 앞에서 깨어나던 봄도, 다져지던 길도 때론 제자리를 놓친 채 서성이곤 한다. 아직 봄이 올 때가 아니라고, 길을 떠날 때가 아니라고. 처참한 가을 뒤에 이어진 봄은 더욱 처참한 것일 수밖에 없겠으나. 그래도 봄이 왔다고, 이야기해주는 누군가는 있어야 할 터. 다시 가을이 되면 웅크린 채 흘려보낸 그 하루의 봄이 아쉬울지도 모를 일이다.

가을을 헤아리기에도 까마득한 봄날이었다. 갑오년甲午年(1594) 류성룡의 봄은 사람의 마음을 근심하면서 시작되었다. 이 하루를 후회하지 않으려면… 반대하는 마음도, 식어버린 마음도, 일어서지 못하는 마음도. 모두가 품고 가야 할 마음들이었다.

여러 달을 준비해온 훈련도감 설치를 윤허 받았다. 언제까지 명군에게만 의존할 수는 없는 일. 그 피해도 만만치 않았다. 결국 우리 군사들을 키워야 했다. 조직을 갖추어 군사를 새로 훈련할 수밖에, 다른 방법이 없었다. 훈련도감의 도제조를 맡아 병조판서 이덕형을 부제조로, 무장인 조경을 대장으로 삼고 자신의 종사관을 지낸 신경진을 낭속으로 참여케 했다. 제대로 해낼 만한 이들과 함께 작지만 단단하게 시작하려 함이었다.

시작하겠다고 시작하니 불평이 꼬리를 물며 이어졌다. 신분을 가리지 않고 사노비까지도 모두 군사로 삼겠다 했으니. 나라가 나의 것을 빼앗겠다는 것인가. 불편한 마음들이 여기저기 불거져 나왔다. 임금도 벼슬아치들의 눈치를 보며 조심스레 류성룡에게 걱정을 내놓았다. 무엇보다도 이미 훈련된 사노비를 다시 주인이 데려간다면 어쩌겠느냐는.

류성룡이 아뢰기를 "공천·사천을 막론하고 모두 군사로 편입시켜야 합니다" 하였다. 상이 이르기를 "적이 물러간 다음 그 주인이 찾아간다면 훈련도감의 호령도 시행되지 않을 것이다" 하니, 성룡이 아뢰기를 "적이 물러간 뒤를 기다릴 것도 없이 지금도 이미 그러합니다" 하였다. 상이 이르기를 "이미 노주奴主의 분의分義가 있으니 그 상전이 잘 조처하여야 할 것이다" 하니, 성룡이 아뢰기를 "어찌 사람마다 좋게 할 수 있겠습니까. 지금은 처첩까지도 항오行伍에 편입해야 할 때입니다. 국초에 김종서는 대간으로 있다가 하향한 사람까지도 군역을 정하고자 했다 합니다. 지금이 어느 때인데 감히 노주를 따지겠습니까" 하였다.

– 《선조실록》 1594년 2월 27일

적이 아직 물러가지 않았으나 이미 노비를 군사로 내놓는 데 반발이 만만치 않은 상황이었다. 하지만 그들의 모든 얘기를 들어가며 큰일을 도모할 수는 없었다. 지금이 어느 때인데 감히 나라 앞에서 사익을 내세울 것인가.

"전하. 사가의 노비라 하여 이 나라의 백성이 아니란 말입니까. 그들을 온전히 백성으로 삼아 나라의 근간을 더욱 굳게 해야 할 것이옵니다."

류성룡은 임금의 마음이 흔들리지 않도록 단호히 아뢰었다. 노비 또한 나라의 백성이다. 수많은 양민이 사가의 노비로 전락하는 것도 나라에는 큰 문제였다. 도무지 양민이 부족하니 무얼 해볼 수 있겠느냐, 임금 또한 크게 역정을 내지 않았던가. 군사로도 쓸 수 없고, 세금도 내지 않는 백성 아닌 백성들이라니…. 지금은 나라의 존망을 앞에 둔 때다.

보이지 않는 것을 믿기는 어렵다. 아니, 원치 않는 것은 보고 싶어 하지 않는 것이 사람의 마음이다. 임금께 보여드려야 한다. 마음먹으면, 시작한다면 이루어질 수 있음을. 도감에서 훈련하는 군사들을 친림親臨하여 살펴보시게 했다. 이렇게 군사들이 준비되고 있노라고. 사람은 보이는 것을 믿는 법이다.

훈련도감을 설치하고 류성룡을 도제조로 삼았다. (…) 기민飢民을 모집하여 군대를 편성하니 응모자가 자못 모여들었다. (…) 상이 습진習陣에 친림한 이후로 도감군에게 항상 숙위宿衛와 호종을 하게 하였는데, 나라에서 이 군대의 힘을 많이 의지하였다. (…) 도감의 설치에 대해 비평이 많았지만 류성룡이 군은 결의로 담당하였기 때문에 겨우 파하지 않을 수 있었다.

－《선조수정실록》 1594년 2월

제법 오래도록 불평은 이어졌다. 하지만 류성룡에게 더 중요한 것은 군사로 편입되는 이들의 마음을 살피는 일이었다. 강제로 군사를 끌어오는 것은 실효가 크지 않을 터이니 즐겁게 자원할 수 있도록 해야 한다. 파격적인 조치가 필요했다. 공이 있다면 상을 아끼지 않고, 노비에게도 면천의 기회를 줄 것이다. 떠도는 기민들을 살려낼 기회이기도 했다. 소문을 내어 의지할 근거로 삼고, 나라가 다시 일어설 것임을 널리 알리는 것도 중요한 일 아니겠는가.

총 쏘는 법을 교습시키되 일체를 요즈음 훈련도감에서 권장하는 규정에 의거하게 하소서. (…) 우등의 등급을 나누어 혹 금군禁軍을 삼기도 하고 혹은 면천이나 면역免役을 시켜주어, 사람들로 하여금 그곳에 소속되기를 즐거워하게 하소서.

― 《선조실록》 1594년 3월 1일

일단 훈련도감의 자리를 안정시킨 후, 부제조 이덕형에게 모든 일을 맡도록 했다. 일의 성공은 맡은 자의 자질에 달려 있지 않은가. 믿을 만한 인물이었다. 군사에 관한 일을 오직 병조 한곳에서 전담할 수 있도록 임금께 청하였다. 그리되어야 이덕형이 병조와 훈련도감을 함께 아우르며, 하고픈 일을 제때에 추진할 수 있을 것이다. 호령이 여러 군데서 나오면 일의 진행이 어수선한 법.

류성룡은 눈을 돌려 다른 일들을 준비해야 했다. 서울에 중심을 잡았으니 이제 전국의 군사 조직을 돌아볼 때였다. 역시 진관제가 낫겠다는 생각이었다. 3월, 임금께 진관제 복구를 진언했다. 때를 놓쳐 후회하는 일은 한 번이면 족하다. 전쟁이 시작되던 그날의 참담함을 다시 떠올렸다. 그때를 기억해보라. 제승방략의 문제점은 이미 이일이 패했던 상주 전투가 말해주질 않았는가. 패전이 장수의 책임만은 아니었다.

> 적변이 일어나기 전, 신의 좁은 소견이 우연히 여기에 이르게 되어 비변사의 계사 가운데에 여러 번 말하였으나, 이를 어렵게 여기는 지방관이 있어 마침내 시행하지 못하였습니다. 임금께서는 기억하고 계신지 알 수 없으나 신의 마음에는 지금까지 남은 한이 있습니다. 대개 앞일을 징계하면 뒷일을 삼가게 되고, 옛일을 거울삼으면 지금을 도모할 수 있습니다.
>
> ─ 〈진관제를 정비하여 거행하기를 청하는 계사請修擧鎭管之制啓〉 1594년 3월

마음에 한이 되었다고, 임금께 솔직히 털어놓았다. 앞일을 징계하여 뒷일을 삼가야 함을, 이 끔찍한 전쟁을 겪고도 깨닫지 못한다면 무엇을 도모할 수 있겠느냐고. 임금은 이 또한 받아들이겠다고 했다. 전국에 영을 내려 그대로 시행하겠노라고.

불평과 비방이 어찌 없으랴

훈련도감이 자리를 잡으며 임금의 마음을 얻게 되자, 불편해하던 이들도 불편함을 대놓고 말하기는 껄끄러워져버렸다. 그렇다고 그저 받아들일 수는 없었으니.

·류성룡, 7년의 전쟁·

"집안에서 부리던 자들이 무슨 도움이 된다는 말씀인지⋯. 싸움이라곤 해본 일 없는 자들이 아닙니까. 오히려 군기나 그르치지 않을까 걱정입니다."

"왜 아니겠소이까. 곡식도 부족한 이때에 저들을 먹이자면 군량만 더 축이 날 터인데⋯ 백성들을 먹여 살릴 걱정이 먼저인 게지요. 영상의 충심이 지나쳐 앞뒤를 잘 살피지 못하신 듯합니다."

백성을 내세웠으나 정작 그들에게 죽 한 그릇 내어준 일 없는 자들 아닌가. 류성룡의 눈치를 살피며 상황의 약점을 노리는 말이었다. 하긴, 병사가 아니라 군량이 먼저임을, 류성룡보다 더 절실하게 느껴본 이도 없을 것이다.

"정녕 옳은 말씀이십니다. 군량보다 더 큰 문제가 어디 있겠습니까. 여러 신료들의 걱정이 이러하니 나라가 참으로 복이 많습니다."

의외의 답에 오히려 당황하여 모두들 숨을 죽였다. 류성룡이 쉽사리 물러날 리는 없는데⋯ 어쩐 일인가.

"모두의 뜻이 그러하니⋯ 좋은 방법을 찾아 전하께 올리도록 하겠습니다."

모두의 뜻이라고? 좋은 방법을 진언한다고? 혹여 제 것을 더 내어놓으라 할까 걱정이 앞섰다. 대체 군량미를 어디에서 덜어내겠다는 것일까. 지금의 형세라면 임금이 류성룡의 뜻을, 어지간하면 따른다고 하실 터다. 드러내놓고 아긴다고 하기는 어려웠으나 그를 믿고 있는 것만은 분명해 보였다.

류성룡의 걱정도 사실 곡식에 있었다. 군사를 모집하는 것이야 어려운 일은 아니다. 유지하는 것이 문제였다. 군량미⋯ 결국 방법은 하나뿐. 쉬이 말을 내놓지 못하는 것은 생각에 대한 확신이 없어서는 아니었다. 다시 반복될지도 모를 과정을, 그리고 실패를 생각지 않을 수 없음이었다. 누구라 한들 없는 곡식을 만들어낼 재주가 있겠는가. 결국, 생각을 바꾸어야 했다. 낡은 것들과 결별할, 마음의 준비가 필요했다.

지금은 전란 중이다. 어차피 다시 시작해야 한다면 차라리 지금이 기회일지도 모를 일. 나라의 모든 것을 다시 만들어가야 할 터이니…. 하지만 마음 단단히 다져야 하리라. 곡식 문제는 결국 세금 문제였으니. 세금을 손보는 일 뒤에서, 내놓아야 하는 자들이 그저 손 놓고 기다리지는 않을 것이다. 누군가의 것을 가져와 나라와 백성의 이익으로 돌려놓아야 할 일이었으니. 게다가 그 누군가는 임금 가까이, 조정 안에서 호령하는 이들 가운데 퍼져 있을 터였다. 보이는 왜적보다도 더 두려운 것은 진심을 감춘 채 공론 뒤로 자신의 이익을 숨겨놓은, 우리들 가운데의 그 누군가였다.

그렇게 세금 대책을 세우느라 골몰하고 있을 때, 다시 병이 도져 공무와 병가를 반복하며 근심으로 분주하고 있을 때. 임금의 물음이 전해진 것이다. 어찌하면 좋겠느냐고.

강화, 조선의 힘을 빌려오자

5월 17일. 호택胡澤이 들고 온 한 장의 공문이 문제의 시작이었다. 송응창을 대신하여 경략에 임명된 고양겸*이 보낸 것이었다.

---

* 고양겸顧養謙. 송응창이 파면된 뒤 경략으로 임명된 명의 관리. 조선 전쟁을 강화로 끝내고자 하는 석성 파에 속하여, 황제에게 일본 봉공 요청 주문을 올리도록 조선을 압박했다.

새로 경략으로 요동에 온 고양겸이 참장 호택에게 공문을 들려 보내서 우리나라의 신하들에게 타일렀는데 그 대강은 이러하다.

"(…) 지금은 군량미도 다시 운반할 수 없고 병사도 다시 쓸 수 없는데, 마침 왜놈이 우리의 위력을 두려워하여 항복을 청하고 봉공을 애걸하였다. 우리 조정이 진실로 저들의 봉공을 허락하여 외신外臣이 되는 것을 용납함으로써, 왜인들이 모두 바다 건너 돌아가 다시 너희를 침략하지 못하게 함으로써 난리를 끝내고 병사들을 쉬게 할 것이니, 이는 너희 나라를 위하여 멀리 내다보는 계책이다. (…) 너희가 왜를 위하여 봉공을 청해서 만약 정말 이 요청이 받아들여진다면 왜는 틀림없이 중국에 감동할 것이고 조선을 고맙게 생각하여 철군할 것이다. 왜가 물러난 뒤에 너희 나라 임금과 신하들이 노심초사하고 와신상담하여 구천의 행동을 본받는다면, 하늘은 인과응보를 좋아하니 어찌 너희가 왜에게 복수할 날이 오지 않겠는가?"

– 《징비록》

조선으로서는, 특히나 조선의 임금으로서는 도저히 들을 수 없는 말이었다. 명에서 어찌 이럴 수가 있는가. 적과 화의를 맺는다며 지난 1년을 그저 시간만 끌고, 그렇다고 적군을 물러나게도 하지 못한 채, 그렇게 버티던 중 아니었는가. 그런데 이제 와서 요청 아닌 협박을 해온 것이었다. 조선도 왜국과의 화의를 원하고 있으니, 저들에게 봉공을 허락해 달라는 주문奏文을 올리라…. 명과 왜국이 화의를 논하는 것만으로도 이미 치욕스러운 일이었다. 그런데 조선에서 이를 황제께 주청해 달라?

조정에서는 그야말로 한바탕 난리가 났다. 임금은 원수와의 화의를 청하다니 차라리 죽느니만 못하다. 이런 꼴을 당하려고 왕위를 지켰더란 말인가, 그러기에 선위를 하고 시골에 묻혀 있으려 했다. 그대들이 나를 붙들어두어 욕되게 한다, 며 신하들에게 대책을 논하라 명을 내렸다.

신하들 또한 당황스럽기는 마찬가지였다. 심유경이 왜의 사절과 함께 명으로 들어간 줄 알고는 있었으나, 조선 스스로 어찌 그런 말을 내놓는단 말인가. 하지만 헤아림 없이 함부로 찬성도, 반대도 할 수 없는 것이 조선의 입장이다. 고양겸의 협박처럼, 정녕 명군이 모두 철수한다면 이야말로 큰 문제였기 때문이다. 일이 어찌 여기에 이른 것일까. 대체 명에서 무슨 일이 일어나고 있었는가.

명쾌하게 답을 내리지 못한 채, 명의 상황 또한 여전히 복잡한 중이었다. 일단 강화파 쪽이 어려움에 처했다. 병부상서 석성과 경략 송응창은 급조한 사절단을 일본까지 보내었으나, 자신들의 예상처럼 일이 쉽게 풀리지 않았던 것이다. 도요토미 히데요시를 너무 가볍게 본 것이 문제였다. 대명 황제가 책봉을 내린다면 넙죽, 감사를 표하고 항서降書를 바친 후 조선에서 모든 군사를 거둘 것으로 생각하였으나, 그저 명의 생각일 뿐. 일본의 도요토미 히데요시야 무어 그리 다급할 것이 없었으니. 자신의 요구사항을 조목조목 명 측에 전해놓고 기다리는 중이었다. 항서 따위를 바치지 않았음은 물론이다.

중간을 오가는 심유경으로서는 도요토미 히데요시의 요구 사항을 상부에 얼버무리며 어떻게든 강화를 진행하려 하였으나. 하지만 송응창은 항서가 없다면 봉공 요청을 받아들일 수 없으며, 왜의 사신도 명으로 입국할 수 없으리라 했다. 결국, 심유경은 다시 고니시 유키나가를 만나 상황을 조율할 수밖에 없었다. 고니시 유키나가 또한 난감하긴 마찬가지였다.

1594년 1월. 웅천에 주둔 중인 고니시 유키나가의 진지를 나서는 심유경의 손에는 송응창이 요구한 도요토미 히데요시의 항서가 들려 있었다. 곧바로 서울을 거쳐 요동을 지나 북경으로 들어가 이 항서를 바치기에 이르렀으나. 하지만 상황이 상황인지라 항서의 진위에 대한 의견이 분분할 수밖에 없었다. 이것이 도요토미 히데요시의 것이냐, 고니시 유키나가가 그의 뜻을 받들어 작성한 것이냐, 아니면 위조해서 보낸 것이냐.

강화를 반대하는 측에서는 이를 묵인할 수 없었다. 도요토미 히데요시가 항복을 청했다고 보기엔 미심쩍은 일이 너무 많았기 때문이다. 조선에서 왜군이 철수했다는 보고도 사실과는 같지 않음을, 대략들 알고 있기도 했다. 강화를 위해 또 다른 거짓이 진행되고 있을지도 모른다는 의심은, 조선에서 보내온 주문으로 인해 더욱 깊어졌다. 왜군들이 아직 철수하지 않았으며, 심지어 대규모의 공격까지 있었다는 내용이었다.

이러니 명 조정에도 논란이 없을 수 없었다. 송응창은 물론 제독 이여송도 탄핵을 피하지 못했으며, 병부상서 석성에게 책임을 묻게 될 상황으로 치달았다. 석성은 정치적 생명을 걸겠다고 나섰다. 약간의 혼선은 있었으나 본의는 그렇지 않다, 믿어 달라, 명의 군마를 더 징발할 여력도 없지 않은가, 깔끔하게 강화를 마무리하여 조선에서 왜적을 모두 물러나게 하겠다, 일이 잘못된다면 자신의 자리를 내어놓겠노라고.

강화파로서는 어떻게든 강화를 조속히 마무리해야 했다. 어찌하면 좋을 것인가. 고니시 유키나가가 보낸 나이토 조안은 아직 입조를 허락받지 못한 채 요동에서 기다리는 중이었다. 고니시 유키나가로서는 그 진위야 어찌 되었건 요구받은 항서까지 보내준 상태였다. 만약 명 조정의 확답을 받지 못한다면, 그 또한 더 이상 도요토미 히데요시에게 강화를 요청할 수 없을 것이다. 강화파는 고민에 빠졌다. 어떻게 할 것인가.

누가 우리를 도울 수 있을까…. 조선을 이용하면 어떨까. 조선 또한 화의를 원하고 있다고, 일본의 봉공을 허락해 달라고, 그들이 직접 주청한다면 황제께서도 흔쾌히 허락하실 일이 아닌가. 하지만 조선이 고분고분 따라줄 리 만무했다. 가뜩이나 강화협상에 불만을 품고 사신까지 들여보내 문제를 만들지 않았는가. 달랠 수 없다면… 압박하는 길뿐이다.

우리를 돕지 않는다면… 조선 땅에 있는 명군을 모두 철수하겠다. 조선이 반대하여 봉공이 무산되었은즉, 이후에 있을 일본의 보복에 대해 우리 또한 어쩔 수 없는 일. 그대 나라에서 사신까지 보내는 탓에, 왜군과 싸우며 애를 썼던 경략에서 제독까지 모두 탄핵을 받고 파직까지 당했으니 어찌 그 마음에 섭섭함이 없겠는가. 그러니 이제 명 조정에서 누가 그대 나라를 위해 나서주겠는가. 석성이 자리를 잃는다면 조선을 위해 이야기해 줄 그 누군가도 남지 않을 것이다. 차라리 봉공을 청하여 왜군을 물러가게 한 후에, 그다음 절치부심 일어서는 것이 계책 아니겠는가. 이 기회를 놓치면 강화도 다시 도모하기 어려울지 모른다. 자, 선택하라. 어찌하겠는가.

종사와 백성을 위해서라면

자, 어찌하면 좋겠는가. 임금은 신하들에게 대책을 말하라 했다. 신하들 또한 봉공 주청 따위는 생각하지 못할 일이었다. 하지만 경략의 요청을 거절했을 때, 그때의 문제에 대해서는 답을 내릴 수가 없었다. 의리상으

로는 그런 주문을 보낼 수 없었다. 하지만 현실이 명분대로만 흘러가던
가. 임금은 다시 신하들에게 그 짐을 넘기고 있었다. 나는 차마 하지 못하
겠노라…. 경들이 의논해보라.

그때, 한 통의 장계가 다시 임금을 분노로 몰아넣었다. 고압적으로 협
박하는 상국의 공문도 아니었다. 자신의 신하인, 전라도 관찰사 이정암*
이 올린 장계였다.

> 옛날에 임금이 종사와 백성의 대계를 위해서는 심지어 육단肉袒과 견
> 양牽羊도 욕스럽게 여기지 않았습니다. 하물며 이러한 처지에까지 이
> 르지 않은 경우이겠습니까. 지금 경략이 독부督府에 공문을 보내어
> 명군을 머무르게 하고, 사신을 보내어 화친을 약속함으로써 군사를
> 물러가게 한다면 힘쓰기가 쉬울 것이지만, 이때를 넘기면 후회해도
> 소용이 없을 것입니다.
>
> — 《선조실록》 1594년 5월 22일

나라의 위급한 형세를 걱정하며, 일단 적을 물러가게 한 연후에 큰일을
도모해야 함을 토로한 것이었다. 종사와 백성을 위해서라면, 차라리 그것
이 방법이겠다고.

하지만 임금의 마음은 그럴 수 없었다. 아니, 드러내놓고 그렇다고 할
수는 더욱 없었다. 조정의 신료들도 가만있지 않았다. 감히 화의를 논하다

---

* 이정암李廷馣. 1541~1600년. 1561년 문과 급제. 1592년 9월 연안성에서 구로다 나가마사의 제3군에게
승리함으로써 황해도의 주요 거점을 지켜냈다. 이후 전라도 관찰사로 치적이 높았으나, 문제의 강화 장계로 다
시 파직과 복직을 오가게 된다.

니… 파직하여 그 죄를 물어야 한다는 상소가 빗발쳤다. 나라와 임금에 대한 충심이 있는 자라면, 의당 이 탄핵에 동참해야 할 것 같은 상황이었다.

하지만 모두가 같은 생각은 아니었다. 봉공을 청하는 것은 있을 수 없으되, 나라의 형편이 다급하니 이정암의 충정 또한 충정일 수 있다, 는 의견이 조심스레 흘렀다. 하지만 좌참찬左參贊 성혼*의 이 진언에 임금이 다시 말꼬리를 잡으며 노기를 띠게 된 것이다. 어찌 보면 임금으로서는 차라리 숨통이 트인 것인지도 모른다. 나는 굳은 의지로 반대하였으나… 그럴 수 없다는 신하들도 있는지라…. 그러니 어쩔 수 없을지도 모르겠다…. 결국 병으로 누워 있는 류성룡에게 사람을 보냈다.

"영상의 병은 아직 차도가 없는가. 가서 영상의 뜻을 물어보라."

조정에서 그것이 불가함을 알았으면, 버려두면 그만이지 심각하게 질책할 필요까지는 없을 듯합니다. (…) 옛날에 오나라 장소張昭가 조조曹操를 맞이하자고 청하였는데 이것 또한 한마디 말로 나라를 그르친 사례입니다. 그러나 이것 때문에 장소를 죄주었다는 말은 듣지 못했고, 오직 쓰지 않았을 따름입니다.

– 《선조실록》 1594년 5월 27일

류성룡은 이정암의 말이 옳지 않다고 여긴다면 쓰지 않으면 그만이라 했다. 나라가 어려운 때이니 저마다의 고민에 따라 여러 의견이 나올 수

---

* 성혼成渾. 1535~98년. 전란 시 왕세자의 분조를 돕기도 했으나, 갑오년 이정암의 장계를 옹호하여 훗날 강화파로 몰리게 된다. 편지로 주고받은, 친구인 율곡栗谷 이이와의 '우율논변牛栗論辯'으로 유명하다. 호는 우계牛溪.

도 있을 터. 이것으로 죄를 물을 필요는 없다는 말도 덧붙였다. 이정암이라면 민심을 얻고 있는 보기 드문 관찰사였으니, 그를 대신할 만한 인물을 얻을 수 없다면 가벼이 자리를 바꾸어서는 아니 될 것이라고.

하지만 영상의 뜻을 물으라 명했던 임금은 체직을 반대하는 영상의 뜻을 따르지는 않았다. 오히려 자신 또한 선위하겠다며 다시 조정을 압박하고 나섰다. 자신이 자리에 있으면서는 차마 봉공을 청할 수 없는 일이니 세자가 왕위에 오른 후에 알아서들 정하라, 하교하였다

신 또한 사직하기를 원하나이다

———

그다음 날, 류성룡 또한 사직의 차자를 올렸다. 내용은 병을 내세운 사직의 청이었으나, 임금의 신임과 의지에 대한 물음이기도 했다. 류성룡은 이런 식으로는 아니라는 생각이었다. 지금이 이런 일에 힘을 뺄 때인가. 다시 숨고 싶어 하는 임금이었으나 자신 또한 숨겨줄 곳이 없었다. 조선 안에서 해결할 일이 아니었던 것이다. 임금께서 선위를 하신다고 하나, 세자는 지금 분조를 이끌고 남쪽에 머물고 계시질 않은가. 당장의 선위가 불가함을 모두가 모르지 않았으니. 임금은 다시 숨을 곳을 찾으려는 것뿐이다.

> 서울과 지방에 기근이 심한 데다가 군량미를 운반하느라 지친 노약자들이 도랑에 굴러다니고, 건강한 사람들은 도적이 되었으며 역병까지 겹쳐서 거의가 다 죽었다. 부모자식과 부부가 서로 잡아먹는 지

경이었고 사람 뼈가 들풀처럼 흩어져 있었다.

－《징비록》

나라가 처한 지경이 이런 정도였다. 어서 이 논란에 답을 내리고 내치에 힘을 쏟아야 한다. 물론 봉공은 차마 청할 수 없는 일이었다. 그러니 성혼도, 류성룡 자신도 최소한의 것을 지키면서 명과의 관계를 조절할 수밖에 없다고 진언한 것이었다. 우리로서는 청할 수 없는 일이니 그 결정을 다시 명 황제께 온전히 맡기겠다, 돌려 말할 수도 있는 일 아닌가.

임금께서 노하여 머뭇거리는 것은… 나서서 할 수 없는 까닭일 것이다. 그 책임을 누군가에게 미루고 싶은 마음이신 게다. 그래야 한다면, 그리하겠다. 신하로서 어찌 군주를 위해 욕을 감당치 못하랴. 하물며 수상의 자리에 있었으니 어느 쪽으로 의견이 모아지더라도 그 책임을 피할 수는 없을 터. 하지만 임금께서 어서, 어느 쪽으로든 결정해야 할 일 아닌가.

사실 류성룡으로서는 병으로 공무를 보기 어려운 날이 많다는 말이 핑계는 아니었다. 잠잠해지는가 싶던 병증이 다시 심하게 오르내리는 중이었다. 할 수 있다면, 할 사람만 있다면… 정말 쉬고 싶었다. 하지만 그럴 수 없음을 그도, 임금도 잘 알고 있었다.

임금은 마음을 정해야 했다. 신하들이 병으로 체직을 청한 것이 드문 일은 아니었으나 이번에는 윤허하지 않는다, 그저 간단히 지나칠 수는 없었다. 임금에게 뜻을 정하라는, 그 말을 하고픈 것일 터. 사직을 윤허하지 않으려면 자신 또한 선위의 명을 거두고 봉공 문제를 어떤 식으로든 결정하지 않으면 안 될 일이다.

류성룡이 없는 조정이라… 아무래도 이건 아니었다. 신하는 많았으나 이 국난의 때에 그를 대신할 자는 없었다. 병이 심한 줄 알면서도 매일같이 비변사의 낭관을 보내어 사안을 논의하고 그 뜻을 묻는 까닭이 무엇이랴. 결국 그의 사직을 만류하는 답을 내렸다. 어찌 이리 자신의 마음을 몰라주느냐는 서운함을 담아. 임금과 신하가 할 수 있는 일이 다르니⋯ 어서 나와서 이 봉공의 문제를 해결하라, 는 명이기도 했다.

이 사직소가 어찌하여 이르렀는가. 한번 보고는 가슴이 뛰어 마음을 진정하지 못하였다. 혼매한 나의 심사를 경이라면 아마 살필 수 있을 터인데도 오히려 이해해주지 않으니, 다른 사람이야 말할 것이 무어 있겠는가. (⋯) 대신의 도리는 일시의 사세를 헤아려 힘써 국가를 보존할 계책을 마련하고 널리 간난을 구제하는 것을 그 직임으로 삼아야 하는 것인데, 어찌 구구하게 일시적인 계책에만 집착해서야 되겠는가. 옛날 제갈공명이 사신을 보내어 오나라를 치하하였던 것은 바로 이런 뜻에서였다. 그러므로 지금 이 일은 경에게는 옳은 일이겠지만 나에게는 옳지 않은 일이다. (⋯) 나는 물러가야 할 몸인데도 물러가고자 하면 경은 안 된다고 하여 그 일을 이루지 못하게 하면서, 경은 국가의 안위가 걸려 있는 몸으로서 도리어 사직하여 물러가고자 하는 뜻을 누차 언사에 나타내고 있으니, 어찌하여 자기를 처우함과 남을 처우함이 이렇듯 다르단 말인가. 불가하지 않은가. 사직하지 말라. 요즈음 같은 장마철에, 더위와 습기 가운데 더욱더 조섭을 잘해주기를 간절히 바란다.

— 《선조실록》 1594년 5월 28일

황제의 선택을 기다리다

조선에서 주문을 짓느라 부산하던 사이. 6월, 경략 고양겸이 해임되고 그 자리에 손광*이 새로 임명되었다. 지금까지의 경략들과는 달리 강화를 주장하는 무리가 아니었기에 조선에서는 다시 상황을 살펴야 했다. 주문을 올리더라도 혹여 다른 내용을 담아야 하는 것은 아닐까, 한 글자 한 글자로 고민이 깊었음이다.

하지만 강화를 내세우지 않는 것이, 조선의 전쟁을 책임지겠다는 뜻은 아니다. 오히려 조선에 정동행성**을 설치하여 내정을 직접 관할하는 것이 낫겠다는 생각이었으니. 조선의 국왕은 오직 백성만을 다스리고, 조세 등 모든 일은 명에서 파견한 순무巡撫가 관장하며 신하들 또한 행성에 소속시켜야 한다는 것이었다.

> 류성룡이 아뢰기를 "손 시랑이 오는 것은 더욱 걱정됩니다. 전조前朝에 다루가치達魯花赤가 나왔을 때에도 그 변고가 이루 말할 수 없었습니다" 하였다. 상이 이르기를 "우리나라의 형세로는 절대로 이 적을 당할 수 없으니 중국 사람이 이 땅에 와서 둔병하고 둔전***한다면 안 될 것도 없다" 하니, 성룡이 아뢰기를 "명조의 장관將官들은 대부분 거

---

* 손광孫鑛. 고양겸을 대신하여 경략에 임명된 명의 관리. 조선에 정동행성을 설치하여 명이 직접 관장하자는 뜻을 가지고 있었다. 명군의 둔전 설치에 대해서는 이후 전란 기간 내내 명 지휘부의 요청이 이어지게 된다.
** 정동행성征東行省. 고려시대 원나라에서 고려에 설치했던 일종의 전방사령부. 다루가치는 원 조정에서 고려에 파견한 관리로, 본국의 명에 따라 고려 내정에도 간섭하는 등 폐해가 컸다. 손광 또한 명에서 순무 등의 관리를 파견하여 '직접 관할'하는 체제를 생각했던 것이다.
*** 둔병屯兵. 둔전屯田. 주둔병의 군량 지급을 위해 마련한 토지. 여기서는 명군이 직접 거주하며 군량을 조달하는 상황을 말한다. 둔병이 둔전을 한다는 말은, 외국군의 '상시주둔' 내지는 '장기주둔'의 상황을 내포하는 일이기에 류성룡이 그 폐해를 걱정하며 반대했던 것이다.

느리는 군사를 단속하지 않습니다. 만약 우리나라에 포진하고 있으면서 갖가지로 폐단을 일으킨다면 그 피해는 이루 말할 수 없을 것입니다" 하였다.

—《선조실록》 1594년 6월 18일

류성룡은 강화보다도 오히려 이 문제가 더욱 걱정이었다. 이미 고려조에 있었던 다루가치의 피해로 미루어볼 일이었다. 하지만 임금은 어찌 저리 말씀하시는가. 우리 힘으로 왜적을 막지 못할 바에야 명의 처분에 모든 것을 맡기겠다는, 그런 마음인 것인가.

그럴 수는 없다. 이 땅을 왜적에게 내어줄 수 없는 것처럼, 명군의 지배 또한 허락할 수 없는 일. 그리된다면 어찌 그 나라를 조선이라 말할 수 있으랴. 이미 명군의 폐해를 전장에서 익히 보아온 류성룡이었다. 나라의 힘을 키워야 한다. 어서 이 지루한 논의를 마치고 내실을 다져야 한다. 전쟁을 하는 것도, 아닌 것도 아닌 이 시간을 끝내야 한다. 이미 주문을 보낸다는 국왕의 허락이 전해졌으니 보내지 않을 수는 없었다. 조용히, 빠르게 마무리하는 것이 차라리 조선의 앞일을 위해 나은 일이 아닐까. 하지만 비난이 없을 수 없었다.

"전하. 나라가 비록 망하더라도 대의를 잃어서는 아니 되는데 신은 대의마저 잃을까 두렵습니다. 주문을 올려서는 아니 되옵니다."

"나의 본의도 그러하다. 하지만 오늘의 형세가 이미 이와 같으니 어찌할 수 있겠는가."

대의를 잃으니 차라리 나라를 잃는 것이 낫다는 부수찬 정엽鄭曄의 말에 동조하는 이들도 적지 않았다. 주문을 올리느니 온 나라 군신이 함께 싸우다 죽는 것이 떳떳한 일이라, 의연히 외치는 이들도 있었다. 임금 또한 형세에 밀려 어쩔 수 없이 따르는 것이라고 하였으나. 누군들 나라를 짓밟은 왜적과 화의를 원하겠는가. 하지만 복수가 쉬운 일인가. 차라리 대의 앞에 한 번 죽는 것은 어렵지 않은 일이다. 치욕을 참으며 백성을 보존하여 다시 나라를 일으키는 일이, 그 시간들이 힘든 것일 터. 오히려 일을 추진해야 하는 이들의 걱정은 봉공을 허락 받고도 왜적이 철수하지 않을까, 그것에 있었다.

> 위엄으로 두렵게 하여 완악함을 징계하고 사랑으로 붙들어 매어 화란을 늦추게 하니, 이 두 가지는 옛 제왕들이 오랑캐를 막는 큰 방편으로서, 모두 흉포한 것을 금지하고 백성을 보존하는 방법입니다. (…) 시기와 형세에 따라 조처하는 것은 오직 성조*에서 선택하실 뿐입니다.
>
> ─ 〈적의 정세를 진술하는 주문陳賊情奏文〉 1594년 6월

봉공이라는 말을 피해가며 애매하게, 명 측의 뜻을 대놓고 거스르지 않게. 왜적을 위엄으로 징치하든 사랑으로 품어주든, 그 선택을 오직 황제에게 맡긴다 했다. 이호민李好閔과 심충겸이 초한 글에 류성룡이 붓을 더했다. 임금이 짐짓 발을 뺀 상황이니 수상이 져야 할 책임이었다. 치욕 앞에서 입술을 깨물고 비난 앞에서 눈물을 삼켰다. 결국, 주문을 받든 사신이 명으로 떠났다.

그 뒤, 명에서 강화를 금했다는 소식이 들려오기도 했다. 다시 원군을 보내어 왜군을 섬멸할 것이라는 소식에, 그 진위를 의심하면서도 잠시 반

---

* 성조聖朝. 천자의 나라. 곧 명을 말함.

색의 활기가 돌기도 했다. 하지만 강화가 깨어지면 명군이 지킬 전선은 결국 압록강이 될 것이라는 전언도 있었으니. 그야말로 저마다의 경로에 따라 저마다 다른 이야기가 흘러들었다.

남쪽에 주둔 중인 왜군 또한 북경의 소식을 기다리며 어정쩡한 중이었다. 일본 제1, 2번대의 주장主將인 고니시 유키나가와 가토 기요마사가 각자의 선을 대어 조선에 은밀히 협상을 제안해오기도 했다. 주전파인 가토 기요마사까지 만남을 청하였으니 그들의 사정 또한 다급하고 답답했다는 뜻일 터. 한쪽에서는 사명대사 유정과 가토 기요마사가, 다른 한쪽에서는 경상우병사 김응서와 고니시 유키나가가 만났다. 두 왜장은 서로가 서로를 비난하며 상황의 주도권을 잡으려 했던 것이다. 문제의 그 항서가 거짓이라는 말 또한 가토 기요마사에게서 흘러나왔다. 무엇이 진실이고 무엇이 노림수인가.

제안이 만남으로, 만남이 의논으로, 그리고 그 의논이 언쟁으로 번지면서. 줄 것과 받을 것의 차이를 확인하고, 결국 돌아서고 다시 만나는. 그야말로 돌고 도는 회담이 계절이 바뀌도록 이어졌다. 불구대천 원수들과의 회담 자체를 대죄로 다스려야 한다는 비난이 일었으나, 이를 이용할 만하겠다는 의견도 없지 않았다.

하지만 회담은 회담이고 전선은 전선이다. 싸우지 않는 군사도 먹어야 하루를 견딜 수 있는 법. 가을이 되면서 들판의 곡식을 두고, 노략질하려는 왜군과 지키려는 조선 사이의 전투를 피할 수는 없었다. 대의나 영토를 위해서가 아닌, 그저 먹을 것 때문에 총을 들고 활을 들어야 했다. 어쩌면, 이야말로 가장 절실한 전투일지도 모른다.

결정은 결국 명의 몫으로 남았다. 조선도, 일본도 그야말로 황제의 처분에 따라 그다음 이야기를 이어갈 뿐이었다.

백성을 살리는 길 하나, 둘…
───

황제의 답변도, 왜적의 움직임도 조선의 뜻으로 바꿀 수는 없었다. 왜군과 회담을 하며 오가는 것도 저들의 내막을 알고자 하는 것일 뿐. 그것으로 전쟁을 끝낼 수는 없었다. 조선이 할 수 있는 일을, 하면서 견뎌야 할 시간이었다.

류성룡은 더 이상 미룰 수 없겠다는 생각이었다. 바로 세미와 공납 문제였다. 하나하나, 백성들이 살 수 있는 길을 도모해야 한다. 생각해보면 그동안도 더 나은 대책이 없었던 것은 아니다. 자신이 출사하던 그 시절부터 나라 살림은 이미 피폐한 상태였다. 그때, 이이가 임금께 진언하던 날이 떠올랐다.

> 이이가 아뢰기를 "우리나라의 공안貢案은 민가의 빈부와 전결田結의 다소를 헤아리지 않은 채 무원칙하게 나누어 배정하고 있습니다. 또 토산물이 아니기 때문에 방납防納하는 무리가 모리牟利를 할 수 있어 평민이 곤궁과 고통을 겪습니다. 이제 공안을 개정하되, 민가와 전결을 헤아려 균등한 수량을 공평하게 배정하고 반드시 토산물로 바치게 한다면 백성의 쌓인 고통이 풀어질 것입니다" 하고, 류성룡이 아뢰기를 "이 일은 서둘러 시행해야 할 것입니다" 하였다.
>
> ─《선조실록》 1581년 5월 24일

·류성룡, 7년의 전쟁·

백성의 생계를 걱정하며 세금 걷는 법을 바꾸어보자고, 방납의 문제도 해결해야 한다는 진언이었다. 류성룡 또한 근심하던 문제이기도 했다. 류성룡은 이이와는 그다지 편치는 못한 사이였다. 하지만 기꺼이 이이의 대책을 실행하자 힘을 실어주었다. 나라와 백성을 위한 일이었으니, 당색 따위로 막아설 생각은 없었다. 어째서 백성의 삶은 나날이 피폐해지고, 나라의 살림은 나날이 곤궁해지는 것인가. 문제의 근본을 들여다볼 눈이, 마음이 필요했다.

하지만 실행되지 못했다. 신하들의 눈이나 마음이 부족한 것이 아니었다. 이이에 대한 임금의 신뢰가 가벼운 것도 아니었다. 끝까지 밀고 나가겠다는, 그 간절함이 없었던 것이었을까. 사태의 다급함을 조금 수월히 생각했던 것인지도 모른다. 이미 그전에 이준경* 또한 이 문제를 고민하며 진언한 바 있었으나 그 또한 그저 논의만 하다 묻혀버리고 말았으니. 불평을 누르며 밀고 나가려면 어지간한 마음으로는 안 될 일이다. 류성룡은, 하기로 했다. 역시, 쉽지 않았다.

"작미作米로 말들이 많은데 영상은 어찌 생각하는가."

"제도를 바꾸는 데 어찌 수월하기만 하겠습니까. 사람들은 모두 작미를 가지고 말들을 하지만 그렇다 하여 폐지할 수는 없습니다. 굳게 시행하셔야 할 것입니다."

세미 앞에서 어찌 가진 자들의 시비가 없겠는가. 무성한 말들이 빗발쳤다. 임금으로서는 그들의 시비가 불편했던 것이다. 그들이 바로 자신을

---

* 이준경李浚慶. 1499~1572년. 1531년 문과 급제. 영의정이던 1567년, 명종이 승하하자 하성군河城君을 왕(선조宣祖)으로 세우고 원상院相으로 국정을 보좌했다. 기묘, 을사사화 때 화를 입은 선비들을 신원하고, 재등용할 수 있는 길을 열어줌으로써 선조 대 사림정치의 기반을 닦았다.

지탱하는 신하들이 아닌가.

"하지만 공물을 쌀로 바치는 법을 백성들도 기꺼워하지 않는다는 보고 가 올라오고 있으니, 혹여 잘못된 방책이 아닌가."

"불평하는 이들이 누구인가를 살핀다면 그 까닭을 아는 것 또한 어렵지 않은 일입니다. 수령이 불평하고, 호우豪右가 불평하고, 감사가 불평하며, 관리들이 불평합니다. 무엇 때문이겠습니까. 나라가 직접 쌀로 거두어들이니 중간에 자신들의 이익이 끼어들 틈이 없기에 이를 불편하다 하는 것입니다."

> 백성의 실정을 살펴보면 내는 것이 적어졌는데도 기뻐하는 기색을 찾아볼 수 없으니, 이는 이미 힘이 빠져버린 뒤라 비록 가볍다 할지라도 가벼움을 느끼지 못하기 때문입니다. (…) 수령은 이 제도에 불평을 품고 있기 때문에 고의로 지연시켜 즉각 거행하지 않으니, 넉넉한 추수기를 두고 곡식이 다 떨어진 춘궁기에 낼 것을 독촉합니다. (…) 뜬 의논에 동요되어 미곡으로 대납하는 규정을 폐하고 모두 본색으로 거두어들인다면 나라의 재정이 탕진될 터이니, 장차 무엇으로 대처하겠습니까. 미곡으로 대납하는 이 일은 반드시 중지할 수 없습니다.
>
> ─〈공물을 쌀로 하자는 의논貢物作米議〉

대책이 잘못된 것이 아니었다. 바꾸고 싶지 않은 자들의, 바꿈으로써 사익을 채울 수 없는 자들의 음험한 핑계였다. 아니, 교묘한 농간까지 없지 않았다. 그렇게 임금의 마음을 흔들어 자신들의 이익을 다시 찾으려는 것일 터. 전후의 사정과 대책을, 그리고 시행을 절대로 멈출 수 없음을 상세히 아뢰었다.

세금만이 문제가 아니었다. 터전을 잃고 떠도는 기민들을 어찌할 것인가. 전란에 흉작이 겹치면서 그 처지는 눈 뜨고 볼 수 없는 지경이었다. 백성들이 다시 모일 수 있는 기반을 다지는 것이 무엇보다 시급한 때였다. 둔전을 설치하여 그 수확에 기대도록 했다.

지난해 환도할 때에 경기의 백성 중에 강한 자는 도적이 되고 약한 자는 구렁에 뒹굴어, 그 때문에 도로가 통하지 못하였습니다. 그런데 용진龍津에 둔전이 설치된 뒤로부터 동쪽 길이 통하였습니다. 독성 · 양지 · 용인 · 경안 · 죽산에 둔전이 설치되고선 유민들이 매우 편안해져서, 그로 인해 도적이 자취를 감추었습니다. 단결이 난리 뒤에 유익함은 이와 같습니다. 경기도만 이를 당연시할 것이 아니라 적군이 거쳐가서 피해를 입은 곳도 이렇게 경영하고 곳곳마다 이와 같이 하면, 원대한 계획을 세우는 데 도움이 어찌 적겠습니까.
　　　　　－〈연강에 둔보를 조치하는 일에 대한 차자措置沿江屯堡箚〉 1595년 1월

농사지을 땅이 있어야 봄을, 가을을 기대하며 힘든 시절을 견딜 수 있지 않겠는가. 그저 말로만 쉽게 진언하는 것이 아니었다. 깊이 생각하고 꼼꼼히 살폈으며, 작은 시행을 거쳐 그 성과를 확인한 것이기도 했다.

둔전을 시행하고 그 성과를 보게 되면서 류성룡은 문득 이순신을 떠올렸다. 둔전도, 염전도… 놀랍도록, 자신과 비슷한 생각을 하고 있는 사람. 한산을 이미 하나의 거진巨鎭으로 우뚝 세우고 있지 않은가.

이순신이 육지는 군수물자 조달에 고달프다는 점을 들어 체부體府에

청하기를 "다만 일면의 해포海浦를 부여해주면 양식과 기계를 자족할

수 있게 하겠습니다" 하였다. 이때에 와서 소금을 구워 판매하여 곡

식 몇 만 석을 비축하였으며, 영사營舍와 기구器具가 완비되었다. 백성

을 모집하여 완취完聚시키니 하나의 거진이 되었다.

— 《선조수정실록》 1593년 8월

너른 바다를 품에 낀 채 백성들과 함께 둔전을 만들고 진지를 세우며,
나라를 생각하고 있겠지…. 그렇구나. 이순신에게는 자신의 바다가 있었
다. 어쩌면 그 바다보다도 험한 바람이 이는 곳이 바로 이 조정이 아닌가.
류성룡의 바다는… 여전히 폭풍 속이었다.

조선을 지키는 힘

같은 생각으로 바다를 경영하지는 않았으나, 그 길을 깊게 받아들인 또
다른 이가 있기는 했다. 조정에서 내려보낸 군사와 세금의 일들을 마주하
며 평안도 관찰사 이원익은 제법 오래도록 생각에 잠겼다. 하나하나 짚어
보았다. 류성룡… 그다운 대책이었다. 언뜻 보기엔 해도 그만, 안 해도 그
만인 일들. 잘 실행된다 해서 빛나 보일 것도 없는 일들. 그러면서도 시작
과 함께 반대에 부딪쳐야 하는 일들. 누구도 나서서 시작하고 싶지 않은
일들이었다.

그저 보아서는 알 수가 없다. 별것 아닌 듯 보이는 그 일들이 사실은, 나

라의 근간이 되는 길일 수도 있음을. 류성룡은 그런 것들을 시작하겠다는 뜻이었다. 앞으로의 조선, 그 뒤를 위해서라도 말이다. 류성룡 자신 또한 그런 인물이었다. 그다지 눈에 띄는 것 같지는 않았다. 그의 자리가 비어 있기 전까지는. 그 빈자리를 대신할 수 없음을 깨닫기 전까지는.

고달프겠구나…. 외지에 나와 있는 자신이라 해서 고달프지 않은 날이 얼마일까마는. 조정 한가운데서 임금과 신하들의 마음을 잡고, 때론 다그치고 때론 다독여야 하는 류성룡의 처지만 하겠는가 싶었다. 이원익 자신은 류성룡처럼 새로운 것을 생각하고, 치밀하게 밀어붙이는 성정은 아니었다. 어쩌면 그랬기에, 류성룡의 생각에 거는 기대와 고마움이 큰 것도 사실이었다. 그에게 힘이 되고 싶었다. 누군가는 그를 믿고 있다고, 지지하고 있다고.

아무리 류성룡의 근심이 깊고 그 대책이 절실하다 한들 직접 전국 팔도를 돌며 일을 살필 수는 없는 법이다. 결국 각 도의 관찰사들이 몸과 마음을 부지런히 해야 할 일이었다. 이원익은 평안도부터 힘을 보태자는 생각이었다. 류성룡이 조정에서 중심을 잡고 온 나라를 구상할 수 있으려면. 그의 생각이 제도로 안정되고 뿌리를 내릴 수 있으려면. 할 만한 인물이 수상의 자리에 있을 때 도와야 한다. 정녕 자신의 마음 또한 그랬다. 조선은 새로 시작해야 한다고. 한두 해로 이루어질 일은 아니었으니, 한 해라도 그 시작이 빨라야 하지 않겠는가.

진관의 법에 따라 군사를 모아 조직을 갖추어 나가기 시작했다. 평안도에서 오래도록 민심을 얻어왔던 만큼, 백성들의 호응 또한 여느 도와는 달랐다. 복수의 마음을 놓지 않고 군사를 훈련하며, 창검을 베고 자면서 나라를 근심한다… 그런 말이 전해질 만한 근실함이었다. 드디어 군사 사열을 준비했다. 시작하는 곳이 있음을, 시작할 수 있음을 보여주고 싶었다.

지금 사태는 날이 갈수록 위급하고 인심이 흩어진 것은 전보다 더욱 심합니다. 지난번에 진관의 법을 문서로 내려 사방에 신칙하였으나 아무런 반응이 없었습니다. 들으니, 평안 감사 이원익이 얼마 전에 평양 진관의 군사를 모아놓고 성 밖에서 크게 사열하여 3일이 지나서 끝났는데, 그 군사의 위용을 본 사람은 모두들 감탄해 마지않았다고 합니다. 《서경書經》에 "생각하지 않으면 어떻게 얻으며, 노력하지 않으면 어떻게 이루리요?"라고 하였습니다. 무슨 일이든지 반드시 경영하고 노력하여야만 효과를 볼 수 있습니다.

— 〈연강에 둔보를 조치하는 일에 대한 차자措置沿江屯堡箚〉 1595년 1월

류성룡은 과연 이원익이로구나, 고마움이 일었다. 지금 조선에 이런 인물이 한둘만 더 있었다면…. 진심이 있는 사람이었다. 말하기 좋아하는 조정의 그 수많은 이들로부터 질책도 비난도 받지 않으며 제자리를 지키는 것이 어디 쉬운 일인가. 임금조차도 조선에는 이원익이 있을 뿐이라며, 그의 충심을 새기고 있었다. 이원익의 마음이 전해져왔다. 함께 일을 도모한다는 든든함은 바로 이런 것이 아닌가. 함께하는 이들이 이어져야 한다.

하지만 임금은 여전히 류성룡이 시행하는 일들을 조금은 불안하게 바라보고 있었다. 전쟁 중인데 이렇게 세금까지 바꾸는 것이 옳은 일인지, 속오법*을 시행하며 모든 이들에게 군역을 지우는 것도 괜찮은 건지….

---

* 속오법束伍法. 1594년 류성룡이 〈전수기의10조戰守機宜十條〉에서 제안하여 시행되기 시작했다. 전국의 지방군 조직으로 양반, 양인, 노비를 모두 속오군으로 편성하도록 하였다.

영상이 알아서 하라, 맡기고는 있으나 시끄러운 말들이 많아지니 피곤하기도 했던 것이다.

류성룡은 기회를 놓쳐서는 안 된다고 생각했다. 이 전쟁을 잘 견디고 난 후, 그다음까지도 보아야 하지 않겠느냐고. 하지만 류성룡 자신이 떠난 뒤에, 이렇게 시작한 일들이 함께 사라질까 그것이 근심이었다. 임금의 마음에 따라, 언관의 탄핵에 따라, 혹은 때아닌 변고를 만나. 언제 바뀔지 모르는 것이 재상의 자리 아닌가. 꾸준히 지속될 수 있는 일이란 결국 임금의 의지에 달려 있는데…. 여론에 쉽게 흔들리며 누군가를 오래 믿어주지 않는 임금의 성정이 걱정이었다.

"전하. 이것이 어찌 눈앞의 문제만을 해결하자는 뜻이겠습니까. 멀리 헤아리소서…. 혹 일을 맡은 자를 바꿀지라도 한번 시작한 일만큼은 폐해서는 아니 될 것입니다."

> 아침에는 갑의 말을 따라 한 가지 일을 행하고 저녁에는 을의 설을 들어 그 일을 폐지하며, 오늘은 이쪽으로 내일은 또 저쪽으로 가면, 실제의 공功은 뜬소문에 가리고 작은 절차가 큰 전체를 방해하게 됩니다. 이렇게 움츠렸다 폈다, 일어났다 엎어졌다 하면 비록 세상이 다하고 해가 마치도록 한 가지 일도 성사되지 못할 것입니다. 대개 일을 함에는 먼저 그 처음을 도모해야 하며, 이미 하였으면 반드시 달성해야 합니다. 혹 일을 맡은 자가 적당치 않으면 차라리 사람을 바꿀지언정 그 일을 폐해서는 아니 됩니다. 이러한 다음에야 효과를 거둘 수 있을 것입니다.
>
> — 〈방어와 수비에 대해 조치해야 할 일에 대한 계사措置防守事宜啓〉 1595년 1월

류성룡은 자신도 언젠가 조정에서 쓰임이 다할 날이 올 것임을 모르지 않았다. 그래도 이 정책들만큼은 살아 있어야 한다. 그래서 마음이 조금 급해진 것인지도 모른다. 자신이 자리에 있을 때, 임금이 의지가 있을 때 이 제도들을 뿌리 내리고 싶었다. 내가 떠난 뒤라면 아마도 이원익이, 그리고 이덕형이 수상을 지내게 되겠지. 그때에도 여전히 이 제도들이 이어져 시행되어야 할 터이니…. 조선을 지키는 힘은 한 신하의 충정이 아니라, 그 충정이 만들어낸 촘촘한 제도일 것이다.

매화가 다시 살아날 수 있을까
——

드디어 명의 황제가 결단을 내렸다. 다시 강화파의 말을 귀담아 듣기 시작한 것이다. 일본에 봉작을 허락하는 것 정도로 이 전쟁을 끝낼 수 있다면, 괜찮은 마무리다 싶었다.

> 명나라 조정은 나이토 조안을 북경으로 불러들여 세 가지 일을 힐문하였다. "첫째, 책봉만 요구하고 조공은 요구하지 말 것. 둘째, 한 명의 왜인도 부산에 남기지 말 것. 셋째, 영원히 조선을 침략하지 말 것. 이 약속을 지키면 책봉할 것이고 지키지 않으면 책봉하지 않을 것이다." 나이토 조안은 하늘을 향하여 약속을 지키겠다고 맹세하였다.
>
> — 《징비록》

이로써 책봉사 파견이 결정되었다. 을미년乙未年(1595) 1월 30일. 정사 이종성李宗誠과 부사 양방형楊方亨으로 이루어진 책봉사 일행이 북경을 출발했다. 천천히, 천천히⋯ 그들의 일행은 봄이 저물어가는 4월이 되어서야 의주에 도착했다. 앞서 출발한 심유경은 이미 왜군의 진영으로 들어가 일정을 논의하기 시작했다. 고니시 유키나가는 가슴을 쓸어내리며 급히 일본으로 건너가 소식을 전했다.

이대로 일본이 명의 책봉을 받고 군사를 모두 거둘 것인가. 도요토미 히데요시도 그럴 마음이 없지는 않았던가 보다. 6월이 되자, 조선에 주둔 중인 장수들에게 차례차례 귀환의 명을 내렸다. 드디어 고국으로 돌아가는 것인가. 일본군 진영의 병사들도 들뜨기 시작했다. 그들 또한 그저 누군가의 야망을 위해 불려나온, 여느 백성이었으므로. 조선에서 벌써 4년째. 나라가 다르다 해서 그 병사들의 마음이 다르지는 않을 것이다. 집으로 돌아가는 길은, 누구에게나 기다림으로 설렐 만한 일 아니겠는가.

한없이 느긋한 책봉정사 이종성이 서울을 떠나 남쪽으로 향한 것은 이미 가을도 한창인 9월에 들어서였다. 언제쯤이나 이 지루한 협상이 끝을 보는 것일까. 기어이 끝을 보게 되는 것일까. 류성룡은 다시금 그 매화를 떠올렸다.

처음에는 염소의 타고난 성질이 식물을 해치는 것을 미워했으며, 그 다음에는 외로이 향기를 풍기는 꽃이 재앙을 만난 것을 슬퍼했으며, 마지막에는 내가 매화를 가졌는데도 능히 보전하지 못한 것을 생각했다. 비웃을 만한 일인 것이다.

— 류성룡 〈기매〉

이웃집의 염소들이 돌아가준다면… 다시 매화가 피어나는 봄을 기다릴 수 있는 것일까. 주인이 돌아온다면 다시 소생할 수 있는 것일까. 시든 나무를 바라보는 류성룡의 마음은 미움에서 슬픔으로, 그리고 다시 어리석은 자신에 대한 부끄러움으로 이어졌다. 매화가 다시, 살아날 수 있는 것일까.

· 선조의 선위 소동 ·

선조는 선위를 '입에 달고' 살았다고 할 만한 임금이다. 광해군을 세자로 책봉하던 1592년 4월 29일 그날부터, 실제로 병이 깊어 죽음이 얼마 남지 않은 1607년 10월까지. 광해군이 세자의 자리에 있던 16년 내내 무려 20여 차례의 선위 소동을 벌였다. 소동 기간도 짧지 않아서 길게는 한 달을 넘기며 조정을 지치게 했다.

임금의 자리에서 국가가 전쟁의 위기를 맞았으니 왕위에 대한 위기의식도 없지는 않았을 것이다. 명에 귀화하겠다는 결심 이후, 신하들의 시선도 고울 수는 없었다. 반면 세자 광해군은 분조를 이끌고 전선으로 내려간 상황이었으니, 국왕과 세자의 처신에 대한 대비가 두드러졌던 것이다.

실제로 선조 자신의 뜻이 아닌, 외부의 선위 요구가 없었던 것도 아니다. 어가가 의주에 머물던 1592년 10월에는 선위를 하여 국가 기강을 새롭게 하라는 유생들의 상소까지 올라왔다. 환도한 이후에도 선위 내지는 세자에게 권력을 나누어주라는 명 조정의 요구가 이어졌다. 선조는 이러한 상황에서는 물론, 강화 논의라든가 무고 주문 등의 피하고 싶은 사안이 있을 때마다 선위하겠다는 명을 내리곤 했다.

물론 선조가 진짜로 왕위를 물려줄 생각은 아니었다. 정치적으로 위기에 몰렸다고 생각할 때마다 선위를 거론하면서 세자와 신하들의 충성을 확인받고 정국의 주도권을 쥐려 했던 것이다. 선조의 의중을 알고 있던 중신들은 상소를 올리며 선위를 막아야 했다. 나라가 위기에 놓인 때에 정치적 분란까지 몰고 와서는 안 될 것이기 때문이었다. 세자 광해군의 처신은 더욱 난처할 수밖에 없었다. 그때마다 궐에 엎드려 명을 거두어 달라고 식음을 전폐하며 대죄를 청해야 했다.

결국 선위는 이루어지지 않았으며, 선조는 국왕의 자리에서 세상을 떠났다. 선조로서는 자신의 권력을 굳히기 위한 정치적 고민이었을지 모른다. 하지만 이 오랜 소동은 결국 세자에 대한 신하들의 충성을 분열시키면서 자신의 사후 피바람을 몰고 오는 한 배경이 되기도 했다. 자신의 두 아들이 죽임을 당하고, 한 아들은 폐위를 당하는 비극이었다.

· 관백항서를 둘러싼 진실 공방 ·

문제의 이 항서는 1594년 심유경이 명 조정에 바친 이른바 〈관백항표關白降表〉로, 당시는 물론 현재까지도 그 진위가 명확히 밝혀지지 않았다. 이 의문투성이의 항서가 만들어진 배경은 이러했으니.

명과 일본 사이에 강화협상이 진행되던 1593년 윤11월, 명의 경략 송응창이 고니시 유키나가에게 보낸 사신 담종인譚宗仁은 도요토미 히데요시의 항서를 요구했다. 하지만 이는 고니시와 심유경 사이에서 합의된 사항이 아니었으므로, 고니시는 담종인을 억류한 채 심유경에게 항의 서한을 보내게 된다.

항서 없이는 강화가 불가하다는 송응창에게 심유경은 솔직한 강화조건을 털어놓지 못한 채였다. 이에 심유경이 웅천의 고니시 진영으로 들어가 사태를 논의하기에 이른다. 결국 1954년 1월 20일, 심유경은 이른바 〈관백항표〉를 들고 웅천에서 나와 명으로 돌아가 이 항서를 바치게 되었던 것이다.

명에서도 조선에서도 그리고 일본군의 다른 장수 사이에서도 이 항표의 진위에 의문을 표했는데, 앞뒤를 맞추어 따져볼 때 이는 당연한 의심이었다. 일단, 그 짧은 시간 동안 일본을 오가며 항서를 받아왔다는 사실 자체도 그러하려니와 도요토미 히데요시가 공손한 어조로 항표를 바쳤다고는, 당시 정황으로 보아 믿기 어려운 일이었기 때문이다.

그렇다면 고니시가 항서를 작성했다고 볼 수밖에 없는 일인데, 의문으로 남는 것은 이것이 그의 독단적인 위조인가, 아니면 강화에 대한 '전권'을 위임 받은 그가 '재량껏' 해도 좋은 범위의 일인가의 문제다. 다시 말해, 히데요시를 속인 것인가, 아니면 히데요시의 마음을 헤아린 것인가. 무엇이 진실일까. 이를 증명할 또 다른 사료가 발견되지 않는 한, 진실은 오직 고니시 자신만이 알고 있을 뿐이다.

9장

재 란
再亂

·

1596년
1월
~
1597년
7월

① 1596년 4월 4일 책봉정사 이종성, 부산 일본군 진영 탈출.

② 6월 15일 양방형, 부산에서 일본으로 출발.

③ 7월 이몽학의 난.
9월 2일 도요토미 히데요시, 오사카에서 책봉사 만나 책봉 받음. 통신사 접견은 거부. 강화교섭 결렬과 재침 선언.

④ 12월 21일 통신사 서울로 돌아옴.

⑤ 1597년 2월 4일 이순신, 사헌부의 탄핵 받고 26일 압송, 투옥.
4월 1일 이순신, 백의종군의 명 받음.

⑥ 5월 명의 부총병 양원, 명의 선발군 이끌고 서울 도착.

⑦ 7월 16일 수군통제사 원균의 조선 수군, 거제 칠천량에서 대패.

류 이천·죽산·양근 등 경기 각 지역과 경상도 지역 순시.

강화, 결렬되다

벚꽃 날리는 시절이라면 더 좋았을까. 아니, 이대로도 충분했다. 짙고도 풍성한 계절이 한껏 치장한 성을 둘러싸고 있었으니. 황제의 성이라 하여 이보다 더하겠는가. 늦여름의 후시미성伏見城은 오색의 아름다움을 뽐내며 때를 기다리고 있었다. 이 정도는 되어야 했다. 명과 조선의 사신들에게 관백의 위용을 드러내려면. 온 일본 백성들에게 관백의 승전을 선포하려면. 드디어 전쟁을 끝마치는 것인가. 이 시간이 오기까지, 너무 길었다.

하지만 한 몽상가의 꿈이 부풀어 오르던 병신년丙申年(1596) 8월 13일 밤. 지진이 일어났다. 그가 머물던 교토는 물론 일본 전역이 흔들릴 만한 대지진이었다. 손님을 맞으려 단장을 멈추지 않던 그의 성 또한 그대로 흔들려 무너져 내렸다. 어느 성보다도 웅장하고 화려해야 했던, 자신의 이름을 건 성이었다.

성의 주인은 그 무너진 성터에서 그야말로 망연자실. 보여주고 싶었던 것들을 보여줄 수 없게 되어버렸다. 두 나라 사신 앞에서 과시하고 싶었던 무사 사열도, 연이어 준비해둔 수많은 행사들도. 지진과 함께 사라져버린 것이다.

마음이 상할 대로 상해버렸다. 이미 오사카까지 들어와 있는 명의 사신에게도 후시미성의 소식이 전해진 상태였다. 결국 그, 도요토미 히데요시가 오사카로 걸음을 옮겼다. 하지만 그곳에 도착하면서 상한 마음이 다시 분노로 치솟았다. 대체 조선에서 보냈다는 통신사란 자들이 어찌 저 모양인가. 자신이 요구했던 왕자까지는 아니더라도, 명망 있는 대신이어도 좋았다. 아니, 행차라도 번듯했으면. 저자들이 나를 무엇으로 보았기에 이리 홀대하는가. 9월 2일. 명의 책봉사를 만났다. 하지만 조선의 통신사는 기어이 만나지 않았다.

> 양방형 등이 일본에 도착하니 관백은 건물을 화려하게 장식하고 일행을 영접하려 하였지만, 마침 어느 날 밤에 큰 지진이 있어서 건물들이 대부분 무너졌다. 그래서 도요토미 히데요시는 다른 건물에서 두 사신을 영접하였는데, 두 사신과 한두 번 만나서 처음에는 책봉을 받을 것처럼 하더니 갑자기 "내가 조선의 왕자를 풀어주었으니 조선은 마땅히 왕자를 보내서 감사 인사를 하여야 할 터인데 그렇게 하지 않았을 뿐더러 지금 온 사신의 관직도 낮으니 이는 나를 깔보는 것이다"라며 크게 화냈다.
>
> ─《징비록》

분한 마음에, 도요토미 히데요시는 다시 대군을 보내어 조선을 정벌하겠노라, 선언했다. 자신의 요구들은 들어주지 않은 채, 철병만을 내세우는 명에 대한 압박이기도 했다. 이런 식으로 전쟁을 마칠 수는 없었다. 승자의 모습으로, 화려하게 막을 내려야 했다. 강화는 결렬되었다. 다시, 전쟁의 시작이었다.

· 류성룡, 7년의 전쟁 ·

이제 어떻게 해야 하는가

사신들이 돌아오기 전이었으나 소식이 먼저 바다를 건넜다. 11월. 서울로 장계가 올라오기 시작했다. 대체 이게 무슨 일인가. 저들이 먼저 강화를 청한 것이 아니던가. 도무지 상황을 종잡을 수조차 없었다. 일본의 속셈도, 중간에 다리를 놓았던 심유경의 속셈도 알 수 없었다. 내막을 알아야 대처를 할 것이 아닌가. 명의 사신까지 함께한 문제이다 보니 조선에서는 처신하기가 더욱 난감했다. 분노에 불안감이 더해지며 임금은 마음을 진정시키지 못했다.

"대체 무엇이 문제라고 하더냐."

"일이 틀어진 것은 조선 때문이라며… 철병할 수 없다고 하옵니다. 입에 담기에도 망극하옵니다."

차마 임금 앞에서 전하기엔 너무도 불손한 언사였다. 도요토미 히데요시는 명으로 보내는 표문 별폭에 조선의 죄를 따져 묻고 있었다.

> 지난해 조선의 사절이 와서 잔치하였을 때부터 하정下情을 잘 알면서도 끝내 천조에 아뢰지 않았으며 그 뒤에도 무례한 일이 매우 많았으니 그 죄가 하나다. 조선이 맹약을 어겼으므로 정토征討하여 군중에서 두 왕자와 부처婦妻 이하를 사로잡았으나, 심 도지휘都指揮가 칙명을 전하였으므로 너그러이 용서하였다. 따라서 곧 먼저 사례해야 하는 것이 마땅한 분수인데 천사天使가 바다를 건너온 뒤로도 몇 달을 지냈으니 그 죄가 둘이다. 대명과 일본의 화교가 조선의 반간反間으로 인해 몇 해나 지속되었으니 그 죄가 셋이다. 우리나라의 군사가

고생하며 세월을 오래 보내게 한 것이 처음에는 황도皇都의 계략인 줄 알았으나, 조선이 천사보다 뒤늦게 온 것만 보아도 조선이 일마다 속이려고 꾀한 것을 잘 알 수 있다. 사사건건 죄를 지은 것이 한둘이 아닌데 대명에서 정벌할 것인가, 우리나라에서 정토할 것인가. 이 또한 칙명에 따라 할 것이다.

— 도요토미 히데요시 사은표문謝恩表文 별폭,《선조실록》1596년 11월 10일

파탄의 죄는 조선에게 있다는 말이었다. 사로잡은 왕자를 풀어주었는데도 사례조차 없다며 분한 마음을 토로하면서. 자신은 명과의 화의를 원했으나 조선의 계략으로 늦어졌으니 명의 입장에서도 조선을 죄주어야 한다는 것이다. 그러니… 명에서 죄를 묻지 않는다면 자신이 다시 군사를 일으켜 조선을 정벌하겠다는 선언이었다.

도대체가 황당한 말이었다. 누가 누구에게 죄를 묻는 것인가. 명과 조선 사이를 이간질하려는 뜻 또한 분명했다. 그런데도 명의 책봉사가 그저 물러나왔다면 무언가 일이 단단히 잘못되기는 했을 터. 아직 사신들이 돌아오기 전이었으나 마냥 기다릴 수도 없었다.

조선이 어찌해야 하는가. 명의 사신들도 믿을 수 없는 상황이니 일단 솔직한 내용으로 명 조정에 주문을 올려야 한다는 의견이 대세였다. 때마침 책봉정사 양방형의 접반사로 내려가 있는 이항복도 급히 계를 올려왔다. 분위기로 보건대 책봉사들이 조선을 위해 나서줄 리 없었던 것이다. 그들 또한 자신들이 죄를 얻을까, 그것만을 걱정하고 있었기 때문이다.

우리나라 사람은 '책봉하는 일은 이루어지지 않았다' 하고, 중국 사람

은 '책봉하는 일이 이미 이루어져서 다른 걱정이 없어졌는데 조선이 처치를 잘못하여 이렇게 만들었다' 합니다. 일이 이 지경이 되었으니 책사는 스스로 공을 내세워 화를 면하기에 바쁠 것이고 왜자는 말을 트집 잡아 우리를 치려 할 것입니다. 서로가 반드시 근거 없는 말을 많이 만들어내어 중국의 귀를 어지럽히고 전적으로 우리에게 죄책을 돌릴 것입니다. (…) 중국에서는 힘이 모자라 군사를 다시 낼 수 없는 것을 스스로 알기 때문에, 겉으로는 책사가 스스로 면하려는 말에 의지하여 줄곧 자취自取한 것이라고 우리나라에 허물을 돌릴 것인데, 이것은 사세상 필연의 이치입니다.

– 《선조실록》 1596년 11월 15일

파탄의 모든 책임을 조선이 뒤집어쓸 위험이 있으니 적절한 대책이 필요하다는 내용이었다. 자칫 오해가 생기지 않도록, 자칫 빌미를 잡히지 않도록 명 조정에 먼저 우리 입장을 잘 살펴 올려야 하겠다고. 사실 조선으로서는 다른 대책이 없었다. 황제에게 사실을 고한 후, 일본의 침략이 시작된다면… 다시 원군을 청할 수밖에.

깨어진 협상의 이면

이항복의 걱정처럼, 사실이 그랬다. 강화를 실질적으로 주도했던 심유경은 무사히 책봉을 마쳤다는 보고를 병부에 올렸다. 도요토미 히데요시가 황제의 은혜에 황송해했다는 말을 거듭 밝혔을 뿐. 조선 정벌 따위를 운운하지 않았음은 물론이다. 조선의 사신이 전해온 것과는 전혀 다른 내용이었다.

조선의 사신이 전해온 것과는 전혀 다른 내용이었다.

심유경이 병부에 올린 품첩은 다음과 같다.

"동봉東封을 완보完報한 일입니다. (…) 기일이 되자 책사를 영접하여 곧바로 중당으로 안내하므로 고인誥印과 관대복冠帶服 등을 반사하니, 히데요시는 무리를 거느리고 오배삼고두례五拜三叩頭禮를 행하였습니다. 절차가 끝날 때마다 중국 음을 익혀 만세를 부르면서 망궐사은望闕謝恩하되 일일이 의식에 따라 하였으며, 예가 끝나자 사신 및 수행하는 각 관원에게 연회를 베풀어주었습니다. (…) 비직卑職이 부산에 주둔한 병졸을 속히 철수할 것을 특별히 효유하니, 그는 말하기를 '지금 황제가 사봉賜封한 왕작王爵을 받았으므로 마땅히 병졸을 철수하여 이웃나라와 우호를 닦아야 할 것이다. 다만 조선이 전일의 원한을 풀지 않을까 염려되니 앞으로 황제의 처분과 명령을 다시 기다리겠다' 하였습니다. 이에 비직이 정색하고 타이르니, 면전에서는 비록 수긍하였으나 아직 실행을 보지는 못하였습니다."

－《선조실록》 1596년 12월 7일

심유경도 일이 이처럼 꼬이게 될 줄은 생각지 못했다. 물론 명 조정에도, 일본의 관백에게도 솔직하게 모든 것을 말하지 못하는 협상이기는 했다. 하지만 다행히 황제가 책봉을 허락하고, 관백 또한 명 황실과의 혼인 같은 조건들을 더 이상 고집하지 않음으로써 일은 그런대로 순항하려던 참이었다. 한 고비만 남긴 상태였다. 그런데 그 고개 하나를 넘지 못하고

·류성룡, 7년의 전쟁·

그만.

도요토미 히데요시가 이번 사신 일행의 도해渡海를 승전의 결과인 양 과시하려는 줄은 짐작하고 있었다. 하지만 심유경 자신이 상관할 바 아니었다. 그것은 일본 내에서 알아서 정리할 일이었다. 자신으로서야 황제의 책봉을 무사히 마치고 조선에서 철군이 이루어진다면, 그것으로 임무를 완수한 것이 아니랴. 그런데 도요토미 히데요시가 그렇게까지 나올 줄은 몰랐던 것이다. 함께 강화를 주도한 고니시 유키나가도 속수무책이었다.

그렇다고 명 조정에 솔직하게 보고를 올릴 수는 없었다. 다시 일본이 군사를 일으키겠다는 사실이 알려진다면 어떤 문책이 따를지 모르는 일. 어쨌든 책봉까지는 받아들인 것이니… 다시 조선을 설득하여 왕자를 사절로 보내든가… 아니면 그에 상응하는 무언가를 내놓든가… 시간을 벌면서 돌이킬 수 있는 방법을 찾아보자는 생각이었다. 고니시 유키나가가 책봉사보다도 먼저 부산으로 급히 돌아온 것도 같은 이유였다.

하긴 그사이에 문제의 불씨가 없지는 않았다. 일이 이렇게까지 늦어지면서 여러 모로 지쳐가게 된 것은 사실, 명의 책봉정사인 이종성이 왜군 진영에서 도망친 사건 때문이었다. 부산의 적진에 머물며 일본으로 건너갈 날을 기다리는 동안. 이종성은 이 교섭이 자신이 아는 것과는 다르게 진행되고 있다는 것을 깨닫기 시작했다. 일정 논의를 위해 심유경은 고니시 유키나가와 함께 일본으로 건너가 있었다. 들려오는 소문도 어지러웠다. 강화는 이미 깨어졌다, 심유경과 고니시 유키나가는 일본에서 죄를 받았다, 명의 사신들도 무사하지 못할 것이다….

결국 병신년 4월 4일. 이종성은 부사 양방형과 의논도 하지 않은 채 왜군 진영에서 도망쳐버리고 말았다. 대국의 사신으로서 있을 수 없는 일이었다. 명에서는 부사를 정사로 올리고 심유경을 부사로 삼아 그대로 일을 진행하라, 명했다. 어찌 되었건 이 지루한 봉공 문제를 매듭짓고 싶었기 때문이다. 하지만 이미 모양새가 어긋나기 시작했다.

조선으로서는 분하고도 억울한 일이었다. 원치도 않은 강화에, 마지못해 끌려들어간 처지 아닌가. 힘이 없으니 힘을 빌려준 이를 따르지 않을 수 없었던 것이다. 여러 해 이어진 전쟁으로 백성들의 삶은 말 그대로 파탄의 지경이었다. 상황이 이러니 언제까지 명분만을 내세워 전쟁을 끌고 갈 수 없는 일이기도 했다. 복수도 힘이 있어야 외칠 수 있는 법. 하여 왜군이 모두 철수하는 조건으로 명의 요구를 따른 것이 아닌가.

저들의 청에 따라 통신사까지 구색을 맞춰준 터였다. 나라를 난도질한 적국에 통신사를 다시 보낸다는 것 자체로도, 이미 조정 안에서 큰 분란이 일었으나. 그래도 더 이상의 전쟁을 피하고자 그마저도 감내했던 것이다. 왕자나 대신이 사례하지 않았다 하여 시비가 일어날 줄은 예상치 못한 일이었다.

명에서 책봉사 파견을 결정하기까지, 다시 그 책봉사를 따르는 통신사 문제를 조선에서 해결하기까지. 무려 2년이 넘는 시간을 그 문제로 시끄러웠거늘. 대체 심유경과 고니시 유키나가 사이에 무슨 밀약이 있었기에. 명 조정에서도 그 내막을 제대로 알지 못한 채 책봉사를 파견한 것이었는지도 모른다. 애초 조선의 걱정이 바로 이것 아니었던가. 도요토미 히데요시가 책봉을 받고도 남은 군사를 거두지 않으면 어쩔 것이냐는.

하지만 책봉사가 별 탈 없이 바다를 건너게 되니, 남아 있는 왜군이 모두 철수를 하게 될 거라 생각하던 참이었다. 왜군은 이미 부산 주변에 소수의 병력만을 남겨둔 상태였다. 세 나라의 처지가 모두 마찬가지였다.

무슨 재주로 군사를 더 징발하겠는가. 저들 또한 강화를 원하는 이유가 다르지 않을 터. 혹여 일이 순조롭지 못하더라도 다시 전면전으로까지 치닫게 될 줄은 생각지 못했다.

불안한 왜적, 더 불안한 여진

————

지난 임진, 계사년 두 해 동안의 피해만으로도 나라를 다시 만들어야 할 지경이었다. 하여… 다시 만들어가고자, 근심하는 이들의 뜻을 모아 일어서보자는 것 아니었던가. 조선의 조정은 그사이 그나마 어느 정도 안정을 찾는 분위기였다. 체계를 정비하고 민심을 돌보기로 했다.

두 재상이 조선 팔도를 위아래로 나누어 도체찰사로 군무를 살피면서 상황을 주시하는 중이었던 것이다. 우의정으로 임명된 이원익은 하사도* 도체찰사를 맡아 남쪽으로 파견된 상태였다. 민정을 어루만지는 마음으로는 그만한 인물이 없었다. 영의정 류성룡에게는 북사도** 도체찰사를 겸하게 하였다. 수상으로 서울을 오래 비울 수는 없었으나 북쪽 국경 또한 걱정이었기 때문이다. 물론 임금은 먼 곳에 파견된 체찰사가 일을 제대로 하고 있는지, 온전히 믿어주지는 않았다.

"체찰사가 성주에 있으면서 무슨 일을 하던가."

순시를 겸하여 경상도에 다녀온 류성룡에게 이원익의 근황을 묻는 말이었다. 류성룡은 그 속뜻을 모르지 않았다. 눈에 보이는 성과가 없다고,

---

* 하사도下四道. 남쪽의 4도. 강원, 충청, 경상, 전라도.
** 북사도北四道. 북쪽의 4도. 경기, 황해, 평안, 함경도.

시비 거는 자들이 생긴 것이리라. 이원익은 자신의 공을 위해 일을 독촉하는 인물이 아니었다. 백성의 마음이 먼저였다. 그가 하는 일이 조금 더 더 보이는 것 또한 이 때문이 아니겠는가.

"산성 수축에 힘을 쏟고 있었습니다. 전쟁 중에 백성을 보호하고 적을 막는 데는 산성만 한 것이 없으므로 이를 시행하는 중입니다. 이원익은 일을 함에 있어서도 백성을 먼저 생각하는 사람입니다. 애민하는 마음이 그처럼 지성에서 우러나는 이도 없을 것입니다."

임금은 그래도 들려오는 이야기들이 거슬렸는지 다시 한번 확인을 하는 것이었다. 떠도는 말들이 있는데 어찌 생각하느냐고.

> 상이 이르기를 "우상이 내려간 지 오래인데도 하는 일이 없다고 한다. 이 말이 서울 안까지 들린다고 하니 사실인가?" 하니, 성룡이 아뢰기를 "반드시 먼저 민심을 수습한 후에 모든 일을 할 수 있으니, 이는 곧 근본을 아는 것입니다. 그러한 말이 있는지는 알지 못하겠으나, 대개 이 사람은 자봉自奉은 몹시 검소하며 국사에 심력을 다하니, 당장의 계책은 부족할지 모르나 장래의 계책은 남음이 있습니다" 하였다.
>
> —《선조실록》1596년 4월 2일

류성룡으로서는 이원익이 남쪽 전선을 맡아 백성들을 안정시키는 것만으로도 큰 힘이 되었다. 일이 너무 더딘 것 아니냐는 임금의 불평이 있기는 했으나 이 정도 시비야 없을 수 있겠는가. 체찰사는 함부로 맡길 자리가 아니었다. 윤두수가 잠시 체찰사를 맡은 동안 전선은 오히려 어수선하고 백성들의 원성까지 더해졌으니. 결국 탄핵을 받고 재상에서 물러나게 되었던 것이다.

왜적만이 문제가 아니었다. 영의정이 북사도의 체찰사를 맡아야 할 만큼, 북쪽도 평온하지는 않았다. 류성룡은 이덕형을 부사로, 한준겸과 최관崔瓘을 종사관으로 삼아 자신을 돕도록 하였다. 챙겨야 할 일들이 적지 않았다. 남쪽의 백성들이 군량 준비와 왜군의 침략으로 이미 지친 상태였으니 북쪽에서 뒤를 받쳐줄 준비를 갖추어야 했다.

류성룡은 무엇보다도 누르하치*의 세력이 걱정이었다. 무섭게 성장하고 있는 그는, 여느 여진족의 추장과는 그 기세 자체가 달랐다. 지난 임진년의 일만 해도 그렇지 않은가. 자신들이 원군을 보내어 왜적을 막아주겠노라, 할 정도였으니. 그때에도 류성룡은 반대의 뜻을 분명히 보였다. 그들의 세력에 잘못 기대었다가는 더한 화를 끌어들이는 셈이 될 것이다. 지금은 왜적이 근심이지만 앞으로는 누르하치가 더 큰 화근이 될지도 모르는 일. 미리미리 방비하라, 평안도의 장수들에게 명을 내렸다.

누르하치의 형세가 흉악하여 날로 점점 강성해지니 장래의 화를 생각할 만하다. 모든 일은 더 심하기 전에 하면 그 형세가 쉽고, 심해진 뒤에 하면 그 형세가 어려운 법이다. 그러니 얼음이 녹고 한가한 때에 강변 진보의 무너진 성을 수리하고 봉화대를 새로 쌓고 부족한 군량을 보충하고 병기가 미비한 것을 준비하라. 변장 중에 능력이 모자라는 이를 내보내서도 적이 이겨내지 못할 정도의 형세를 만들어놓

---

* 누르하치奴爾哈齊. 1559~1626. 건주여진建州女眞의 추장으로, 1616년 후금後金을 세우고 황제에 올랐다. 그의 사후 국호는 청淸으로 바뀌었으며, 1644년 명을 멸망시키고 중원의 제국이 되었다. 묘호는 태조太祖.

고, 우리가 이길 만한 자신을 가지고 적을 기다린다면, 그 뒤에 비록
사변이 있더라도 족히 근심할 일이 없을 것이다.

- 〈평안도 순찰사와 병사에게〉 1596년 4월 11일

병신년의 두 재상은 이처럼 저마다의 자리에서 분주한 중이었으나. 11월
의 강화 결렬 소식이 전해지면서 다시 더 분주해져야 할 형편이었다.

한산도의 장수는 무얼 하고 있느냐

명에 소식을 알리고 그 결정을 기다리면서, 재침을 대비하며 대책을 세우
는 사이 해가 다시 바뀌었다. 정유년丁酉年(1597) 1월 10일. 경상우병사 김
응서의 진영에 한 왜인이 들어섰다. 능숙한 조선말로 인사를 하며 조용히
진중으로 걸음을 옮기는 것이 한두 번 왕래한 사이는 아니었다.

"장군. 요시라要時羅가 왔습니다."

"어서 들이라."

김응서는 반갑게 맞았다. 때가 때인지라 저들의 소식이 궁금하던 차였
다. 혹 무언가 긴요한 이야기가 있는 것일까.

적장 고니시 유키나가는 왜군 졸병 요시라를 경상우병사 김응서의
진영에 왕래시키며 정성스럽게 대하고 있었다. 이때 가토 기요마사
가 재출병하려 하였는데 요시라가 김응서에게 비밀히 "우리 장군인
고니시 유키나가가 말씀하시기로는, 지금 이 화의가 성사되지 못한

것은 가토 기요마사 때문으로 본인은 그를 매우 미워하고 있다고 합니다. 아무 날에 가토 기요마사가 바다를 건너올 것인데 조선은 바다에서 잘 싸우므로 만약 그때 바다 위에서 공격하면 그를 패배시키고 죽일 수 있을 것입니다. 삼가 이 기회를 놓치지 마십시오" 하였다. 김응서가 이 일을 조정에 보고하자 조정은 그 말을 믿었다. 해평군 윤근수는 가장 뛸 듯이 기뻐하여 이 기회를 놓칠 수 없다며 여러 차례 임금께 아뢰어 이순신에게 진군하라고 하였다. 그러나 이순신은 적이 속임수를 부리고 있을 것을 의심하여 며칠 동안 주저하고 있었다. 이에 요시라가 다시 와서 "가토 기요마사는 이미 상륙하였습니다. 조선은 왜 공격하여 차단하지 않았습니까" 하며 거짓으로 매우 안타까워하였다.

−《징비록》

감히 조정의 명을 어기다니! 임금은 크게 언짢은 상태였다. 이미 이순신에 대해 불편해하던 임금이었다. 어째서인지, 언젠가부터 이순신을 비스듬히 바라보던 중이었다. 지난해, 전선의 상황을 보고하러 올라온 이원익에게도 유독 상세히 묻지 않았던가. 그의 능력과, 사람됨에 대해.

상이 이르기를 "통제사 이순신은 힘써 종사하고 있던가?" 하니, 이원익이 아뢰기를 "그 사람은 미욱스럽지 않아 힘써 종사하고 있을 뿐더러 한산도에는 군량도 많이 쌓였다고 합니다" 하였다.
상이 이르기를 "처음에는 왜적들을 부지런히 사로잡았다던데, 그 후에 들으니 태만한 마음이 없지 않다 하였다. 사람 됨됨이가 어떠하던

가?" 하니, 이원익이 아뢰기를 "소신의 소견으로는 많은 장수들 가운
데 가장 쟁쟁한 자라고 여겨집니다. 그리고 전쟁을 치르는 동안 처음
과는 달리 태만하였다는 일에 대해서는 신이 알지 못하는 바입니다"
하였다.

상이 이르기를 "절제할 만한 재질이 있던가?" 하니, 이원익이 아뢰기
를 "소신의 생각으로는 경상도에 있는 많은 장수들 가운데 순신이 제
일 훌륭하다고 여겨집니다" 하였다.

– 《선조실록》 1596년 10월 5일

하지만 원균과의 불화로 이순신은 여전히 조정의 입질에 오르내리고
있었다. 조정의 근심이기도 했다. 왜적이 다시 몰려온다면 결국 바다를
막느냐가 관건이 될 것이기 때문이다. 임금은 어찌 장수들이 다툼을 일삼
는가 못마땅해 하면서, 원균의 공을 이순신이 가로챈 것 아니냐고 묻기까
지 했다. 동조하는 신하들이 어찌 없겠는가. 누구의 잘못이냐, 무엇 때문
에 다투느냐로 설전을 벌이는 중. 체찰사로 그들을 가까이 보아온 이원익
이 그 사연을 한마디로 정리했다.

"원균은 당초에 많이 패하였으나 이순신만은 패하지 않고 공이 있었으
므로, 다투는 시초가 여기에서 일어났습니다."

간단했다. 한 사람은 패했고 한 사람은 이겼기 때문이다. 그리고 이긴
자에 대한 시기와 모함을 멈추지 않았기 때문이다. 사실, 모두가 알고 있
는 일 아니겠는가.

그러다가 문제의 그 사건이 일어난 것이다. 가토 기요마사를 공격하지
않은 그 일로, 다시 이순신에 대한 임금의 의심이 시작되었다. 이 일은 그

저 한 번의 부채질이었을지도 모른다. 하지만 기회를 엿보던 이들에겐 더 없이 좋은 신호였다.

"왜추가 손바닥을 보이듯이 가르쳐주었는데 해내지 못했으니… 한산도의 장수는 편안히 누워서 어떻게 해야 할 줄을 몰랐단 말인가."

임금의 비난에는 비아냥까지 섞여 있었다. 한산도의 장수, 라며 이순신의 근거지를 들추는 것이… 한산도의 주인에 대한 묘한 감정이 담겨 있음을 함께 자리한 신하들이 모를 리 없었다. 때를 기다렸다는 듯, 이순신을 지탄하는 목소리들이 여기저기 터져 나왔다. 윤두수가 먼저 나서며 임금을 부추겼다.

"이순신은 왜구를 두려워해서 그런 것이 아니라 실로 나가 싸우기에 싫증을 낸 것입니다."

"이순신은 정운鄭運과 원균이 없으니 그렇게 체류한 것입니다."

이산해도 거들었다. 이순신은 혼자서는 싸울 수도 없는 장수라는 것이다. 이에 김응남은 이미 죽은 이순신의 부장副將 정운을 거론하며 싸움의 공은 그의 것이라고까지 했다.

"해전에서 이긴 것은 대개 정운이 격려해서 된 것이라 합니다."

이에 임금은 이제 우리나라도 끝나고 말았다며 한탄으로 응답하였으니. 적의 계략을 헤아려야 하는 통제사의 고민을 함께 고민해줄 마음은 없었던 것이다. 이순신을 도울 목소리를 기대하기도 어려운 상황이었다. 이원익은 다시 체찰사의 임무를 위해 남쪽으로 내려간 다음이었다. 이순신을 천거한 류성룡은 함부로 나설 입장이 아니었다. 사당私黨을 짓는 자들이라, 자칫 이순신에게 허물을 더하게 될까 걱정이었다.

원균은 성격이 음험하고 비뚤어졌는데 경향 각지에 관계를 가진 사람이 많았으니, 이순신을 헐뜯는 데 온 힘을 기울여서는 늘 "이순신은 처음에 내가 있는 곳으로 오지 않다가 내가 강하게 요청하니 그제야 왔으니, 적을 물리친 첫째가는 공은 나에게 있다"라고 말하였다. 이때 조정의 논의는 둘로 나뉘어 있어서 서로 주장하는 바가 달랐다. 이순신을 추천한 것이 원래 나였기에, 나를 기꺼워하지 않는 자들은 원균과 협력하여 극력으로 이순신을 공격하였다.

－《징비록》

이순신을 비난하는 이들의 면면을 보라. 제대로 전장을 살펴보지도 못한 자들이 어찌 장수의 장수됨을 알 수 있으랴. 적소에서 다시 부름을 받고 돌아온 이산해… 부정한 축재로 탄핵까지 이르렀던 윤두수… 오직 당리를 위해 명장을 음해하는 김응남… 말로만 떠드는 그들에게 분노마저 일었다.

민심을 얻은 자, 의심 또한 면치 못하리니

장수가 백성들의 기대를 얻으면 위험해지는 법인가. 류성룡은 지난해 여름, 의병장 김덕령*의 죽음을 떠올렸다. 이몽학李夢鶴의 역모에 연루된 일

---

* 김덕령金德齡. 1567~96년. 1592년 형과 함께 의병을 일으켰다. 용맹이 널리 알려져, 무군사를 이끌고 있는 세자로부터 익호장군翼虎將軍의 칭호를 받았다. 1596년 이몽학 역모사건에 무고로 연루되어 옥중에서 억울한 죽음을 맞았다. 1661년에 신원되었다.

·류성룡, 7년의 전쟁·

이었다. 이미 공초에 그 이름이 거론된 이상 목숨을 건지기는 어려웠다. 살 수 있는 길은… 임금이 그의 무죄를 믿노라, 나서는 것뿐. 나란히 이름이 거론된 병조판서 이덕형은 그렇게 위험한 순간을 벗어나지 않았는가. 하지만 임금은 김덕령에게 같은 은혜를 베풀 마음은 없었다. 그저 명망을 얻은 것만도 아닌, 자신의 병력을 거느린 장수였으니.

전쟁 가운데 벌써 몇 차례의 옥사인가…. 나라가 어수선하니 사람들의 마음도 잔잔할 수 없었다. 임금의 마음은 더욱 잔잔할 수 없었다. 작은 의심조차 그대로 묻어두려 하지 않았다. 류성룡은 다시 위관*이 되어 옥사를 다스려야 했다. 자신의 한 조각을 베이는 것 같은… 쓰라림이었다. 하지만 재상의 자리에서 피할 수 없는 일. 더 많은 이름들로 번지지 않게, 그렇게라도 막아주며 빨리 마무리하고 싶었다. 시간이 길어질수록, 억울하게 연루된 이들 또한 불어나게 마련이었으니.

물론 임금도 처음에는 나라를 위해 떨쳐 일어난 젊은 의병장을 격려하며 기대를 걸었다. 하지만 그렇게 한 해, 두 해… 사람들 사이에서 아름답게 떠도는 그 이름이 마음에 걸리기 시작했던 것일까. 어쩌면 김덕령을 추켜세운 세자를 의식했는지도 모른다. 별것 아닌 자에게 세자의 무군사가 과하게 추장推獎했다며 여러 차례 못마땅한 심기를 드러내기도 했다. 그에게 내린 칭호도 당치 않다는 것이다.

상이 이르기를 "당초 내가, 무군사에서 한신韓信을 대접하듯 한다는 말을 듣고 웃었었다. 익호翼虎라는 칭호를 준 것은 더욱 사리에 당치

---

* 위관委官. 조선시대 죄인을 심문할 때 재판장의 역할을 맡았던 임시직. 의정대신 가운데 임명했다.

않은 일이다. 사람의 겨드랑이 아래에 어찌 날개가 있겠는가."

- 《선조실록》 1595년 10월 17일

이렇게 편치 않은 마음으로 눈여겨보는 중인데 역모에 이름이 엮이고
말았다. 한신에 빗대는 말이 몇 번씩이나 나온 마당이니. 그의 운명 또한
한신처럼 끝나야 하는 것이었을까. 마치 적군을 에워싸듯, 임금은 옥에
갇힌 그를 둘러 지키게 했다. 그렇게 서른 살의 젊은 장군은 전장이 아닌,
조국의 감옥에서 죽음을 맞았다.

> 덕령은 여러 날 동안 갇혀 있었는데 상은 혹시 변이 일어날까 의심하
> 여 옥문을 굳게 잠글 것을 명하였다. 의금부는 건장한 군사 1백여 명
> 을 동원해서 굵은 밧줄로 묶어둔 다음 밤낮으로 에워싸고 지키기를
> 마치 많은 적군을 방어하듯 하였다. 수백 번의 형장 신문에 드디어
> 정강이뼈가 모두 부러졌는데도 조용하게 스스로 변론하며 말씨가 흔
> 들리지 않았다. (…) 그때부터 남쪽 사민들은 덕령의 일을 경계하여
> 용력이 있는 자는 모두 숨어버리고 다시는 의병을 일으키지 않았다.

- 《선조수정실록》 1596년 8월

의병장 하나에게 기대는 백성의 지친 마음조차 따뜻하게 품지 못하는
임금이었다. 그럴수록 그 마음들을 잃어가고 있었으나, 그럴수록 자꾸만
신하들과 경쟁하려 했다. 지친 마음은 질투로, 다시 미움으로 쌓여갔으
니. 하물며 온 바다를 호령하는 통제사이겠는가. 불패의 명장… 이순신은
너무 커다란 이름이었다. 부하들은 물론, 백성들의 마음까지 온전히 얻고

있었다. 그것이 문제였다.

생각해보면… 임금이 이순신을 껄끄럽게 여긴 것이 근래의 일은 아니었다. 갑오년인가. 임금은 이순신이 너무 태만한 것 아니냐, 미심쩍다는 어조로 묻기도 했었다.

> 상이 이르기를 "이순신이 혹시 일을 게으르게 하는 것이 아닌가?" 하니, 류성룡이 아뢰기를 "만약 이순신이 아니었다면 이만큼 되기도 어려웠을 것입니다. 수륙의 모든 장수 중에 순신이 가장 우수합니다" 하였다.
>
> – 《선조실록》 1594년 8월 21일

이미 그때부터였을까. 아니, 통제사로 임명하면서 그 이름을 새기기 시작하던 때부터였을까. 임금이 이순신에 대한 불편함을 드러내놓기 시작하자, 류성룡을 불편하게 여기던 이들이 이 틈을 노리고 들어온 것인가. 류성룡은 그저 참담할 뿐이었다. 류성룡이 천거한 장수… 저들에게 보이는 것은 그 장수의 충정과 능력이 아니라 겨우, 이것뿐인가. 그러고도 그대들이 한 나라의 중신들인가.

임금께서 기어이 이순신에게 죄를 묻고자 하심인데… 지금은 왜적이 대군을 보내겠다고 엄포까지 놓은 상태 아닌가. 왜군이, 저들 또한 크게 득이 될 것도 없는 강화를 원한 것도 결국 바다를 놓쳤기 때문이다. 이순신이 없었다면 어찌 다시 도성으로 돌아와 나라의 이름을 이을 수 있었으랴만. 임금께서는 그날의 치욕을 벌써 잊으신 것인가. 이럴 수는 없는 일이다. 통제사는, 조선의 바다는 그가 아니면… 비난을 무릅쓰고 아뢰었다.

"전하. 통제사의 자리는 이순신이 아니면 할 수 없습니다. 혹여 장수를 바꾸어 한산도를 지키지 못한다면, 호남 또한 보전할 수 없을 것입니다. 부디 지금의 형세를 헤아려보소서."

하지만 임금은 더욱 노할 뿐이었다. 조정의 명을 어긴 자를 두둔하다니. 그자가 아니면 장수가 없단 말이더냐. 무엇 때문에 그리 감싸고도는 것이냐.

여전히 이순신의 문제로 뒤숭숭한 1월 29일. 영의정 류성룡은 도체찰사의 책무를 위해 경기도 순시를 떠나야 했다. 다시 시작될 전쟁을 대비해야 할 터이니, 각처의 산성을 돌아보고 백성들의 마음을 살피고 오라는 명이었다. 그렇게 그를 서울에서 떼어놓은 후. 2월 초, 이순신에 대한 탄핵이 시작되었다.

죄인 이순신은 백의로 종군하라
———

전투는 장수의 몫이다. 하지만 그의 승리를 위해서는 누군가의 도움이 있어야 한다. 혹은 군량, 혹은 무기. 하지만 그보다 더 필요한 것은 조정의 공론이었다. 공론의 시비 앞에서 그 어떤 장수도 자신의 전투에 전념할 수 없었다. 통제사 이순신마저도, 그랬다.

2월 26일. 수군통제사 이순신이 서울로 압송되었다. 통제사의 자리는 원균에게 돌아갔다. 옥에 갇힌 이순신에게 남은 것은 참형뿐. 임금은 직접 그 죄를 조목조목 나열하기까지 했다.

이순신이 조정을 기망한 것은 임금을 무시한 죄이고, 적을 놓아주어 치지 않은 것은 나라를 저버린 죄이며, 심지어 남의 공을 가로채고 무함하기까지 하며 방자하지 않음이 없으니, 기탄함이 없는 죄다. 이처럼 허다한 죄가 있으니, 법으로도 용서할 수 없으므로 율律을 상고하여 죽여야 마땅하다. 신하로서 임금을 속인 자는 반드시 죽여 용서하지 않는 것이므로 지금 형벌을 끝까지 시행하여 실정을 캐내려 한다. 어떻게 처리할 것인지 대신들에게 하문하라.

- 《선조실록》 1597년 3월 13일

하문하라, 했으나 선택을 요구하는 물음은 아니었다. 누가 그에게 죄가 없다고 나설 수 있겠는가. 임금은 자신을 무시하고 나라를 저버린 자를 도저히 살려둘 수 없다고 했다.

누가 그를 살릴 수 있을 것인가. 무엇이 그를 살릴 수 있을 것인가. 그를 세상으로 불러낸 것이 전쟁이었듯이, 임금이 미워할 정도로 그 이름을 높여준 것이 전쟁이었듯이… 그를 다시 살릴 수 있는 것도 전쟁이었다. 그 누구도, 누구의 탄원도 임금의 마음을 돌려놓을 수는 없었다. 아직 끝나지 않은 전쟁이, 그 전쟁에 대한 두려움이 그를 살릴 수밖에 없었다. 그 두려움을 일깨운 것은 원로대신 정탁*이었다. 이순신은 아직 죽어서는 안 될 장수였다.

"전하. 이 위급한 때에 어찌 명장을 죽이려 하시옵니까. 혹여 후회할 일

---

* 정탁鄭琢. 1526~1605년. 1558년 문과 급제. 어가 파천 시 좌찬성으로 의주까지 호종했으며 곽재우, 김덕령 등의 의병장을 천거했다. 1597년, 탄핵당한 이순신을 적극 변호하여 목숨을 건지도록 했다. 벼슬은 좌의정에 이르렀다.

이 생길까 하나이다. 그만한 장수를 다시 어디서 얻겠나이까."

후회할 일… 이라고? 임금은 그날의 치욕을 떠올렸다. 도성을 비우고 비를 맞으며 강을 건너던 날. 그날의 무서운 한기가 다시 온몸으로 되살아났다.

"전장의 일은 먼 곳에서는 판단하기 어려운 것입니다. 순신이 출정하지 않은 것 또한 분명 생각한 바가 있었기 때문에 그리한 것이 아니겠사옵니까. 비록 죄가 있다고는 하나, 부디 그 목숨만은 살려 후일을 대비하소서."

이순신은 무모한 이가 아니었다. 하물며 전 수군을 지휘하는 통제사가 아닌가. 자신은 물론, 함대를 가벼이 움직일 수 없었다. 적의 간첩이 흘려주는 정보를 곧이곧대로 따를 수는 없는 일이다. 적장의 목을 벨 수도 있으나 계략에 빠질 수도 있다. 얻는 것과 잃는 것… 그 무게를 가늠해보았으리라. 이순신이 그 많은 전투마다 대승을 거둔 까닭이 무엇이겠는가. 그는 치밀하게 준비하고 신중하게 움직이는 장수였다.

정탁은 이순신의 판단이 그르지 않다고 생각했다. 전장의 일이란, 그 순간의 판단이란. 그 순간의 판단인 것이다. 전쟁을 맡겼다면 그 판단 또한 장수에게 맡겨야 한다. 그렇게 하겠다고 지휘권을 준 것이 아니냐. 그가 없다면 조선의 바다도 무사할 수 없음을 임금께 아뢰었다. 나라를 걱정하는 칠순 원로의 간절함이었다.

임금의 마음이 다시 어지러워지기 시작했다. 그렇지…. 전쟁이 눈앞에 있었다. 이미 2월, 명에서도 파병을 결정한 상태였다. 앞뒤를 맞추어보니 강화 건이 무언가 잘못되었음을 깨닫게 되었던 것. 오랜 시간 강화를 주도했던 병부상서 석성에게 남겨진 것은 파직과 투옥이었다. 아직 조선에 남아 있는 심유경만이 사태를 수습할 방안을 찾고 있는 중이었다. 명 또한 도요토미 히데요시의 대응을 그저 보아 넘기기는 어려웠다. 당장 대명 제국의 위신이 걸린 일 아닌가.

제 나라 문제 하나 제대로 해결하지 못한다고, 조선에 크게 역정을 내었음은 물론이다. 다시 파병이라니, 명 또한 전혀 고려하지 않은 상황이었다. 하지만 일본의 재침이 이루어진다면 이번에야말로 조선이 어찌 될지 알 수 없었다. 조선의 운명이 아닌, 명의 안전이 걱정이었던 것이다.

결국 임금은 정탁의 말을 따르기로 했다. 이순신에 대한 마음이 풀려서는 아니었다. 여전히 그는… 무거운 존재였다. 하지만 아직 전쟁이 끝나지 않았으니 이순신은 살아 있어야 한다. 임금은 장수의 옛 공을 생각하여 은혜를 베풀겠다고 했다. 죽음만은 면하게 하겠노라. 도원수 아래에서 백의로 종군하며 그 죄를 씻으라.

류성룡은 그제야 큰 숨을 내쉬었다. 가슴이 저려왔다. 결국 그를 구한 것은 그 자신이었던가. 한 달간의 순시를 마치고 돌아온 류성룡 또한 여러 차례 사직의 소를 올렸다. 이몽학의 옥사 이후, 이미 몸과 마음의 병이 깊어지고 있던 것도 사실이었으나. 그것 때문만이겠는가. 임금을 기만한 장수를 천거하였으니 자리에서 물러남이 도리일 것이다. 어쩌면 저들이 바라는 것 또한 이런 결말이 아니던가.

벌써 영상의 자리가 몇 해째인가. 변덕 많은 임금 아래에서, 없던 일이다. 물론 임금은 영의정의 사직을 윤허하지 않았다. 지금이 어느 때라고 사직을 청하는가. 어찌 주변의 이야기를 일일이 다 들으려 하는가. 병이 깊으면 조리하면서 급한 회의에나 참석해도 좋으니, 제자리를 지키라. 아직 전쟁이… 끝나지 않았다.

그날 밤, 그 두 사람

날이 어둑해질 무렵, 이순신은 류성룡의 집이 있는 묵사동 쪽으로 향했다. 익숙한 길이었다. 자신이 태어나 자라던 건천동과 이웃한 곳이었으니. 그 골목 어디쯤에서 자신의 어린 시절이 튀어나올 것 같기도 했다. 지금처럼 저 뒤편, 남산이 봄으로 가득한 계절… 푸른빛 출렁이던 그날들이 떠올랐다. 하지만 오늘은 봄비가 어찌 이리도 스산한 것인가.

"오는 길은 여전했지만… 여전하지가 않았습니다."

유년의 추억 같기야 하겠는가. 류성룡 또한 이순신을 기다리며 옛 시절을 떠올리고 있었다. 대장의 당당함이 있던 아이였지…. 어느 날이던가. 글을 읽다 돌아오는 길에 골목에서 아이들과 전쟁놀이를 하는 그를 지켜본 적이 있었다. 자신보다 몇 살쯤 어린 소년. 그날은 좀 오래도록 지켜보았다.

저 아이로구나…. 눈매가 남달랐다. 덩치가 큰 것도, 음성이 우렁찬 것도 아니었다. 오히려 곱게 들어앉아 글을 읽는 것이 어울릴 만한 단정한 외모였다. 그런데 어째서인가. 머리가 굵은 아이들까지도 모두가 이 소년을 따르고 있었다. 제법 엄하게 무리를 호령하는 것이, 대장다움이 있기는 했다. 다만, 놀이를 하는 중에도 이 어린 대장은 좀처럼 타협할 줄을 몰랐으니. 그 모습이 귀여워서였겠지. 지나가며 스치듯 말했었던가. 법으로 다스리는 것도 필요하지만 덕으로 품을 줄도 알아야 한다….

책이나 끼고 다니던 도령의 훈수를, 어쩌면 그도 기억하고 있을까. 그리고 진짜 대장이 된 그는… 통제사 이순신은 단호한 대장이었으나 따뜻한 장수이기도 했다.

·류성룡, 7년의 전쟁·

하지만 어제 갓 옥에서 풀려나온 그의 모습 앞에서… 추억에게마저 미안해지는 것이었다. 그 단아한 표정도 서늘한 눈매도 여전했으나 모진 고문을 이기느라 그야말로 형상이 말이 아니었다. 이것이 조선을 지켜온 그에게 전해준 임금의 마음인가. 지켜주지 못한 나의 무능 때문이기도 하다. 이 국난 중에 정쟁으로 장수까지 얽어매려 할 줄이야. 감히 그에게, 무슨 말로 위로를 전할 것인가. 살아 있어주어… 고마웠다.

"이런 고초를 당하시다니… 미안하오."

"대감께 심려를 더하였습니다."

이순신은 미안하다는 류성룡의 마음 앞에서 울컥, 눈물이 쏟아지려 했다. 저간의 사정을 어찌 모르랴. 게다가 병이 깊다는 말은 들었어도 정말 그리 보였다. 옥고를 치른 자신보다도 오히려 류성룡의 건강이 더 위태로운 듯했다.

가끔 꿈에서 그를 만나 이야기를 나누곤 했다. 그는 알고 있을까. 꿈자리가 어지러울 때마다 그의 안위를 기원하며 서성이던 마음을. 그가 죽었다는 말이 떠돌았을 때… 잠을 이루지 못했었다. 슬프고 힘든 밤이었다. 꼬박 밤을 새우고 난 아침. 조심스레 글자 점을 쳐보기도 했다.

영의정 류성룡이 죽었다는 부고가 순변사가 있는 곳에 왔다고 한다. 이는 필시 류 정승을 질투하는 자들이 말을 만들어 훼방하려는 것이리라. 통분함을 이길 수 없다. 이날 저녁에 마음이 몹시 어지러웠다. 홀로 빈집에 앉았으나 마음을 스스로 걷잡을 수 없었다. 걱정이 더욱 심해져서 밤이 깊도록 잠들지 못했다. 류 정승이 만약 돌아가셨다면 나랏일을 어찌할 것인가.
— 《난중일기》 1594년 7월 12일

류 정승의 점을 쳐보니 '바다에서 배를 얻는 것과 같다'는 괘가 나왔다. 다시 점치니 '의심하다가 기쁨을 얻은 것과 같다'는 괘가 나왔다. 무척 좋았다.

– 《난중일기》 1594년 7월 13일

이렇게 마주한 것이 언제던가. 이순신이 전라좌수영으로 내려가던 때가 신묘년(1591) 이른 봄. 벌써 6년 전의 일이었다. 그 6년 동안, 서로에 대한 생각은 그랬다. 그대가 있어 이 조선이 견디는 것이라고.

하루의 밤이 지나고 다시 하루의 새벽이 시작되는 시간까지. 그렇게 마주 앉은 채였다. 떠나야 할 아침이 다가오고 있었다. 한 사람은 서울에 남아 영상의 자리에서, 한 사람은 먼 길을 떠나 백의의 이름으로. 다시 시작될 전쟁을 준비해야 했다. 누가 전쟁에서 이길 것인지, 누가 전쟁에서 살아남을지 알 수도 없었다. 다만 이 전쟁이 무사히 끝난다면, 다시 한 번 긴 새벽을 나눌 수 있었으면 좋겠다고. 서로 그런 생각으로 인사를 나누었다. 부디⋯ 살아남아 달라고.

"날이 밝으면 바로 길을 떠날 것입니다. 평안하소서."

"공이야말로⋯ 부디 몸을 아끼시오."

류성룡은 권율의 지시를 받아야 하는 이순신의 처지가 마음에 걸렸다. 한 나라의 도원수라 하나 이순신을 품을 만한 인물이 아니었다. 그나마 이원익이 도체찰사로 내려가 있으니. 알아서 처리함이 있을 것이다.

새벽닭이 울었다. 헤어질 때가 온 것이다. 문을 나서는 이순신의 등 뒤로 류성룡의 목소리가 어렴풋이 들려왔다.

"그대가 그 가을에 보내준 유자⋯. 그런 바다의 향은 처음이었소."

서울에 편지를 써 보냈다. 김희번金希番이 장계를 가지고 떠났다. 유
자 30개를 영의정에게 보냈다.

– 《난중일기》 1595년 9월 17일

그 가을. 남쪽 바닷가의 유자를 보며 어째서 류성룡이 생각났는지. 바
다 향이 깃든 그 열매를 불쑥 그에게 올려 보냈던 것이다. 만인지상萬人之
上의 영의정에게 유자 30개… 아니, 마음을 아는 이에게 바다의 향기.

종일 비가 계속 내렸다. (…) 어두워질 무렵 성으로 들어가 영의정과
이야기하다가 닭이 울어서야 헤어져 나왔다.

– 《난중일기》 1597년 4월 2일

돌아오는 길에서도 여전히 아련했다. 많은 이야기를 나눈 것 같았으나
어쩐지 그 이야기들이 무엇인지 떠오르지는 않았다. 다만 그의 느낌, 그것
만이 오래도록 남았다. 꿈같기도 했다. 우리가 나눈 이 긴 밤의 이야기들
이 꿈이었을까. 한잔 술을 앞에 둔 채, 취하여 읊조리던 마음의 울음이었
을까. 온종일 내리던 봄비에 젖어버린, 지친 마음이 흘러내린 것이었을까.

조선 수군, 전멸하다
———

이순신이 백의의 몸으로 그저 하루하루를 보내고 있던 무더운 7월의 어
느 날이었다. 도원수 권율의 진영으로 급보가 날아들었다. 거제 칠천량에

서 통제사 원균이 이끄는 조선 수군이 전멸했다는 소식이었다.

적이 수군을 습격하여 깨뜨렸다. 통제사 원균이 패하여 죽고 전라 수
사 이억기, 충청 수사 최호崔湖 등이 죽었으며, 경상 우수사 배설裵楔은
도망하여 죽음을 면하였다.

당초 원균이 한산도에 도착한 후, 이순신이 세워놓은 규약을 모조리
변경시켰으며 형벌에 법도가 없어, 군중의 마음이 모두 떠났다. 권율
은 원균이 적을 두려워하여 머뭇거린다고 하여 불러서 매를 쳤는데,
원균이 분한 마음을 품고 돌아가 마침내 수군을 거느리고 절영도에
이르러 제군諸軍을 독려하여 나아가 싸우게 하였다. 적은 아군을 지
치게 할 계책으로, 아군의 배에 가까이 접근하였다가 문득 피하였다.
밤이 깊어 바람이 심하게 불어서 우리 배가 사방으로 흩어지자, 원균
은 남은 배를 수습하여 가덕도로 돌아왔는데, 사졸들이 갈증이 심하
여 다투어 배에서 내려 물을 먹었다. 그러자 적이 갑자기 나와 엄습
하니, 원균 등이 황급하여 어찌할 줄을 모르고 급히 배를 이끌고 퇴각
하여 고성의 추원포에 주둔하였는데, 수많은 적선이 몰려와 몇 겹으
로 포위하였다. 원균은 크게 놀라 여러 장수와 더불어 힘껏 싸웠으나
대적해내지 못하고, 배설이 먼저 도망하자 아군이 완전히 무너졌다.
이억기와 최호 등은 물에 뛰어들어 죽고, 원균은 해안에 내렸다가 적
에게 죽임을 당하였다.

– 《선조수정실록》 1597년 7월

임금의 질시와 대장의 무능이 그 진원지인, 처참한 대지진이었다. 배

도, 군사도, 그리고 조선군의 마지막 자존심도 모두 파도 속으로 잠겨버렸다. 그렇게 조선의 바다가 무너져 내렸다.

·일본의 두 장수, 고니시 유키나가와 가토 기요마사·

고니시 유키나가와 가토 기요마사는 임진왜란과 정유재란 시 각기 선봉대를 이끌며 일본군 전체를 대표했던 장수다. 일본은 물론 조선 내에도 익히 알려져 있는 이 둘은 서로 사이가 좋지 않았는데 조선의 전쟁을 대하는 생각 또한 그 차이가 컸다. 조선의 실록 등에서도 둘 사이의 반목을 확인할 수 있을 만큼 실제로 전쟁 기간 내내 갈등이 없지 않았다. 조선에서는 둘의 갈등을 이용하는 전략이 필요하다는 의견이 나오기도 했을 정도다.

먼저 도요토미 히데요시 정권 '문치파文治派'에 속하는 고니시 유키나가. 아버지인 고니시 류사小西隆佐는 사카이堺의 이름 있는 상인으로, 히데요시 정부의 무역과 재무를 담당하면서 신임을 얻었는데, 그 아들 또한 아버지의 재능을 물려받았다. 고니시 유키나가는 전쟁 이전은 물론 그 이후에도 강화를 통해 두 나라의 무역을 활성화하는 것이 일본에게도 이익이라는 생각이었다.

고니시의 사위는 대마도주 소 요시토시인데, 소 가문은 오래도록 조선과 일본 사이의 무역을 독점하고 있기도 했다. 흥미로운 점은 고니시는 독실한 천주교 신자로, 실제로 그의 부대 내에 포르투갈인 신부가 종군했다는 것. 역시 같은 포르투갈 출신의 신부 프로이스가《일본사》를 저술하면서 임진왜란을 상세히 서술할 수 있던 배경이기도

하다.

　이에 비해 가토 기요마사는 히데요시의 먼 친척으로, 어릴 때부터 시동侍童으로 주군을 모셔왔다. 용맹이 남달라 이미 젊은 나이에 혁혁한 전공을 세우며 주군의 통일 전쟁을 도왔는데, 조선 정벌에 대해서도 전투로 확실하게 제압해야 한다는 '무단파武斷派'에 속했다. 그로서는 상인 집안의 고니시와 장수로서 경쟁한다는 것 자체를 받아들이기 어려웠을 것이다. 강화협상으로 전쟁의 주도권을 잡은 고니시에 대한 경쟁심으로, 히데요시가 다시 정유재란을 결심하는 데 일조를 하기도 했다. 불교 신자로서 조선의 승병장 유정과 강화협상을 벌인 바도 있으나, 조선에서는 유독 잔인한 왜장으로 공포의 대상이 되었다.

　히데요시는 둘의 경쟁심을 적절히 이용하며 강화와 무력이라는 전쟁의 두 측면을 조정하는 모습을 보이기도 한다. 그렇다면 전쟁이 끝난 후 둘의 운명은 어떻게 되었을까. 히데요시 정권 내에서 경쟁하던 이 두 세력은 조선에서의 오랜 전쟁으로 그 갈등이 더욱 깊어져 돌이킬 수 없을 정도가 되어버렸다.

　사정이 이러하니 히데요시 사후 본국으로 돌아간 두 세력은 일본 내의 권력을 놓고 다시 전투로 맞설 수밖에 없었다. 히데요시는 도쿠가와 이에야스德川家康 등 다섯 명의 대로大老에게 아들 히데요리豊臣秀賴의 뒷일을 부탁했다. 하지만 권력을 노리던 도쿠가와로서는 어린 히데요리에게 충성을 바칠 생각은 물론 없었다. 게다가 여느 다이묘들과는 달리 조선으로 출병하지 않았던 도쿠가와는 자신의 병력을 온전히 유지하고 있었다.

　결국 1600년 9월. 패권을 다투던 두 세력이 맞붙은 세키가하라 전투에서 도쿠가와의 동군東軍이 승리함으로써 일본은 이제 도쿠가와 막부 정권으로 들어서게 된다. 가토는 도쿠가와의 동군을 도와 공을 세웠으며, 서군西軍에 합류했던 고니시는 패전 후 참형을 당한다. 이처럼 임진왜란은 일본 내부의 권력 지형도를 뒤흔든 사건이기도 했다. 전쟁이 또 다른 전쟁으로 이어졌던 것이다.

10장

잠든 바람

·

**1597년
8월
~
1598년
11월**

❶ 8월 16일 남원성 함락. 명 부총병 양원 군, 고니시 유키나가 군에 패배.

❷ 9월 7일 명군, 직산에서 일본군에 승리.

❸ 9월 16일 명량 대첩. 수군통제사로 재임명된 이순신, 명량에서 대승.

❹ 12월 23일~1598년 1월 4일 울산성 전투. 명군, 가토 기요마사 군에 패배.

❺ 7월 명의 수군 제독 진린, 고금도의 이순신과 합진.
8월 18일 도요토미 히데요시 사망.
9월 4군 공격 시작.

❻ 9월 21일 마귀의 동로군, 울산성의 가토 기요마사 군에 패배.

❼ 10월 1일 동일원의 중로군, 사천성의 시마즈 요시히로 군에 패배.

❽ 10월 2일 유정의 서로군, 순천성의 고니시 유키나가 군에 패배.
3로의 명 지휘부, 일본군과 협상 시작. 철수에 합의.

❾ 11월 19일 노량 해전 승리. 이순신 전사. 7년의 전쟁 끝남.
11월 26일 일본 전군, 본국으로 완전 철수.

류 서울 방어 위해 경기 각 지역 순시. 울산성 전투 수행.

서울

여주

류

❷ 직산

경주

❹❻ 울산

❶ 남원

순천

❾ ❼ 사천

❽ 노량

❸ 명량

❺ 고금도

다시, 전쟁의 광풍 속으로

———

바다에서 멈출 바람이 아니었다. 한산도 통제영을 집어삼킨 바람은 거칠 것이 없었다. 한 걸음 땅으로 올라서자, 기어이 돌풍으로 변하여 성과 성 사이를 어지러이 휘저었다. 낮게 웅성거리듯, 때론 날카로운 비명처럼. 소리마저도 음산했다. 계절은 차분히 그 색을 바꾸었으나 바람 소리는 그 계절마저 뒤덮을 기세였다. 정유년(1597) 가을, 바람은 서쪽으로, 북쪽으로 길을 나누기까지 했다.

명나라가 병부상서 형개*를 총독군문으로, 요동포정사遼東布政司 양호
楊鎬를 경리조선군무로, 마귀麻貴를 대장으로 삼았다. 양원, 유정劉綎,
동일원董一元 등이 잇따라 조선으로 왔다. 정유년 5월에 양원이 먼저
3천 명의 병사를 이끌고 와서 남원에 주둔하여 지켰다. (…)
한산도가 무너지자 적은 승리한 기세를 몰아 서쪽으로 나아가 남원
과 순천을 차례로 함락시켰다. 적의 수군은 두치진에서 상륙하여 진
격해서는 남원을 포위하였으니 이에 전라도와 충청도가 크게 진동

---

* 형개邢玠. 정유재란 시, 병부상서로서 총독군문總督軍門을 맡아 조선에 파견되었다. 명에서 조선에 파견한 인물 가운데 가장 높은 지위의 관리로서 명의 원군은 물론, 조선 전쟁 전체에 대한 결정권을 지녔다. 조선 국왕조차도 그의 '분부'를 따라야 했다.

하였다.   〈징비록〉

　바다를 걱정하지 않게 된 왜군은 거칠 것 없이 내륙으로 진격하기 시작
했다. 8월 16일, 기어이 남원성이 무너지면서 기세는 더욱 걷잡을 수 없
게 되어버렸다. 총병 양원의 부대가 지키던 중이었으나 왜군의 총공세 앞
에 함락된 것이다. 남원이라면 전라도 깊숙이 들어서는 거점이 아니던가.
임진년 전쟁 중에도 그나마 보존되었던 전라도였다.

　바람 소리는 그 누구보다도 임금에게 한층 무섭게 울렸을 것이다. 남원
성 함락 소식은 가뜩이나 흔들리던 임금의 마음에 폭풍을 몰고 왔다. 임
금은 다시 피난을 생각하며 신하들과 실랑이 중이었다. 임금은 신하들을
원망하고 있었다. 적병이 모두 물러나지도 않았는데 서울로 돌아온 것이
경솔한 것 아니냐, 일단 중전과 왕자들이라도 먼저 피난을 시켜야 한다,
명의 도독도 서울이 전쟁터가 될 것이라 말하질 않았느냐.

　　늘 나를 겁쟁이로 여기지만 서둘러 조처하지 않을 수 없다.

                                     〈선조실록〉 1597년 8월 18일

　자신의 처신에 쏠리는 이야기들을 알고 있었음일까. 하지만 자신을 겁
쟁이로 여긴다 해도 서둘러야 한다며 신하들을 재촉했다. 명의 원군까지
들어와 있었는데도 임금은 여전히 바람 소리에 마음 졸였을 뿐. 그 바람
에 맞서려 하질 않았다.

　다시 수군통제사로 명 받은 이순신이 아직 진영도 없이 남쪽 해안가를
떠돌고 있을 때. 다시 서울이 버려질까, 영의정 류성룡이 적의 북상을 대

· 류성룡, 7년의 전쟁 ·

비하며 경기도 곳곳을 순시하고 있을 때였다.

영상의 권력이 임금보다 크단 말이냐

아니, 영상이 어찌 이럴 수 있는가. 임금은 분한 마음을 진정시키지 못했다. 중전을 먼저 피난시키고자 했으나 신하들의 반대에 처한 중이었다. 그런데 류성룡은 미리 가속들을 모두 피난시켰다니. 도성에서 몰래 빠져나가는 벼슬아치들로 인해 민심이 어지러워지고 있습니다. 이들을 엄히 단속하소서…. 제 입으로 먼저 말하지 않았는가.

하지만 류성룡에게만 화가 난 것은 아니었다. 사헌부의 상소로 마음이 더욱 틀어져버렸다. 가속들을 피난시킨 벼슬아치들에게 죄를 물어야 한다며 그 이름들을 적어 올린 것이었는데, 류성룡의 이름이 없었다. 임금은 비웃듯이 말했다.

"가소로운 일이다. 대신도 자기 가속을 몰래 피난시켰다는데 다른 자들이야 말할 필요가 있겠는가. 대신이 하는 일에는 논급조차 하지 않으니 과연 권력이 있다고 할 만하다."

류성룡에 대해서는 한마디 논핵도 하지 못하는 자들이, 중전의 피난을 막아서고 있다니. 괜히 자잘한 이름들에게 죄를 묻는 것으로 때우려는 짓거리가 아닌가. 영상의 권력이 임금보다 더한 것인가. 저들이 영상의 눈치를 보면서 임금에겐 이리 시끄럽게 구는 것인가. 자신을 겁쟁이로 여기는 것도 분한 처지에 신하만도 못한 대접을 받으니. 참기 어려웠다.

애기를 꺼낸 사헌부에서는 그저 넘어갈 수 없는 일. 즉시 상세한 조사를 거쳐 그 이름들을 아뢰었다. 류성룡에게는… 그런 일이 없었다. 그의 가속은 여전히 서울에 있었으며, 그 자신은 지금 서울 방어를 위해 경기 곳곳을 돌며 노심초사 중이었다.

"전하. 신 등이 직접 알아본 바, 대신이 가속을 피난시켰다는 말은 소문일 뿐이었사옵니다. 적세가 흉흉하니, 헛된 말로 조정을 흔들고 민심을 어지럽히는 자들이 어찌 없겠사옵니까. 도성을 지킬 것이라는 전하의 의지를 더욱 굳게 보이소서."

결국 임금은 사직을 청한 영의정에게 사과를 하며 만류해야 했다. 일소一笑에 붙이면 그만인 일, 이라 말하였으나 정작 자신도 그저 웃고 넘기지는 못했다.

> 영의정 류성룡이 차자를 올려 사직을 청하니 답하였다.
>
> "차자를 살펴보고 경에게 진심으로 사과하는 바다. 요즘 도성 사람들 대부분이 가속을 피난시켰는데 여론이 모두 내 탓이라 하면서 못하는 말이 없기에 나는 참으로 개인적인 분노를 참지 못하고 있었다. 이때에 논핵하는 자가 또 단지 몇 사람을 예로 들어 책임을 메우려 하였는데, 그때 마침 대신이 가속을 피난시킨다는 말이 전파되어 모르는 자가 없었으므로 논계할 적에 우연히 언급했던 것이다. 그 뒤에 대간의 계사를 보고서 과연 이것이 와전된 것임을 알았다. 한번 웃어버릴 일을 가지고 어찌 사직하려 하는가. 경은 사직하지 말고 속히 올라오라."
>
> ─《선조실록》 1597년 8월 22일

·류성룡, 7년의 전쟁·

임금의 사과를 받으면서도 류성룡의 마음이 편할 리 없었다. 자신을 헐뜯는 이들이 있음을 어찌 모르랴. 그것 때문만은 아니었다. 임금의 마음속에도 이미… 권력을 너무 오래 주었다는 생각이 자리 잡고 있는 것이다. 대신의 권력이 나보다 더 크단 말인가…. 그저 우연한 말은 아니었을 것이다. 어느새 임금에게 수상은, 자신의 권력을 위협하는 존재가 되었던가. 하지만 내가 임금께 그런 마음을 품은 적 있었던가.

이번 일로 끝날 문제는 아닐 것이다. 고비마다, 사태마다… 수상은 책임져야 할 자리였다. 권력이 독이 되어 돌아오기 전에 물러나야 하는데. 시비에 오르기 시작했으니 이번만은 떠났어야 했다. 하지만 여전히 떠나지 못했다. 이대로 임금을 버려둔 채, 전쟁을 방기할 수는 없었다. 스스로도 납득하지 못하는 자신의 모습이었다.

다시 적군이 바다를 건너오면서, 다시 체찰사의 직임으로 지방을 떠돌기 시작하면서… 비워둔 자리 위로 소문과 비방이 쌓여갔다. 게다가 이번에는 임금께서 그 마음을 너무 훤히 드러내신 것이 아닌가. 지존의 자리에서 신하와 권력을 비교하시다니. 한 자리에 사람을 오래 앉히지 않는 임금이었다. 전쟁 중에만도 좌상과 우상이 벌써 몇 사람에게 거쳐갔는가. 영상의 자리에 너무 오래 있었다. 이순신을 흔들어대기 시작한… 그때부터였을까. 가끔씩 임금의 마음을 살펴보며, 그 틈을 주시하는 이들이 어찌 없겠는가.

그들에게 묻고 싶었다. 이 전쟁을 어찌할 것인가. 그때 이순신을 그리 꺾지만 않았어도 어찌 지금 서울을 위협받는 이 지경에 이르렀으랴. 전장으로 나가 고민해보라. 백성들의 삶을 생각해보라. 누가 전투를 할 장수인지, 누가 전쟁을 버텨낼 신하인지. 사심을 내려놓고 답해보라. 하지만 류성룡 또한 알고 있었다. 소문과 비방 사이에서 자신의 길을 고민해보지만. 어쩌면, 이것은 이길 수 없는 전투였다.

명량, 이 바다의 울음소리

이순신의 상황도, 이길 수 없어 보이는 전투였다. 온 바다가 텅 비어 있었다. 아무것도 남아 있지 않았다. 한산도에 세웠던 장수의 꿈은 그렇게 꿈으로 흩어져버린 것일까. 다시 수군통제사의 명을 받은 이순신은 진영을 세울 만한 자리를 찾아 진주에서 서쪽을 향해 길을 떠나는 중이었다.

어느 곳에서 다시 시작해야 하는가. 남은 배라고는 겨우, 경상우수사 배설이 도망치면서 몰고 나온 그 열두 척이 전부였다. 이것으로 시작할 수 있는 것일까. 임금도 그리 물었다. 아니, 그만두어도 그만이라 했다. 남은 배가 없으니 수전水戰이 불가하면 육전陸戰을 도와도 좋다는 유지가 내려왔던 것이다.

하지만 수군통제사가 육지로 올라선다면 이 바다는 어찌 되는 것인가. 이순신은 스스로에게 묻고 있었다. 나의 자리는 무엇인가. 열두 척의 배가 남아 있다. 어찌할 것이냐… 오래 고민하지 않았다. 바닷길을 막지 못한다면 답이 없었다. 지금까지 양호兩湖가 보존된 것은 오직 바다를 막은 덕이었음을, 조선 수군의 힘이었음을 얘기하고 싶었다. 바다를 지키겠노라, 답을 올렸다.

임진년부터 오륙년 간, 적이 감히 양호를 치지 못한 것은 수군이 그 길

을 막고 있었기 때문입니다. 지금 신에게는 전선이 아직 열두 척이 있

으니, 죽을힘을 다해 싸운다면 오히려 해볼 만합니다. (…) 전선은 비록

적으나 신이 죽지 않은 한, 적은 감히 우리를 얕보지는 못할 것입니다.

— 이분李芬 〈이충무공 행록李忠武公行錄〉

한 번의 승리가 절실했다. 조선 수군이 건재함을 보여줄 수 있다면. 그 다음은 처음처럼 시작하면 될 일이다. 처음 전라좌수영으로 내려왔을 때, 그때처럼. 다시 진영을 세우고 수군을 재건하려면. 이길 수 있다는 자신 감을, 승전으로 보여주어야 한다. 군사만의 문제도 아니었다. 피난민들도 저리 버려둘 수는 없지 않은가.

바다에서 기세가 오른 왜적들이니 분명 오래 기다리지 않을 것이다. 곧 함대를 몰아 서해로 올라가는 길을 노릴 터. 서쪽을 막지 못한다면 임금 은 다시 서울을 버리게 될지도 모르는 일이다. 그 길 사이의, 백성들 또한 목숨을 장담할 수 없었다. 서쪽으로 통하는 바다를 끊어야 했다. 이 한 번 의 전투가, 내게 허락된 유일한 기회이니. 어디에서 저들을 맞을 것인가. 대군을 맞아 싸울 수 있는 곳. 열두 척의 배로 이길 수 있는 곳. 적군이 알 지 못하는 조류에 기댈 수 있는 곳…. 그곳은 어디인가. 결국 진도 벽파진 에 자리를 잡았다.

"장군. 지금 적선이 명량으로 들어섰습니다. 이쪽으로 오고 있는데 2백 척가량 되어 보입니다."

9월 16일 이른 아침. 망군望軍의 보고가 올라왔다. 기어이 시작된 것인 가. 이순신은 장수들을 불러 모았다. 이길 수 있는 길은 단 하나. 이기겠 다는 마음뿐이다.

"적선이 비록 많다고는 하나 감히 우리를 넘지 못할 것이다. 반드시 죽고자 하면 살고, 살고자 하면 죽는 법. 우리는 절대로 패하지 않는다."

닻을 올리고 바다로 나갔다. 열 배가 넘는 적선을 마주하고, 이순신의 대장선이 선두에 섰다. 조용히 적선을, 그리고 물의 흐름을 바라보았다. 명량鳴梁이라…. 이 바다의 울음소리를 적들은 듣지 못할 터. 듣고도 알지 못할 터. 이곳이다. 한 번의 기회를, 여기에 걸겠다.

> 통제사 이순신이 진도 벽파정 아래에서 왜군을 무찌르고 적장 마다시馬多時를 죽였다.
>
> 진도에 도착한 이순신은 병선을 수습하여 십여 척을 얻었다. 이때 바닷가의 사람들 가운데 배에 타고 난리를 피한 사람들이 수없이 많았는데, 이순신이 도착하였다는 소식을 듣고 기뻐하지 않는 사람이 없었다. 이순신이 여러 방면으로 부르자 이들이 가깝고 먼 곳에서 구름처럼 모여들었기에, 이순신은 그들을 군대 후방에 두어 아군이 형세를 갖추는 데 도움을 주었다.
>
> 적장 마다시는 해전을 잘 치른다는 평판이 있었는데, 그는 배 2백여 척을 이끌고 서해를 침범하고자 하여 아군과 벽파정 아래에서 만났다. 이순신은 열두 척의 배에 대포를 싣고는 밀물을 타고 이곳에 이르러 바닷물의 흐름에 따라 적을 공격하니 적은 패하여 달아났고 아군은 크게 우세를 떨쳤다.
>
> ─《징비록》

대승의 기쁨은 온 바다에 빠르게 울려 퍼졌다. 열 배가 넘는 적선을 맞아 싸운, 도저히 믿기 어려운 승리였다. 바다가 술렁이기 시작했다. 조선의 수군이 아직 살아 있었구나. 다시 한산도의 위용을 되찾을 수 있겠구나….

어느새 바다에도 겨울이 다가오고 있었다. 적들 또한 함부로 바다로 나오지 못할 터이니. 이 겨울에 다시 일어설 자리를 마련하면 될 것이다. 통제사의 마음은 여러 가닥으로 어지러웠으나, 그의 곁으로 모여든 군민들의 마음은 모처럼의 안도감으로 잔잔해졌다. 대장의 명을 따르기만 하면, 될 것이다.

여전히 팽팽한 줄다리기

순천 예교성의 고니시 유키나가 또한 도저히 믿을 수가 없었다. 이 무슨 날벼락인가. 서해로 올라가는 길이 막혔다. 남원에서 대승을 거두고 다시 서울을 압박할 생각이었던 것이다. 어처구니없는 대패를 당한 왜군은 다시 저들의 주둔지로 몰려들어갔다. 어찌 이럴 수가 있는지. 조선 수군은 한산도에서 전멸한 것이 아니었던가. 이순신, 저자는 무엇으로 다시 일어선 것인가.

여전히 강화의 끈을 만지작거리는 고니시 유키나가였다. 전투를 하는 동안에도, 그는 강화에 대한 생각을 버리지 않고 있었다. 명군의 주력 부대와 맞서려면 일본으로서도 출혈이 너무 컸던 것이다. 남원에서 온 힘으로 밀어붙인 것도, 조선을 굴복시켜 어서 빨리 전쟁을 끝내고 싶다는 마음이었다.

협상을 해야 하는데…. 심유경이 경리 양호의 명으로 체포된 다음이고 보니 마땅한 상대가 없었다. 다시 치열해진 전투로, 그나마 강화를 논하던 김응서와도 전장에서 마주하는 사이가 되어버렸으니. 조선 측과는 이야기를 꺼낼 형편이 아니었던 것이다. 하지만 길이 없겠는가. 명군 지휘부의 상황을 기다렸다. 사력을 다할 이유가 없는 명군이니, 그들이 패할 때를 기다려 길을 만들면 될 일이다.

왜군으로서는 한산도의 수군을 격파하고 남원과 전주를 잇달아 점령하며 경기까지 압박하던, 가을 초입까지만 해도 상황이 괜찮았다. 이 기세로 몰아붙여 전쟁을 마무리하자는 마음이었다. 하여 수륙 양군의 협공을 생각하며 육군은 북으로 올라가고 수군은 노량을 지나 서해로 진입하자는 작전을 세운 것이 아닌가.

하지만 두 곳에서 모두 난관을 맞았다. 이순신에게 대패한 수군은 물론, 육군 또한 직산稷山에서 마주친 명군에게 패하여 다시 주둔지로 내려올 수밖에 없었다.

경리 양호가 부총병 해생解生 등을 시켜 적병을 직산에서 크게 격파하였다. 이보다 앞서 적이 남원을 함락시키고부터 승승장구하여 경기를 핍박하였다. 경리 양호가 평양에서 그 소식을 듣고 서울로 달려와 제독을 불러 싸우지 않은 상황을 꾸짖고, 제독과 함께 계책을 정해 정용한 기사騎士를 몰래 뽑아 해생·우백영牛伯英·양등산楊登山·파귀頗貴로 하여금 군사를 거느리고 직산에서 맞아 치게 하였다. (…) 적병이 미처 대오를 정렬하기 전에 돌격하니 적이 흩어져 도망하였는데, 죽은 자가 매우 많았다.
― 《선조수정실록》 1597년 9월

· 류성룡, 7년의 전쟁 ·

왜군은 남쪽 해안을 길게 점령하며 주력군을 나누어 배치하고, 성을 쌓아 장기전을 대비하고 있었다. 고니시 유키나가는 순천에, 시마즈 요시히로*는 사천에, 그리고 가토 기요마사는 울산에 주둔하며 때를 기다리는 중이었다. 하지만 왜군도, 조명 연합군도 결정적으로 상대를 압도하지 못했다.

겨울이 다가오고 있는데…. 협상을 하려면 가토 기요마사보다 먼저 길을 찾아야 하는데…. 고니시 유키나가는 그 생각으로 골몰하는 중이었다. 이번에는 반드시 끝을 보아야 한다. 이 순천에서 언제까지 버티고 있을 수는 없었다. 전투가 문제는 아니었다. 그보다 더 걱정인 것은 군량이었다. 이 애매한 상황이 영원히 이어질지도 모른다는 두려움까지 더해졌다.

때가 멀지는 않았다. 겨울, 기회는 오히려 가토 기요마사가 만들어주었다. 울산에서 전투가 시작된 것이다. 명 지휘부는 총공세로 왜군의 기세를 꺾어 전쟁을 마무리하겠다는 결심이었다. 왜장 가운데서도 용맹으로 이름 높은 가토 기요마사를 무너뜨린다면, 저들도 더 이상 버티지 못할 터. 한겨울의 추위가 기승을 부리던 12월 23일. 울산의 도산성 공격이 시작되었다. 수만의 군사를 집결하여 경리 양호까지 참전한, 회심의 일전이었다. 군량 등을 점검하기 위해 영의정이 직접 수행에 나서 전장으로 향했으니, 이겨야 할 전투였다.

12월에 경리 양호와 제독 마귀가 기병과 보병 수만 명을 이끌고 경상

---

* 시마즈 요시히로島津義弘. 1535~1619년. 규슈九州 지역의 영주인 시마즈 가문은 1587년 도요토미 히데요시에게 패하여, 그에게 복속했다. 시마즈 요시히로는 정유재란 시에 출정했는데, 칠천량에서 원균의 함대를 격파한 후 사천성에 주둔했다.

도로 내려가 울산의 적 진영을 공격하였다. (…) 적들이 성을 쌓느라 방심한 틈에 기습하려고 철갑을 입은 기병들에게 달려가 공격하게 하였다. 이 공격에 적은 속수무책으로 쓰러지며 버티지 못하여, 명나라 군대는 적의 외성을 빼앗고 적은 내성으로 다투어 들어갔다. 명나라 군사들은 노획품에 눈이 멀어서 즉각 진격하지 않았다. ―《징비록》

전투 초반의 상황은 매끄러웠다. 대군으로 성을 포위하고 고사 작전에 들어가니, 왜군으로서는 견딜 재간이 없었다. 공격은 막는다 해도 당장 먹고 마실 것이 없었다. 한겨울의 추위는 또 어찌할 것인가. 결국 견디다 못한 가토 기요마사가 화의를 청해왔다. 하지만 명군은 그 청을 받아들이지 않았다. 더 몰아붙여 확실한 승리를 얻고자 했음이다.

기아와 추위 속에, 적군은 무서운 인내심으로 버티고 있었다. 아군의 피해도 만만치 않았다. 한겨울의 추위가 적군에게만 공격을 해댄 것은 아니었기 때문이다. 손발에 동상을 입고 얼어 죽는 군사들이 늘어가기 시작했다. 그러다… 상황이 변해버렸으니. 적의 구원군이 도착했던 것이다.

적은 성문을 닫고 굳게 지켰기 때문에 명나라 군이 공격하여도 이길 수 없었다. 명나라 군대는 여러 진영으로 나누어 성 아래에서 13일 동안 포위하였지만 적은 나오지 않았다. (…) 적의 배가 서생포에서 울산을 구원하러 와서 물오리나 기러기처럼 줄지어 물 위에 떠 있었다. (…) 얼마 뒤에 적이 또 육로로 성안의 군대를 지원하러 오자, 경리 양호는 적에게 공격당할 것을 두려워하여 급히 서울로 돌아왔다.

―《징비록》

성 하나를 함락하기 위해 경리까지 먼 길을 달렸으나, 결국 수많은 군사들만 잃은 채 퇴각하고 만 것이다. 경리와 제독 사이에, 그리고 장수와 장수들 사이에… 서로의 공을 다투느라 바짝 몰아붙일 시간을 놓쳤다고, 지휘부의 행태에 대해 뒷말이 나돌기도 했다.

패전의 이유가 무엇이든, 명 지휘부의 분위기가 급변한 것은 당연한 일. 무력으로 왜군을 소탕하기 어렵겠다는 생각은 경리 양호도, 군문 형개도 마찬가지였다. 무술년戊戌年(1598) 1월이 채 지나기도 전에 명 측에서도 강화 이야기가 흘러나오고 있었다. 가토 기요마사와 강화를 논할 마음은 없었다. 다시 고니시 유키나가에게 줄을 이었다. 형개 휘하의 좌영도사坐營都同 오종도吳宗道를 순천의 왜군 진영으로 들여보냈다. 다시 주고받을 것을 헤아리느라, 논의가 뜨거워지기 시작했다.

조선의 임금은 설마, 하는 마음으로 명 측의 행적을 살폈으나. 강화협상은 사실이었다. 어디 그뿐이랴. 기어이 고니시 유키나가의 수하인 요시라가 협상을 위해 서울의 명 군문軍門으로까지 들어오게 된 것이다. 원수가 서울 땅을 밟았으니, 임금은 그야말로 분노를 참을 수 없을 지경이었다. 그렇지만 명 측에서는 임금의 분노를 돌아보려 하지 않았다. 그저 큰 일을 도모하기 위함이라 할 뿐. 군문에 곡물이 부족하니 요시라 일행에게 양료를 지급해 달라, 말을 전하기까지 했다.

그렇다고 강화가 전쟁을 끝내줄 분위기는 아니었다. 강화협상이 진행되는 사이, 명 조정에서는 다시 추가 병력을 파견하기로 결정했다.

오직 나라를 위하여 몸을 보중하십시오

수군까지 합세한 병력이었다. 지난해 칠천량 해전의 대패로 명 조정은 바닷길을 걱정하게 된 것이다. 혹, 조선에서 막지 못한다면 일본이 절강으로 직접 쳐들어올지도 모르는 일 아닌가. 6월, 수군 제독 진린*이 바다를 건넜다.

류성룡은 진린으로 인해 근심이 깊었다. 조선에 도착하자마자 보여준 그 행태들은, 그야말로 입에 담지 못할 정도였으니. 어찌할 것인가. 진린은 통제영이 있는 고금도古今島로 내려가 합진을 할 계획이었다. 연합 수군의 지휘권은 제독 진린에게 있었다. 이순신은 그의 명을 따라야 할 조선 장수일 뿐.

중국 장수가 아군과 함께 거처하면서 방해되는 일이 많이 있습니다. (…) 공을 세울 만한 것에는 아군으로 하여금 손도 대지 못하게 하고, 잘못한 일이 있을 경우에는 번번이 우리에게 책임을 돌리는 등 지난날의 일은 사사건건 이와 같았습니다. 더구나 수군의 경우는 모두 새로 유랑하는 백성들을 어렵게 모아 구성하였는데, 지금 허다한 중국 장수들이 진중에 내려가서 절제를 핑계로 엄격하고 다급하게 처치한다면 다시 흩어져버릴 우려가 없지 않습니다. (…) 제독이 우리나라의 군병을 직접 거느리고 싶어 한다고 합니다. 만약 이 말대로 된다면 일은 더욱 어렵게 되어 통제사 이하는 모두 군

사 없는 장수로 전락되고 말 것이므로, 이번의 거조를 신들은 몹시
우려하고 있습니다.

－《선조실록》 1598년 6월 27일

일단 비변사의 이름으로 상황을 아뢴 후. 사세가 이러하니 적절히 돌려
서 제독에게 답해야 할 것이다. 통제사와 감사에게도 별도로 하유하여 마
음을 준비시켜야 한다… 세세한 대책을 함께 진언했다.

답은 올렸으나 걱정은 가시지 않았다. 저자가 오히려 이순신의 앞을 가
로막을 것인데. 이순신의 성품을 생각해보면 더욱 그랬다. 잘못된 일 앞
에서는 상하를 가리지 않고 원칙을 세우는 이였으니. 이 반듯한 사내가
무지막지한 제독 앞에서 어찌 대처하면 좋을 것인가. 그래도 이순신이라
면… 이 또한 스스로 넘어야 하리라. 자신의 무게를 그 또한 알고 있으리
니. 피할 수 없는 일이었다. 세상은 아무에게나 그 무게를 나누어 지라 하
지는 않는다.

그런데 이 장마는 언제나 끝나려는가. 긴 비 내리는 바다가 아련히 그
려졌다.

장마 더위의 바다에서 효리*께서는 평안하신지 우러러 생각합니다.
진 제독이 또 그곳에다 합진을 하려고 하니 모든 책응策應과 조도調度
의 일은 오로지 영감만을 믿습니다. 바라건대 모름지기 협심동력하
여 큰 공훈을 이루십시오. 도감의 포수 1백 명이 내려가는 편에 안부

---

* 　효리孝履. 상제喪制를 뜻함. 이순신은 백의로 종군 중이던 1597년 4월에 모친상을 당했다.

를 묻습니다. 오직 나라를 위하여 몸을 보중하십시오.

— 류성룡 〈이여해(순신)에게與李汝諧〉

류성룡의 편지였다. 이순신은 한 자, 한 자를 오래도록 새기며 읽었다. 따뜻한 안부의 글이었으나 깊은 근심이 묻어났다. 아마도 진린의 성품 때문에, 그리고 나의 성품 때문에… 진린의 소문은 이미 듣고 있었다. 포악하기가 말할 수 없는 자. 하물며 번국을 구하러 왔다는 위세가 더해졌으니.

덕으로 품을 줄도 알아야 한다던 류성룡의 말이 떠올랐다. 나라를 위하여 몸을 보중하라는 그의 진심 또한 모르지 않았다. 그리할 것이다. 내 한 몸을 위해서가 아니라 나라를 위하여 그리하기로, 그 밤에 약속하질 않았는가. 내가 진린을 허락하지 못한다면… 바다의 일이 쉽지 않을 것이다. 전쟁은 이 바다에서 마지막 승패를 가르게 될 터. 류성룡의 헤아림을 따르리라. 그는 나라를 위해 임금마저도 품고 가려 하거늘. 내 어찌 한 장수를 품지 못하랴.

"이제 곧 진 제독이 당도하여 우리와 합진할 것이다. 술과 안주를 넉넉히 마련하여 큰 잔치를 준비하라. 전군은 제독을 맞이함에 한 치의 흐트러짐도 보이지 말아야 한다."

명군과의 합진이라니. 장수들도 군사들도, 누구도 원치 않는 일이었다. 그 마음을 어찌 모르랴. 이순신은 장수들에게, 군사들을 다독이라 명을 내렸다. 내게 제독의 마음을 움직일, 시간을 달라. 나의 군사들은, 이곳의 백성들은 내가 지킬 것이다.

"나를 믿고… 따라주기 바란다."

이를 말인가. 이미 무술년 2월부터 고금도에 주진을 갖추기 시작했다.

장수들도, 군사들도, 그리고 인근의 백성들도. 모두가 이순신이라는 이름 하나를 의지하여 이곳으로 모여든 것이었다. 배를 만들고 군사를 훈련하며 백성을 거두는 중이었다. 그렇게 이순신이 진영을 갖추고 자리를 잡자 왜적들은 서쪽으로 쉬이 뱃머리를 들일 수가 없었다. 남쪽 바닷가의 백성들도 통제영에 의지하며 생업으로 돌아갔다. 나라를 위해 몸을 보중해야 할, 그 사람으로 인함이었다.

이윽고 진린의 배가 바다에서 들어오니 이순신은 군대의 법식을 갖추고 멀리까지 나가 맞이하였고, 도착한 뒤에는 진린 부대에 크게 잔치를 베풀어주니 명군은 장수부터 병사들에 이르기까지 모두 크게 취하였다. 명나라 장수와 병사들은 "과연 좋은 장군이다"라고 서로들 이야기하였고 진린도 진심으로 기뻐하였다.

오래지 않아 적의 배가 부대 근처의 섬을 침범하자 이순신은 군대를 보내 이를 무찌르고 적의 머리 40개를 베어 와서는 이를 모두 진린에게 주어 그의 공으로 삼도록 하니, 진린은 기대 이상의 대우에 점점 더 기뻐하였다. 이로부터 진린은 어떤 일이 있어도 반드시 이순신에게 묻고, 나갈 때에도 이순신과 가마를 나란히 하여 다니면서 감히 자신이 앞서 나가는 일이 없었다. 이리하여 마침내 이순신은 명나라 군대와 자신의 군대 사이에 구분을 없게 하자고 약속하고는, 백성의 작은 물건 하나라도 훔친 병사는 모두 잡아 와 곤장을 때리니, 감히 이순신의 명령을 어기는 자가 없어져서 섬의 분위기는 고요하고 엄숙해졌다.

–《징비록》

조선을 흔들어댄 정응태 무고 사건

수군이 합세한 것은 대대적인 공격을 염두에 둔 까닭이기도 했다. 울산성에서도 끝을 보지 못했으니 시일만 끌지 말고, 집중 공격으로 마무리를 해야 할 때였다. 그런데 그 울산성 전투가 경리 양호의 발목을 잡으면서, 조선 내의 명군 상황도 좀 복잡해져버리고 말았다. 누가 보아도 패전인 그 전투를 승리라고, 명 조정에 거짓으로 보고를 올렸던 것이다. 하지만 거짓이 마냥 지속될 수는 없는 일. 평소 정치적으로 양호와 대립해왔던 정응태丁應泰가 양호를 탄핵하는 주문을 황제에게 올려 보냈다.

> 무술년 7월에 경리 양호가 파면되고 새로 경리 만세덕萬世德이 이를 대신하였다. 이때 군문 형개의 참모관인 병부주사 정응태가, 양호가 황제를 기만하고 일을 망친 죄 20여 가지를 들어 명나라 황제에게 탄핵하니 마침내 양호는 파면되어 명나라로 돌아갔다….
> 9월에 형개가 다시 부대를 편성하여 마귀가 울산, 동일원이 사천, 유정이 순천, 진린이 바다를 맡게 하였다.
>
> － 《징비록》

이런 상황이었다. 본래부터 양호 측의 빈틈을 노리던 정응태로서는 좋은 기회를 잡은 셈이었다. 조선에서 벌어진 전쟁이 명 조정의 정치 대립에까지 휘말려버린 것이다. 그 탄핵의 내용 또한 문제였다. 있는 죄에 없는 죄를 더하고 무성한 소문까지 덧입히게 되었던지라, 시비가 그칠 수 없었다. 명 지휘부의 총책임자인 형개로서도 불편한 상황이었다. 탄핵 내

·류성룡, 7년의 전쟁·

용 가운데 강화를 주도한 자들, 운운해놓았으니. 형개 역시 뜨끔한 대목이 없지 않았다.

형개의 입장에서는 어찌되었건 조선의 전쟁을 빨리 마무리하는 것이 상책이었다. 결국 전 병력을 4로*로 나누어 진격시킴으로써 일시에 왜적을 소탕하기로 작전을 세웠다. 목숨을 걸고 싸우겠다는 의지는 아니었으나 그렇다고 마냥 시간을 지체할 수는 없었기 때문이다. 왜군의 분위기도 마찬가지였으니, 명도 일본도 강화의 기대를 버리지는 않았다.

사실 두 나라 모두 본국의 사정만으로도 충분히 어지러웠던 것이다. 더 이상 전쟁을 지탱할 여력이 없었을 뿐 아니라, 정치적인 문제 또한 태평하지 못했다. 이런 상황에서 큰 명분도 없는 전쟁을 언제까지 지속할 수는 없는 일 아닌가. 형개로서는 4로군으로 밀어붙인다면 일본도 마냥 주둔지에서 버티지는 못할 것이라, 어느 쪽으로든 결정이 날 것이라 생각했다.

형개의 마음도 조급했다. 제독들을 나누어 전장으로 보내놓은 후. 군량을 제대로 준비하고 있느냐, 조선 장수들이 도움이 되겠느냐, 어찌 일 처리가 이리도 더딘 것이냐, 조선의 조정을 상대로 잔소리를 해대고 있을 때였는데.

하지만 이건 또 무슨 일인가. 제독들이 모두 전장으로 떠나 전투가 한창인 9월 22일. 조선의 임금이 정무를 보지 못하겠다는 것이었으니. 대신에게 모든 걸 알아 하라며 문을 닫고 들어앉아버렸다. 형개로서는 당황스

---

* 4로四路 작전. 조명 연합군의 전 병력을 넷으로 나누어 일시에 공격하자는 작전이었다. 명 제독인 마귀, 동일원, 유정, 진린이 각기 동·중·서·수로 나누어 병력을 이끌었다. 진린의 수군은 유정의 서로군과 협공을 벌이도록 했다.

런 노릇이었다. 의논하여 처리할 일이 태산인데 이 무슨 일인가. 아무리 명 군문의 지휘 아래 놓였다고는 해도… 지금 조선은 전쟁 중이고, 조선의 국왕은 전쟁 당국의 책임자가 아닌가.

정응태가 황제에게 보낸 또 하나의 주문이 조선의 반발을 불러온 것이었다. 그 문제의 주문이, 물론 문제이기는 했다. 양호가 탄핵당해 돌아가자, 조선으로서는 양호를 그저 외면하기가 난처했다. 조선의 일로 인해 그리된 것이니 보고 있을 수만은 없다, 며 임금은 황제에게 양호를 변호할 사신을 파견해놓은 상태였다. 그러자 이번에는 정응태가 발끈했다. 감히, 양호를 편들어 나를 가로막는다? 가뜩이나 조선을 고깝게 보던 정응태와 더 심하게 어긋나버린 것이다.

정응태는 조선과 조선의 국왕에게 본때를 보이고 싶었다. 거짓과 비난으로 가득 찬 또 하나의 주문을 올렸으니…. 조선이 일본과 내통하고 있다, 성을 쌓은 것도 정작 명에게 대항하기 위해서다, 요동을 침략하여 고구려의 옛 땅을 회복하려 한다, 조선의 임금은 포악하고 주색에 빠져 천조를 우롱하고 있다, 조선에 파견되어 있는 형개 이하의 인물들도 의심스러운 면이 있다… 누가 보아도 무고라 할 만한 내용이었다.

이에 황제는 과도관科道官을 파견하여 진위를 조사토록 하고, 공과는 스스로 밝혀지지 않겠느냐, 일단 나라를 생각하는 마음으로 전쟁을 잘 마무리하라, 정도의 성지를 내려보냈다.

아뢴바 조선이 은폐한 사정을 차출해 보낸 과신科臣으로 하여금 긴급하게 아울러 조사하게 하라고 전에 여러 번 엄지嚴旨를 내렸다. 동방의 일은 조사를 끝내고 돌아오는 날에 공죄가 스스로 밝혀질 것이므

· 류성룡, 7년의 전쟁 ·

로 정응태는 다시 번거롭게 진언할 필요가 없다.

－《선조실록》1598년 9월 21일

정작 형개를 비롯한 지휘부의 이름도 거론된 주문이었다. 하지만 황제 또한 그 내용을 그대로 믿는 것은 아닌 듯하여, 형개는 크게 개의치는 않았던 것이다. 비록 혐의를 받고 있다 한들 일을 폐하고 들어앉아 처분을 기다릴 만한, 한가로운 시절은 아니지 않은가. 그런데 조선 국왕은 그럴 수 없다고 했다. 자신은 황제에게 죄를 지은 자이니 어찌 뻔뻔하게 국왕의 자리를 지키겠느냐고. 이 무고가 벗겨질 때까지 아무 일도 할 수 없고, 아무도 만날 수 없겠다고.

싸울 이유가 없는 그들, 명군 대패하다

형개가 아무리 당황했기로 조선의 영의정 같기야 하겠는가. 류성룡은 임금을… 이해할 수가 없었다. 지금이 도대체 어떤 상황인가. 명군과 한마음으로 일을 도모해도 결과를 낙관할 수 없는 이때에. 재상이라 해야 영상 하나만이 조정에 남아 있을 뿐. 좌상 이원익은 사신의 임무를 띠고 명으로, 우상 이덕형은 제독 유정을 수행하여 순천으로 내려가질 않았는가.

명 군문에서 재촉하는 일은 한둘이 아닌데 임금은 아무 답이 없었다. 아무리 대신에게 맡긴다 해도 임금이 결정할 일이 있는 법이다. 자칫 명 군문과의 사이가 틀어져 전쟁이 더 어려워질까 마음이 타들어갔다.

정응태의 무고에 분개하지 않은 이가 어디 있으랴만. 그렇다고 왕이 피

하여 들어앉을 일은 아니었다. 억울하면 대책을 세워서 문제를 해결해야
할 일이다. 전하의 심정을 어찌 모르겠는가마는, 그래도 어서 나와서 정
무를 보시라, 이 위급한 때에 자칫 큰일을 놓치면 어찌하시려는가, 군문
형개 또한 무고를 당했으나 평시처럼 일을 보고 있지 않은가, 하물며 임
금의 자리이겠는가… 아뢰었으나. 임금은 마음을 돌리지 않았다.

게다가 아무리 정응태를 대하기가 껄끄럽다 해도 그렇지… 이 계절에
갑자기 평산으로 온천 치료를 떠나신다 하니. 그렇게 도망을 가버린다고
일이 해결되겠는가. 다시 상소를 올렸다. 이날 하루 동안에도 벌써 몇 차
례의 상소인가.

영의정 류성룡 등이 백관을 거느리고 아뢰기를 "(…) 지금은 온천에
서 목욕할 계절이 아닙니다. 신들이 삼가 생각하기에 성상의 뜻은 병
을 치료하는 데 있는 것이 아니고, 단지 간사한 사람의 일로 분격하시
어 이런 사리에 가깝지 않은 과당한 전교를 하신 것으로 여겨집니다.
(…) 이러한 때에 어떻게 이런 전교를 내리시어 또다시 간사한 사람으
로 하여금 사직을 버리고 가볍게 나갔다는 참소를 하도록 하십니까.
그렇게 되면 변고 이외에 또 변고가 생기는 것이니 앞으로 어떻게 명
나라에 스스로를 해명하시겠습니까. (…)" 하니 답하기를 "계사는 웃
을 만하다. 사직도 외물外物이니 경들은 번거롭게 말하지 말라. 나의
병은 내가 스스로 치료할 것이다. 나의 성질은 속인과는 다르다. 경
들은 의당 이곳에 남아 명나라 장수를 응접하면서 내가 사직을 버리
고 나갔다는 뜻을 명나라에 들려주고 명나라 장수에게 들려주면 매
우 다행이겠다" 하였다.   – 《선조실록》 1598년 9월 22일

정무를 보시라고 간하였다. 온천을 핑계로 피할 수 없는 일임을 함께 아뢰었다. 자칫, 임금이 또 사직을 버리고 서울을 떠났다는 모함이라도 더해진다면 난감한 일 아니겠느냐며, 뜻을 거둘 것을 청하였다. 임금은 그렇다면 아예 자신이 사직을 버렸다고 명나라에 고하라, 삐죽댈 뿐이었다.

류성룡은 임금의 마음 앞에서 조금씩, 조금씩 절망하는 자신을 보았다. 언제까지, 언제까지 이리하실 것인가. 다시 도망치는 임금을 제자리로 돌아오도록 해야 하는가. 마음을 돌릴 만한, 그 답을 임금 앞에 가져다드려야 하는가. 이 또한 수상이 져야 할 책임인가. 아직 전쟁 중이었으니. 여기까지는… 해야 하는가.

영의정의 이름으로 백관을 거느리고 명 과도관의 아문에 엎드렸다. 정응태의 참주讒奏로 임금이 국사마저 폐하였다. 우리의 억울함을 부디 황제께 밝혀 달라, 호소했다. 황제께서 어찌 이런 말을 믿으시겠느냐, 안심하고 국사에 임하라, 는 과도관의 답을 임금에게 전해 올렸다. 그러고도 다시 며칠. 형개에게서 몇 차례의 위로와 독촉이 있은 후. 9월 28일에야 임금은 정무를 보겠다며, 겨우 고개를 끄덕였다.

그사이 4로군의 전투는 이미 막바지로 치닫고 있었다. 상황은 좋지 않았다. 세 길로 나누어 진격한 제독들의 군사는 모두 패하고 말았다. 명군으로서는 힘을 다해 싸울 의지도, 이유도 없었던 것이다. 수군만이 선전을 거듭하며 서로군西路軍에 호응하였으나, 순천을 맡은 서로군의 제독 유정이 전투를 포기함으로써 수군 또한 전투를 중단할 수밖에 없었다.

10월 초, 각 진영의 패전 소식이 서울로 올라오기 시작했다. 어서 강화로 마무리하자…. 각 군의 제독은 그리 생각하고 있었다. 물론 형개의 뜻이기도 했다. 아니, 드러내놓고 얘기하지 않았으나 조선의 조정에서도 이미 종전의 기운을 느끼고 있었을 것이다. 어떤 모양으로 끝내는가, 그 선택이 남았을 뿐이다.

> 이때 동로東路의 중국 군사는 2만 4천 명이고 우리 군사는 5천 5백 14명이며, 중로中路의 중국 군사는 2만 6천 8백 명이고 우리 군사는 2천 2백 15명이며, 서로西路의 중국 군사는 2만 1천 9백명이고 우리 군사는 5천 9백 28명이며, 수로水路의 중국 군사는 1만 9천 4백 명이고 우리 군사는 7천 3백 28명이었으니, 모두 합하면 10만여 명이었다. 군량과 무기도 이에 비등했는데, 삼로三路의 군대가 흔적도 없이 무너졌다.
>
> — 《선조실록》 1598년 10월 12일

도요토미 히데요시, 결국 종전을 보지 못한 채

"전군에 퇴각 명령이 내려졌다."

"혹… 소문이 사실입니까."

고니시 유키나가는 고개만 끄덕였다. 관백의 병세가 위중한 줄은 알고 있었으나 그 결말이 생각보다도 빨랐다. 8월 18일. 도요토미 히데요시가 세상을 떠났다. 그의 죽음은 곧 전쟁의 끝을 뜻하지 않겠는가. 각 진영의 일본 장수들에게 철수의 명이 도착한 것은 10월 초의 일이었다. 마침 4로군과의 전투가 끝난 때이기도 했다. 철수하라…. 얻은 것이라곤 아무것도 없었다. 이러자고 이 오랜 시간을 싸워온 것인가. 게다가 돌아간 후는 더욱 문제였다. 관백의 죽음으로 인한, 그 빈자리.

관백의 외아들은 겨우 여섯 살. 조선에서 전쟁을 일으킨 뒤에, 너무 늦게 본 아들이었다. 아들의 권력을 위해 관백은 후계자로 지명했던 조카마저 제거하질 않았는가. 그런데 아들이 자라기도 전에 권력자가 숨을 거둔 것이다. 관백은 도쿠가와 이에야스* 등의 대로들에게 후일을 맡겼다고 했다. 하지만 그들의 충성을 믿을 수 있는가. 이 어린애가 자라도록, 누가 기다리며 지켜줄 것인지.

"본국 사정이 복잡할 것이다. 우리도 일단 무사히 돌아갈 방법을 찾아야 한다."

"명군이 모두 대패했으니… 이미 싸울 뜻이 없을 것입니다. 원하는 것을 주고 길을 열어 달라 하면 저들도 흔쾌히 받아주지 않겠습니까."

"통제영이 문제다. 이순신이 가만히 있겠느냐."

"아무리 이순신이라 해도 명장의 지휘 아래 있지 않습니까. 우선 유정에게 사람을 보내시지요."

11월 15일까지는 철수하라는 명이었다. 부산에 모여 함께 바다를 건너라 했다. 사천도, 울산도 문제는 아니었다. 하지만 순천이라니…. 고니시 유키나가는 너무 깊이 들어와 있었다. 운까지 따라주지 않았다. 하필이면 이순신이 고금도에 본영을 세워놓지 않았는가. 그의 탐후선을 따돌리고 몰래 전군이 철수할 방법은 없었다.

퇴각할 방법을 고민하다 보니 지난 일들이 하나씩 떠오르는 것이…. 그

---

* 도쿠가와 이에야스德川家康. 1543~1616년. 도요토미 히데요시의 가장 큰 경쟁자로서 결국 그에게 복속했으나, 히데요시 사후 일본의 새로운 지배자가 되었다. 1603년 천황에게서 쇼군將軍의 칭호를 얻고 실질적인 통치자로 인정받은 후 '에도江戸' 시대를 열었다.

랬었다. 두 번의 퇴각이 있었지. 평양에서, 그리고 서울에서. 심유경… 그와도 참으로 많은 일을 함께 겪었구나. 그는 지금쯤 어찌 되었을까. 황제를 속인 죄로 체포되었으니 죽음을 면치 못할 것이다. 하긴 어디 심유경뿐인가. 정작 본국의 관백도 결국 이 전쟁의 끝을 보지 못했으니. 전쟁에 엮인 이름들이 그렇게 하나씩 사라지고 있었다. 자신 또한 삶과 죽음의 길이 어디에서 마주칠지 알 수 없었다.

10월 22일. 고니시 유키나가와 유정의 회담은 순조롭게 진행되었다. 명군은 이미 더 이상 싸울 의지도, 힘도 남아 있지 않았다. 유정으로서는 오히려 기다리던 제안이었다. 어차피 도요토미 히데요시가 죽은 다음이니 이제 전쟁은 아무 의미 없는 일. 적들은 그 무엇도 요구하지 않았다. 서로가 더 이상 생명을 해치지 말고 전쟁을 끝내자….

공을 세울 만큼의 충분한 대가를 약속받았다. 성을 고스란히 넘겨주고 2천의 수급까지 주겠다고 했다. 적의 퇴각을 승전으로 고할 만한 좋은 기회가 아닌가. 유정은 약속의 증표로 자신의 가정 30인을 고니시 유키나가에게 보내주며 철군을 허락했다.

4로 작전이 실패로 돌아간 후, 남은 것은 협상과 철군뿐이었다. 어쩌면 도요토미 히데요시의 죽음은 명군에게 솟아날 구멍인지도 모른다. 이대로 조선의 전쟁을 마칠 수만 있다면…. 경리 양호가 파면되어 돌아간 후, 명과 조선 사이에도 편치 않은 분위기로 어수선한 중이었다. 각 군의 제독들은 어서 고국으로 돌아가고 싶었다. 공이 될 만한 것들까지 얻을 수 있다면, 무얼 더 바라겠는가. 중로의 동일원은 이미 시마즈 요시히로의 퇴각에 합의한 상태였으며, 동로의 마귀 또한 가토 기요마사의 길을 막을 이유가 없었다. 적들이 넘겨준 성에서 챙길 것만 맘껏 챙길 요량이었다.

하지만 유정에게는 문제의 그 수군이 함께하고 있었다. 진린이 문제였다. 어느새 이순신과 한마음이 되어버렸으니…. 유정으로서는 도무지 이해할 수 없는 일이었다. 상국의 제독이 어찌 번국의 장수에게 휘둘리는가. 하지만 진린 또한 뇌물 앞에서 약한 자였다. 상황이 이러하니 그 마음을 돌리기가 어렵지는 않을 것이다. 유정은 조용히 고니시 유키나가에게 사람을 보냈다. 후방은 염려하지 마라, 하지만 바다는 나의 것이 아니니…. 무사히 돌아가고 싶으면 진린의 마음을 얻으라.

진린의 진영으로 수차례 사신과 뇌물이 들어갔다. 진린 또한 솔깃했음을 물론이다. 어차피 철수해야 할 마당에 공을 세워준다는 제의 아닌가. 하지만 협상이 쉽지는 않았다. 유정만큼의 것을 바라는 진린이었으나, 고니시 유키나가에게는 남은 것이 많지 않았다. 진린은 그 정도에서 타협할 마음은 아니었다. 유정과의 자존심 싸움에 더하여, 이순신의 눈치가 보이기도 했다.

> 적은 또 도독을 통하여 은량銀兩과 주육酒肉을 보내고자 하므로 공이
> 말하기를 "이 적은 천조에도 용서받기 어려운 죄가 있는데, 노야老爺
> 께서는 도리어 그 뇌물을 받으려 하십니까" 하였다. 그 후 적의 사자
> 가 재차 왔을 때, 도독이 그를 거절하며 말하기를 "내가 통제공에게
> 이미 부끄러운 일을 당했는데 어찌 다시 할 수 있겠는가" 하였다.
>
> — 이항복 〈고통제사 이공유사故統制使李公遺事〉《백사집》

결국 바다는 열리지 않았다. 고니시 유키나가는 약속한 날짜까지 부산으로 퇴각할 수 없었다. 남은 길은 하나뿐. 사천의 시마즈 요시히로에게

구원을 요청했다. 수군을 이끌고 와서 내 앞을 가로막는 이순신을 막아 달라고.

통제사 이순신, 마지막 전투 앞에서

이순신은 물론, 구원군과 결전을 할 마음이었다. 이미 육지의 삼로군이 모두 강화에 협의하고 적들이 남겨줄 전리품 아닌 전리품만 기다리고 있는 줄, 알고 있었다. 적군이 물러간 후 명의 장수들은 그리할 것이다. 적을 물리쳤노라, 거짓과 허세로 시끄러울 것이다. 명군이라면 그럴 수 있을 것이다. 전쟁이 그들에겐 그저 공을 세울 기회일 뿐이니. 그것으로 족할지 모른다. 어차피 끝날 전쟁이라고. 차라리 적에게서 하나라도 더 받고 끝내면 좋지 않겠느냐고.

하지만 내게, 그렇게 말하지 말라. 적들이 퇴각을 요청했으니 전쟁이 끝나기는 할 것이다. 그래도 우리는 이대로 끝낼 수 없다. 이 어설픈 종전이라니… 이건 아니었다. 제멋대로 들어온 왜군이었으나 제멋대로 나갈 수는 없으리니. 조선 백성들의 마음에 쌓인 슬픔이, 분노가 영원한 한으로 남겨져서는 아니 될 일이다. 짓밟힌 마음들을 일으켜 세울, 그 한 번의 뜨거움이라도 있어야 하지 않은가. 전쟁은 그들 손에서 시작되었으나, 끝내는 일은… 우리가 해야 한다… 내가 해야 한다.

전쟁이 끝난다고 생각하니 다시 류성룡이 떠올랐다. 지난달, 10월이 저물어가던 때. 서울의 소식을 들었다. 전하는 목소리가 가라앉아 있었다. 전해주는 이 또한 통제사에게 영의정이 어떤 존재인지, 알고 있었음이다.

"영상께서 탄핵을 당하여… 물러나셨다 합니다."

류성룡이 탄핵을 받았다고, 영상의 자리에서 물러났다고… 이순신은 한동안 아무 말도 하지 못했다. 탄식이 흘렀다.

"아… 나라 일이 어찌 이 지경에 이르렀단 말이냐."

탄핵에 이유가 없지는 않겠으나 그것이 이유일 수는 없을 터. 류성룡이 자리에서 물러났다면…. 그런가. 임금의 생각도 그런 것인가. 조정에서도 이제 전쟁이 끝날 때가 되었음을, 이렇게 알려주는 것일까. 지금쯤 그는 어찌되었을까. 설마, 파직에까지 이른 것은 아니겠지. 이 험한 시비를 넘기고 다시 조정으로 돌아올 수 있는 것일까. 돌아오지 못한다면….

그, 류성룡, 영의정에서 물러났다. 이제 곧 전쟁이 끝날 것이므로. 나, 이순신, 삼도수군통제사. 전쟁 뒤에 설 자리는 어디인가. 전쟁이 끝난 뒤, 전쟁만큼이나 길고도 끔찍할 시비 속에 나를 밀어넣어야 하는가.

서울을 떠나던 그 밤과 새벽 사이. 살아남아 달라고, 서로의 운을 빌었었지. 그는 내게 미안하다 했으나… 나의 오늘은 그로 인한 것이었다. 내게 이 바다를 안겨준, 내가 누구일 수 있는지 깨닫게 해준 사람…. 그것으로, 충분했다.

11월 18일의 깊은 밤. 적선이 노량으로 들어섰다는 보고가 올라왔다. 시마즈 요시히로가 이끄는 수백 척의 함대였다. 그들 또한 선봉장을 구하기 위해 남은 힘을 다하겠으나, 최후의 일전을 결심한 통제사의 마음 같겠는가. 마지막 밤이 시작되었다. 이 밤, 노량의 검은 바다는 적의 피로 물들게 될 것이다.

삼경三更, 달도 뜨지 않은 밤. 배에 올랐다. 오히려 마음이 차분히 가라앉았다. 뱃전에 무릎 꿇고 하늘에 기원했다. 부디 이 원수들을 섬멸할 수 있게 해달라고. 오늘이 조선의 마지막 전투가 되게 해달라고. 죽음을 결심했으니 소원은 오직 그것 하나뿐. 승리도, 죽음도 모두 운명에 따르리라.

전군에 출동을 명했다. 대장선의 깃발을 높이 세우고 선두에 섰다. 바람에 펄럭이는 깃발, 수帥…. 저 깃발 하나를 믿고 모여들었던 군사들의 얼굴이, 백성들의 모습이 떠올랐다. 이 바다에 목숨을 바친 부하들의 이름을 하나씩 새겨보았다. 삶도, 죽음도, 그저 무심히 바라만 보던 이 바다에서. 통제사 이순신. 조선 수군의 대장으로 나서는 것이다. 그 이름을 걸고 싸우는 것이다.

대장선을 감싸며 진을 갖추기 시작했다. 적선들도 숨을 죽인 채, 마지막 전투 앞에서 그 첫 총성을 기다리고 있을 것이다. 팽팽히 마주선 전선과, 깃발과, 그 그림자들로 검은 바다가 울렁이고 있었다. 깊은 어둠에 잠긴 겨울 바다는 죽음처럼 장엄했다. 이 바다도, 이 겨울도, 이 전투도. 이제 이별인가.

북을 울렸다. 출정하라.

정극기鄭克己가 말하기를 "이여해가 전라도 고금도에 있을 때입니다. 대감께서 탄핵당하여 관직에서 떠났다는 소식을 듣고서, 할 말을 잃고 한숨을 쉬면서 '오늘날의 나라 일이 어찌 한결같이 이 지경에까지 이르게 되었는가' 하였습니다. 이로부터 매양 배 안에서 물을 떠놓고 자기를 죽게 해달라고 하늘에 빌었습니다. 전투가 벌어진 그날, 몸소 화살과 탄환이 날아오는 곳에 나가려고 하니 부장들이 간하여 말렸으나, 이여해는 듣지 않고 몸소 나가서 싸웠는데. (…)" – 류성룡 〈무제無題〉

11월 19일, 바람 잠들다

좌의정 이덕형이 치계하였다.

"금월 19일 사천·남해·고성에 있던 왜적의 배 3백여 척이 합세하여 노량도에 도착하자, 통제사 이순신이 수군을 거느리고 곧바로 나아가 맞서 싸우고 중국 군사도 합세하여 진격하였습니다. 왜적이 대패하여 물에 빠져 죽은 자는 이루 헤아릴 수 없고, 왜선 2백여 척이 부서져 죽고 부상당한 자가 수천여 명입니다. 왜적의 시체와 부서진 배의 목판, 무기와 옷 등이 바다를 뒤덮고 있어 물이 흐르지 못할 정도였으며 바닷물이 온통 붉었습니다. 통제사 이순신 등 십여 명이 탄환을 맞아 죽었습니다. (…)"

– 《선조실록》 1598년 11월 27일

무술년 11월 19일. 이순신이 전사했다. 그날, 7년의 전쟁도 막을 내렸다. 살아남은 왜군들은 부산에 집결하여 제 나라로 돌아갔다. 치열한 전투 사이, 몰래 빠져나간 고니시 유키나가도 그들과 함께 바다를 건넜다.

전쟁의 광풍은 그렇게 바다 속으로 잠겨 들었다. 바람이 잠든 바닷가, 그 한산도와 고금도 사이. 자신의 운명을 바다에 내어준 한 장수의 넋은 그 어디쯤에서 잠든 것일까. 그 어디쯤, 그를 그리워하는 누군가의 노래만이 떠돌고 있었다.

한산도… 고금도…　　　　　　　　　　　閑山島古今島

넓은 바다 가운데 몇 점 푸르구나　　　　大海之中數點碧

그때 백전노장 이 장군이	當時百戰李將軍
한 손으로 친히 하늘 한쪽을 떠받쳤지	隻手親扶天半壁
고래를 다 멸하여 피가 파도에 번지고	鯨鯢戮盡血股波
맹렬한 불길은 풍이의 소굴 다 태웠어라	烈火燒竭馮夷窟
공이 높아 시새우는 모함 면하지 못했으니	功高不免讒妬構
홍모 같은 목숨 아끼지 않았으리	性命鴻毛安足惜
그대는 보지 않았는가	君不見
현산 동쪽 한 조각 돌에	峴山東頭一片石
양공 간 뒤 사람들이 눈물 흘린 것을	羊公去後人垂泣

(…)

– 류성룡 〈통제사 이순신을 애도함哀李統制〉

· 류성룡, 7년의 전쟁 ·

류
안동

징비, 살아남은 자의 책임

그 꽃나무였다. 뿌리 내린 자리 그대로. 바람 부는 대로 눈발 날리는 대로, 꽃 피울 봄날을 기다리고 있었다. 복사꽃 하나를 온전히 누릴 수 없었던, 그 봄부터. 꽃이 피고 또 지기를 몇 해째인가. 서애는 하루가 저물어가는 옥연정사의 고요한 시간 아래 잠겨 있었다.

7년의 전쟁을 다시 걸어, 겨우 돌아왔다. 그 전쟁을 기억하겠다고. 기록하겠다고. 그렇게라도 부끄러움을 갚고 싶다고. 또 한 번의 전쟁을 치러낸 것이다. 그날, 무술년 11월 19일을 떠올리니 다시금 가슴이 저려왔다. 서애는 자신이 보아온 전쟁의 마지막을 힘겹게 마무리했다. 잊을 수 없었기에, 잊어서는 아니 되겠기에. 살아남은 자의 책임이었다. 갑진년甲辰年 (1604) 여름, '징비록懲毖錄'이라 이름하였다.

> 《징비록》이란 무엇인가? 임진왜란 후의 일을 기록한 것이다. 한편, 임진왜란 전의 일도 가끔 기록한 것은 임진왜란이 그로부터 비롯되었기 때문이다. (…)《시경詩經》에 "나는 지난 일을 징계하여 후환을 조심한다"라는 구절이 있다. 이것이《징비록》을 지은 이유다.
>
> *－《징비록》 서문*

《징비록》을 남겨야 할 이유였다. 그리고 이것이 나, 류성룡이 겪은 7년의 전쟁이었다. 모두가 저마다의 전쟁을 치렀던 것이다. 나는 전쟁을 시작한 자도, 끝낸 자도 아니었다. 견디며 버텨낼 수 있도록 고민한 자였을 뿐이지만. 책임을 져야 할 자리에 섰으니, 그 책임을 다하고자 했음을. 부끄러움으로 무릎 꿇은 자의 솔직한 고백이었다.

조정 안의 또 다른 전쟁

전쟁의 기억을 접어 넣으며 마음을, 슬픔을 애써 다독이던 갑진년 여름. 임금의 교지가 내려왔다. 호성공신* 2등에 봉한다 했다. 돌아오라는 부름이 더해졌다. 지난봄, 이미 관직이 복구되었다는 소식과 함께 서울로 올라오라는 명이 있었다. 서울…. 서애는 그리움으로 온 마음이 젖어들었다. 서울을 떠나던, 그 시린 날도 함께 떠올랐다.

깊은 곳에 숨겨둔 채 다 털어내지 못한 마음속의 전쟁. 차마 《징비록》에도 고백하지 못했던, 조정 안의 또 다른 전쟁이었다. 먼 바다 노량에서 이순신이 전사하고 전쟁이 끝난 그날, 11월 19일. 서울의 조정에서는 류성룡을 파직하라는 임금의 명이 있었다.

전쟁은 불쑥 시작된 것이었다. 저마다의 방식으로 선택할 수는 없었기에 그저 제자리에서 최선을 다했을 뿐. 하지만 전쟁을 끝맺는 일은 저마다의 방식으로 선택해야 하는 것인가. 적어도 그 전쟁의 한가운데에 섰던

---

* 호성공신扈聖功臣. 선조를 의주까지 호종하는 데 공이 있는 사람에게 준 공신 칭호. 공훈의 정도에 따라 1, 2, 3등으로 나누었다.

·류성룡, 7년의 전쟁·

누군가라면 그래야 할지도 모른다. 자칫, 그 마무리를 강요당하게 될 수
도 있었다.

　이순신의 마지막 순간을 전해 들으며 먹먹함으로, 비통함으로 온 가슴
이 멍들었던 날이 있었지. 다시 한번 긴 새벽을 나누리라던 그 마음은 그
저 마음으로만 남았을 뿐이다. 그는 자신의 전쟁을 마침으로써 조선의 전
쟁을 끝내고 떠났다. 장수가 아닌 자, 스스로 죽을 자리도 가질 수 없었
다. 조정 안의 전쟁은 그 시작도, 이유도, 피아彼我의 구분도… 안개 속 같
았다.

　그 가을과 겨울 사이. 조선의 전쟁이 마무리되어가던 무술년의 그 두
달 동안. 임금과 영의정 사이에는 길고 긴 상소와 비답이, 그리고 더 긴
침묵이 오고 갔다. 30년의 만남을 마무리하는 일이 쉬울 수는 없었다.

탄핵, 시작되다

바로 그 정응태의 무고 사건이 발단이었다. 황제께 죄인으로 이름이 올랐
으니 정무를 볼 수 없다고. 임금이 돌아앉은 무술년 9월 22일, 그날이 시
작이었다. 좌의정도 우의정도 모두 조정에 없는 때에 영의정 홀로 정무를
감당해야 했다. 여러 날을 그렇게 어수선하게 보내는 중이었다. 한편으로
는 임금을 달래고 한편으로는 명군과 협의하며, 한편으로는 조정의 업무
도 보아야 했다.

　임금에게는 눈앞의 전쟁이 문제가 아니었다. 무엇보다도, 황제에게 자

신의 억울함을 풀어줄 진주사*를 보내는 것이 시급하다 했다. 누가 변무辨誣를 위한 진주사로 가야 하는가. 사안이 사안인지라 아무나 보낼 수 없었다. 문장에도 능하고 사리에도, 전고에도 밝으며 만약의 사태에 대처할 능력도 필요했다. 임금은 류성룡을 마음에 두고 있었다. 영상이 움직인다면 너끈히 해결할 일이라 생각했던 것이다.

하지만 류성룡의 입장은 그렇지 않았다. 지금 조정에 재상이라고는 자신 하나뿐. 평시도 아니었다. 전투가 한창인 이때에, 임금마저 정무를 보지 않는 이때에. 가벼이 조정을 비울 수는 없었다. 변무가 중요한 일이기는 하나, 무고의 내용은 어느 정도는 저절로 그 거짓이 밝혀질 수밖에 없는 것들이다. 의당 사신을 보내어 조선의 뜻을 알리기는 해야겠지만 영의정이 떠나기는 어렵다는 생각이었다. 더 중요한 것은 국사를 살피고 이 전쟁을 마치는 일이었다.

임금과 영의정 사이의, 머뭇거리던 며칠. 그 틈을 눈여겨보는 이들이 있었다. 임금이 정무를 폐한 지 사흘째 되던 9월 24일. 영의정 류성룡에 대한 탄핵이 시작되었다. 임금이 욕을 당하고 있는데 진주사를 자처하지 않은, 불충한 신하라는 것이었다. 임금의 총애를 입은 수상으로서 감히 그 은혜를 저버린 일이라 했다.

류성룡은 그 틈을 돌아볼 여력이 없었다. 해야 할 일이, 너무 많았기 때문이다. 미처 빈틈이 생겼음을 보지 못한 것이다. 아니, 보았다 해도 어쩔 수 없는 일이었다. 탄핵을 주도하는 이들의 면면을 보니 더욱 그랬다. 젊은 대간들이었으나…. 그들 뒤에 자리한 이름이 어찌 없겠는가.

---

* 진주사陳奏使. 중국에 외교적으로 알려야 할 일이 생겼을 때 임시로 파견한 사신. 주로 중국으로부터의 책문責問이나 중국 측의 오해에 대한 해명을 위해 파견되었다.

탄핵이 시작된 다음 날인 9월 25일. 류성룡은 사직을 청했다. 탄핵이라니, 이미 이름을 더럽힌 것이었다.

군신 사이에 오고 간 이야기들
———

신은 정부에 자리만을 채우고 있는 사람으로, 다른 대신들은 모두 밖에 나가고 신만 홀로 남아 있으니 일이 한창 위급하지만 스스로 출사를 청하는 것은 사세상 온편하지 않다고 여겼습니다. 또 스스로 헤아려보니 신의 쇠약한 몸과 흐린 정신이 요사이 더욱 심하여 지극히 중대한 사신의 임무를 감히 감당할 수 없었습니다. (…) 그런데 지금 사람들의 의논에 시임 대신은 자기가 가려 하지 않고 한산 재신閑散宰臣을 범연히 주의注擬하였다 하니 이는 곧 신의 죄입니다. 그러나 간사하게 피하기를 꾀하였다고 한 것은 신의 진정이 아닙니다.

- 《선조실록》 1598년 9월 25일

진주사를 자청하지 않은 것이 불충이라면, 물러나 죄를 받겠다고 했다. 하지만 류성룡의 마음은 상소 그대로였다. 자청할 일이 아니었기에 자청하지 않았다고. 진정을 헤아려 달라고.

어찌 영상이 피하기를 꾀한다고 한 것이겠는가. 사직하지 마라.

- 《선조실록》 1598년 9월 25일

임금은 사직을 만류했다. 영상이 피한다는 말이 아니라, 그저 변무의 일이 급하여 올라온 소가 아니겠느냐는 어조였다. 하긴 그랬다. 지금이 어느 때인가. 사직이라니, 있을 수 없는 일이었다.

이미 탄핵에 이름이 올랐으니 물러나 죄를 청하고 있어야 마땅한 때였다. 그래도 류성룡은 낯 뜨거움을 무릅쓰고 조정에 나가서 일을 보았다. 여느 벼슬아치도 아닌 영의정이, 중한 논박을 받는 와중에 몸을 움직이다니. 스스로 생각해도 있을 수 없는 일이었다.

하지만 임금이 정무를 폐하고 있으니 임금의 마음을 돌려야 할 일. 명과도관의 아문에 나아가 엎드려 억울함을 호소하고, 안심하고 국사를 살피라는 그 답을 임금께 안겨야 했기 때문이다. 황제에게 바칠 주문의 내용도 챙겨야 했다. 자칫 주문이 허술하여 또 다른 책을 잡혀서도 아니 될 일. 그리고 다시 집으로 돌아와 사직소를 올리며 대죄를 청했다.

신은 탄핵을 당한 것이 이미 중하여 결코 얼굴을 들고 조정의 반열에 있을 수가 없습니다. 다만 때가 한창 위급하고 또 사직하지 말라는 명을 받았기에 어제 공의公議에 범하는 것을 무릅쓰고 재차 대궐에 나왔던 것인데, 승문원承文院 정자正字 유숙柳潚이 또 상소하여 신의 죄악을 극도로 진술하였습니다. (…) 이와 같은데도 그대로 그 자리에 있다는 것은 고금 천하에 없었던 일입니다. (…) 상소 내용 중에도 충정한 사람으로 뽑아 파견해야 한다 하였으니 이는 실로 공의인 것입니다. (…) 상사上使의 사체事體는 부사副使보다 더욱 중하니 결코 다시 임금의 명령을 만 리 밖에서 욕되게 할 수는 없습니다. 신이 지금 이 말을 하면 신을 죄주려는 자는 또 필시 먼 걸음을 규피한다고 지목할 것입니다. 그러나 사리가 이와 같으니 사생영욕死生榮辱에 구차할 수 없습니다.

- 《선조실록》 1598년 9월 27일

더 이상 자리를 지킬 일이 아니었다. 게다가 이미 탄핵을 받는 죄인의 처지이니 사신으로 떠날 수도… 어차피 없게 되었다. 규피한다, 더 심하게 죄를 지목할 자들 또한 있겠으나 그래도 어쩔 수 없는 일. 성 밖에 나가 임금의 명을 기다리겠다고 했다.

경이 지적한 조목과 내가 입은 죄명은 그 경중대소가 어떠한지 모르겠다. 지금 경은 말하기를 '이와 같은데도 그대로 자리에 있다는 것은 고금 천하에 없었던 일이다' 하였고, 또 '사생영욕에 구차할 수가 없다' 하였으며, '사는 것이 죽는 것보다 못하다' 하면서, '성 밖에 나가 명을 기다리려 한다' 하였다. 어찌 이렇게 스스로의 처신은 완벽하게 하면서 임금은 도道가 아닌 곳으로 인도하는 것인가. 경중대소가 하늘과 땅처럼 다른데도 스스로 처신하는 것으로 남의 처신을 돕지 못하니, 고인이 이른바 '나의 마음을 헤아려 남에게 미친다恕己及人'는 뜻을 잘 아는 사람이라면 아마 이와 같지는 않을 것이다. 경은 사직하지 마라.

- 《선조실록》 1598년 9월 27일

여전히 정무를 폐하고 있는 임금이었으나 이번에는 다소 긴 답을 내렸다. 나의 욕됨을 풀어주지 않고 이대로 물러날 것이냐. 그대는 물러나면서 내게만 다시 정사를 돌보라 간하는 것이냐. 그대가 대신으로 받는 탄핵이 임금이 당한 억울함보다 더 치욕스럽다는 말이냐. 그렇게 스스로만 깨끗하게 처신할 것이냐고. 탄핵 중이었으나 그래도 진주사를 맡아 달라는 것이었다. 임금은 섭섭했다. 그대가 나를 위해 이 정도도 해줄 수 없는가. 영의정은 답답했다. 할 수 있는 일이 아니기에 이러함을 어찌 헤아려 주시지 않는가.

하지만 둘 사이의 상소와 비답이 둘의 것일 수만은 없었다. 탄핵의 상소는 대간을 넘어서 성균관 유생으로까지 이어졌다. 거론하는 죄상 또한 진주사 문제에서 멈추지 않았다. 류성룡은 주화오국*의 죄인으로 나라를 망쳤으며, 권세를 이용하여 조정을 문란케 하고, 뇌물로 사욕을 채운 간인奸人으로 지목되었다. 하여 그런 죄인을 진주사로 보내는 것도 옳지 않다고 했다. 탄핵의 주도면밀함이나 그 속도로 보아 그저 여느 유생들의 충정이라 할 수는 없었다.

류성룡은 차마 그 탄핵소를 읽기조차 힘들었다. 역겨웠다. 간奸이라…. 그 앞에서 마음이 무너졌다. 떠나야 한다. 다시 상소를 올렸다.

> 조정에서 대신을 대우하는 것은 본래 체모가 있어 죄가 있든 없든 마땅히 예의로써 진퇴시켜야 하니, 소나 말처럼 매어놓을 수 없습니다. 대신 또한 조정의 체모를 생각하여 진퇴할 때에 염치를 차려, 감히 무례하게 하인이나 종처럼 행동하지 말아야 합니다. 신은 조정에 있은 지 30여 년에 국가에 보답한 일은 하나도 없는데 말년에는 결국 간인

---

* 주화오국主和誤國. 화친을 주장하여 나라를 그르쳤다는 뜻. 류성룡은 갑오년(1594)의 봉공 주문 사건으로 이 죄명을 입게 되었다.

이라는 오명을 얻어 온 평생을 그르치고 말아 성상께서 알아주신 은
혜를 저버렸으니 무슨 말을 하겠습니까. (…) 신은 교외에 엎드려 거
적을 깔고 벌을 기다리고 있습니다. 영해嶺海로 쫓겨 가는 것 이외에
는 다시 국문에 들어갈 의리가 없습니다.

－《선조실록》 1598년 10월 1일

성균관의 상소는 중요한 공론이었다. 그들을 사주하는 자들이 누구든,
죄의 유무가 어떠하든. 그것이 문제가 아니었다. 일이 이렇게 흐르도록
흐르고 있는 것을 보면. 피할 수 없는 흐름이 아니겠는가. 동문 밖으로 처
소를 옮기고 명을 기다리는 중이었다. 진퇴를 스스로 알아야 하는, 대신
으로서의 염치였다.

그런 말을 따질 것이 무어 있겠는가. 나와서 국사를 보살피라.

－《선조실록》 1598년 10월 1일

임금은 따질 것도 없는 말이라 하였으나 그 내용을 눈여겨보고 있었다.
유생들에게는 변무하려는 뜻은 지극하지만, 대신을 논박하는 말이 지나
치다는 답을 내리기는 했다. 하지만 마음이 흔들리기 시작했다. 류성룡을
좀 세게 밀어붙여보면 어떨까. 그가 진주사로 떠나도록, 임금의 뜻을 확
실하게.

금일 조정이 분분한 것은 영의정을 논죄하기 때문이다. 다른 일은 내
가 아는 바가 아니고 또한 눈으로 본 일도 아니다. 다만 연경에 가는

한 가지 일은 분명히 영의정이 잘못 처신한 것이다…. 영의정이 당초
에 사신 가는 것을 자청하지 않았을 뿐더러 계사에 노병老病으로 인하
여 감당하지 못하겠다는 말이 있어, 내가 이에 대해 불만스런 뜻을 가
졌다. (…) 그러나 이는 일시적으로 당황하고 일이 많은 중에 우연히
발생한 것이니 크게 해로울 것은 없다. 지금이라도 마땅히 속히 달려
가 황은皇恩을 받는다면 그 일은 한때의 웃음거리에 불과할 뿐이고,
충성과 공로가 우주에 밝게 비칠 것이다.

– 《선조실록》 1598년 10월 3일

임금은 다른 죄에 대해서는 알지 못하는 일들이라 했다. 다만 사신을
자청하지 않은 것, 그것만은 잘못인데 이 또한 당황한 상황에서 우연히
발생한 것일 터. 지금이라도 어서 연경으로 떠나 달라, 그렇다면 그대의
충성과 공로를 새기겠노라, 는 말이었다.

하지만 임금에게서 영의정의 처신에 대한 불만이 흘러나오자, 논의는
그 수위를 달리하기 시작했다. 바로 그날부터 영의정을 파직하라는 상소
들이 몰려왔다. 이제, 류성룡을 변호한다는 것은 곧 임금에 대한 불충을
자인하는 일이었다. 탄핵의 내용이 그릇되니 임금께서 사정邪正과 호오好
惡를 잘 분별하시라는 소를 올렸다가, 류성룡의 응견鷹犬으로 몰린 사건까
지 있었으니. 아직 류성룡에게 기대하는 것이 남아 있던 임금으로서는 현
명한 언사는 아니었던 셈이다.

기축옥사… 슬픔이 미움으로, 미움이 원한으로

탄핵이 시작되면서, 오직 비난을 위한 비난으로 채워지면서. 류성룡은 이일이 그저 탄핵만으로 끝나지 않을 것임을 짐작했다. 마음의 준비도 했다. 10년 전의 그 일 때문임을 어쩔 수 없이 떠올렸다.

열리지 않는 그 마음의 방 앞에 다시 선 것이다. 기축년(1589)의 옥사….
그동안도 잊고 지낸 것은 아니었다. 만약 다시 그때로 돌아간다면 다른 결정을 내렸을까 뒤척이기도 했다. 그랬을 것 같지는… 않다. 하지만 머뭇거렸던 순간들, 힘들었던 시간들이 다시 무거운 한숨과 함께 되살아났다. 상황의 탓이긴 하나, 자신 또한 그 상황을 만들어간 이름 중의 하나였으니. 책임이 없지 않았다.

역모에 관한 옥사란 그렇지 않은가. 그 결말은 오직 임금의 뜻이다. 다만 그 뜻에 기대어 사욕을 채우는 자들이 없지 않을 뿐. 기축년 정여립鄭汝立의 역모 또한 그랬다. 사림 전체를 흔들어놓은 비극이었다. 멀쩡한 사대부가 역모를 꾀하였다…. 연루된 이들 또한 조정에서 나란히 정무를 보던, 나란히 학문을 닦던, 그들이었다.

처음에야 일이 이렇게 커질 줄 알았겠는가. 사대부들 사이에 주고받은 편지 한 통이 어찌 없었겠는가. 하지만 그것들이 어느새 혐의가 되고 증거가 되었다. 게다가 그, 역모의 수괴로 지목된 이가 동인의 무리 가운데 있었다. 내막이 밝혀지기도 전에 정여립 자신은 자결로 입을 다물었으나. 그래서 더 문제였다. 어디까지가 사실인가. 어디까지 믿을 것인가. 류성룡 자신도 이름이 엮인 상태였던지라 스스로 탄핵하는 사직소를 올려 죄를 청했다. 하지만 임금은 오히려 위로의 말을 전했을 뿐, 사직은 받아들이지 않았다. 진실을 결정하는 것은 임금이었다.

임금은 정철을 위관으로 삼아 옥사를 다스리게 했다. 소외되어 있던 서인들에겐 어쩌면 기회였다. 잘만 된다면 정권을 잡을 수 있을 것이다. 동인인 이산해가 영의정으로 있었으나, 이미 동인들에 대한 혐의가 짙던 차였다. 최영경崔永慶, 이발李潑… 많은 동인들이 목숨을 잃었다. 더 많은 이들이 유배를 떠났다. 물론 그들에게 죄가 있지는 않았을 것이다. 하지만 임금이 그들의 무죄를 믿고 싶어 하지 않았으니.

정철은 이 기회를 확실한 기회로 삼고 싶어 했다. 끝없이 그 망을 넓혀 너무 많은 이름을 해치고 말았다. 물론 임금의 묵인과 동조 없이는 어려운 일이었다. 하지만 그 책임은 임금이 아닌, 정철과 서인들이 져야 했다. 당리를 위해 죄 없는 선비들을 몰아 죽였다는 반발을 불러오게 되었으니, 화를 자초한 셈이었다. 권력은 한순간이었다. 바람의 방향이 바뀌자 정철은 그 자신의 목숨마저 지키기 어려워졌다. 다시 동인들에게 기회가 왔다. 정철에 대한 책임을 어디까지 물을 것인가. 의견이 나뉘었다.

류성룡은 정철을 좋아하지 않았다. 당파가 달라서는 아니었다. 소리만 높았을 뿐, 재상으로서의 능력이라곤 보이지 않았기 때문이다. 단정치 못한 언행도 그랬다. 도무지 기질적으로 어울릴 수 없는 인물이었다. 그렇다 해도, 다시 죽음을 부르고 싶지는 않았다. 정철을 죽음으로 내몬다면 또 다른 원한과 복수가 어찌 없겠는가. 물론 억울하게 죽어간 최영경을 생각하면… 어찌 쉬이 덮어버릴 수 있겠는가. 그렇다고 언제까지 반복할 수는 없는 일. 더 큰 분란도, 또 다른 죽음도 원치 않았다. 이미 나라 밖의 상황도 편치 않아 보였다. 일본으로 통신사를 보내느라 분주한 시절이 아닌가.

하지만 정인홍 주변의 생각은 정철을 살려둘 수 없다는 것이었다. 동인 가운데서도 조식*의 문도門徒들이 주로 옥사에 연루되었기 때문이다. 그들로서는 류성룡의 애매한 태도가 야속했다. 최영경을 적극적으로 구해주지 않은 것 때문에 이미 앙금이 쌓인 차였다. 그런데 다시 정철에게 관대한 태도를 보이니, 용납할 수 없었던 것이다. 이미 서인들과는 함께할 수 없는 사이인데. 어찌 주저하는가. 무엇 때문에 머뭇거리는가. 왜 이 기회를 놓치려 하는가. 이 기회에 아예, 서인들의 기를 꺾어야 한다. 억울함을 풀어야 한다.

결국 정철은 목숨을 건지고 유배에 처해졌다. 그리고 동인들이 다시 갈라섰다. 정인홍과 이산해는 북인으로, 류성룡은 남인으로 등을 돌렸다. 정인홍은 정철보다도 오히려 류성룡이 더 원망스러웠다. 우리 편… 아니었는가. 류성룡. 저 자가 제 권력만을 지키기 위해 그리한 것인가. 의심이 미움을 부추겼다. 미움에 시간이 쌓이자 맹목의 원한으로 굳어갔다.

류성룡은 정철의 죄과를 변호하고픈 것이 아니었다. 그러나 최영경의 죽음이 어찌 한 사람만의 죄라 할 수 있겠는가. 이런 사태를 부른 것 자체가 모두가 나누어 져야 할 책임이라 생각했다. 물론 그때, 옥사를 맡은 정철이 잘했다면 좋았겠지만….

그러나 당시에는 그렇지 못한 바가 있었습니다. 그 근원의 실제는 근년 이래 조정이 분열되어, 너니 나니 하는 붕당을 이룬 데서 나왔습니

다. (…) 이는 여러 신하들이 나라를 등진 죄를 고루 가지고 있는 것이지, 어떤 한 사람에게 그 허물을 넘길 일은 아닙니다. (…) 이미 죽은 사람 가운데 최영경은 대간이 논의를 계속하여 이미 원통함을 풀었으며 증작贈爵이 더하여지니, 이를 듣고 보아 감격하지 않은 이가 없었습니다. 정개청鄭介淸·유몽정柳夢井·이황종李黃鍾 같은 자들도 비록 인품의 고하와 죄에 걸린 선후는 있지만, 억울하게 누명을 쓴 것은 마찬가지입니다. (…) 신등의 뜻은 정개청, 유몽정, 이황종 등에게는 특별히 유생들의 소를 윤허하여 모두 원통함을 풀어주시고, 이 밖에 소疏, 차箚에 이름이 오르지 않은 자도 많으니 이들도 임진년의 하교에 의해 법으로 연좌된 자 외에는 모두 풀어주자는 것입니다.*

— 〈기축옥사에 누명쓴 사람들을 신원해주기를 청하는 계사請伸雪己丑寃枉啓〉 1595년

몇 해 전, 기축옥사의 억울한 죽음을 신원해 달라고 임금께 청하였다. 벗들의 죽음을 애통해하는 북인들을 위로하고픈 마음이었다. 이제 그때의 원한을 잊고, 이 전쟁을 함께 극복해 나가자는 청이기도 했다. 결국, 잠시 조정으로 돌아왔던 정철도 이미 적소에서 죽음을 맞지 않았는가.

하지만 북인들의 마음은 풀리지 않았던가. 정인홍의 이름을 거론하는 성균관 유생들의 탄핵소를 보며, 류성룡은 그 긴 원한을 떠올렸다.

조목**, 정인홍 같은 무리가 경륜을 품은 채 시골에서 은거하며 세상에

---

* 이때 기축옥사의 신원을 요청하는 유생들의 상소가 있었다. 임금이 이에 대해 하문하자, 류성룡이 위와 같은 내용으로 회계回啓하며, 상소에 이름이 오르지 않은 자들도 모두 풀어주기를 청한 것이다.

** 조목趙穆, 1524~1606년. 이른 나이에 이황의 제자가 되어 평생 스승을 가까이에서 모셨다. 이황의 문집 편차 시, 산절刪節 문제 등으로 류성룡과 사이가 좋지 않았다. 류성룡과의 갈등으로 인해 오히려 북인 측의 배

나서지 못하는 것은 모두 이 간인이 그들의 길을 막았기 때문입니다.
(…) 전하께서는 빨리 이 간인을 제거하소서. 그런 다음이라야 군부의
원통함을 씻고 국토를 회복하는 공을 거둘 수 있을 것입니다.

– 《선조실록》 1598년 9월 28일

경륜을 품은 자의 앞길을 막았다… 했다. 명분을 얻을 때까지 10년을 기다린 것인가. 현직 수상을 간인이라 지목했으니, 그저 눈앞의 실수나 허물을 묻고자 함은 아니었다. 끝까지 가보겠다는 다짐이었다. 이이첨李爾瞻, 문홍도文弘道… 앞장서 탄핵하는 그들의 말이 곧 정인홍의 뜻임을 모르지 않았다. 이산해마저 조정에 돌아와 있으니 북인들로서는 기회라 여겼을 터.

자, 우리에게 명분이 생겼다. 불충의 죄가 있는 영의정에게… 그 위에 강화의 죄를 입힌다면. 제아무리 류성룡이라도 피하지는 못할 것이다. 전쟁의 책임을 수상에게 지운다면 임금께서도 싫다 하시지는… 않을 것이다. 그런 것이었던가.

이제 이별할 때가 되었다

과연, 임금도 싫다 하지는 않았다. 물론 처음에는 섭섭하다고 토로하면서도 미적거리고 있기는 했다. 영상이 마음을 돌릴지도 모르니 조금만 더

려를 받기도 했다. 자는 사경士敬, 호는 월천月川.

기다려보기로 했다. 진주사로 가지 않는다고 탄핵하던 이들에겐, 정말 영의정이 마음을 돌려 진주사로 떠나게 될까 신경이 쓰였을 것이다. 감히 떠나지 못하도록 쉬지 않고 탄핵소를 올려댔다. 다행히, 영의정은 움직이지 않았다.

임금의 마음은 섭섭함에서 분노로, 그리고 다시 의아함으로까지 이어졌다. 류성룡의 진심을 알 수가 없었다. 그깟 탄핵이 무어라고. 물론 임금 또한 북인들이 마음먹고 움직이고 있다는 것을 모르지 않았다. 하지만 그 모든 결정은 나, 임금의 뜻 아닌가. 어쩌면 류성룡의 마음이… 식어버린 것일까. 그래서 사직소만을 연이어 올리며 성문 밖으로 물러나, 떠날 날을 기다리는 것인가.

더 이상 진주사를 미룰 수는 없었다. 10월 7일. 영의정을 체직하라 명을 내렸다. 이항복을 우의정으로 삼아 진주사로 파견하도록 했다. 하지만 류성룡을 어쩌면 좋겠는가. 이대로 둘 수도 다시 부를 수도 없었다.

임금의 흔들림이 확인되자 탄핵이 더욱 거세지기 시작했다. 그 어조도 조금씩 격해지면서 죄상도 하나씩 추가되었다. 파직은 물론, 삭탈관작削奪官爵을 주청하는 이들까지 있었다.

사간원이 아뢰었다.

"풍원부원군 류성룡은 간사한 자질에다 간교한 지혜로 명성과 벼슬을 도둑질하여 사람을 해쳐도 사람들이 알지 못하고 세상을 속여도 세상이 깨닫지 못하였으니, 이것이 그 평생의 심술입니다. 정권을 잡은 이래로 붕당을 결성하여 국사를 그르치고, 사심을 자행하여 백성을 괴롭힌 죄는 한두 가지가 아닙니다. (…) 정철이 악한 짓을 멋대로

할 때에 우성전과 이성중은 성룡의 심복으로서 간사한 정철에게 붙어서 사대부들에게 피해를 끼쳤으니, 지금까지 화禍가 계속되는 것은 모두 성룡이 남몰래 사주한 것입니다. (…) 성룡은 대신으로서 맨 먼저 화친을 주장하였으며 호택이 나왔을 때에 기미책羈縻策을 힘써 주장하여 드디어 심유경과 서로 표리表裏가 되었습니다. (…) 끝내 사기事機를 저해하여 천하의 대사를 망쳤으니 이는 우리나라의 죄인일 뿐만이 아니라 실로 천하의 죄인입니다.

훈련도감을 맡거나 군문을 체찰하면서도 속오작미束伍作米의 법과 선봉차관選鋒差官의 설을 주장하여 폐단을 일으키고, 그를 빙자하여 자신의 이익만을 도모하였습니다. 불같은 호령으로 절도 없이 징수하여 끝내 백성들을 도탄에 빠뜨리고 촌락을 텅 비게 만들었으며…. 이리하여 원망은 위로 돌아가게 하고 이권은 전적으로 자기에게 돌렸으니, 성룡은 어쩌면 그렇게도 자기를 위하는 계책에는 성실하고 국가를 위하는 계책에는 성실하지 못하단 말입니까. (…) 삭탈관작시켜 조야의 울분을 조금이나마 쾌하게 하소서."

- 《선조실록》 1598년 11월 16일

임금도 알고 있었다. 그 탄핵이 사실은, 사실일 수 없음을. 류성룡이 어떤 사람인가. 뇌물을 받으며 백성을 수탈하고 나라 살림을 도둑질할 자는 아니었다. 스스로 용납하지 못할 일일 터. 그럴 만한 인물이 못 되었던 것이다. 남몰래 강화를 주도하고 의논도 없이 통신사를 파견했다는 것도 지어낸 말이었다. 임금 또한 사세가 그러하니 따르라, 허락한 일 아니었던가. 결국 그 당쟁 때문에 이런 일까지 생긴 것인데….

어찌하면 좋을까. 주화오국의 죄인이라는 탄핵을 받고 있는 수상이었다. 임금이 그를 두둔하여 같은 시비에 오를 필요는 없는 일 아닌가. 나는 대의를 위해 오직 척화斥和를 주장한 임금이어야 했다. 이름을 더럽히느니 차라리 죽음을 택한 임금이어야 했다. 이 전쟁을 견디며 백성들이 살아남을 수 있도록 근심으로 분주했던 이름은, 수상이 아닌, 임금이어야 했다.

누군가 전쟁의 책임을 져야 할 터. 파천도, 강화도, 이 오랜 전쟁도… 임금의 탓일 수는 없었다. 국사를 잘못 이끈, 또 다른 권력이 져야 할 책임이었다. 전쟁이 끝나가고 있지 않은가. 새로 시작하자. 그 치욕은, 그 시대의 누군가와 함께 털어내버리자.

하지만 파직을 명하려니 마음이 평온하지는 않았다. 그런 신하를 다시 얻을 수 있을지. 이 조정을 누구에게 맡기면 좋을지. 답이 없기도 했다. 그를 불편하게 여겼던 것은 그의 탐욕과 무능 때문이 아니었다. 오히려 그렇지 않아서였는지도 모른다. 그와 함께한 30여 년. 그는 내 나라의 수상이자 나의 스승이었으며, 때론 나를 숨겨주는 성이기도 했다.

그렇다 해도 더 이상의 권력은 위험한 일. 그에게 전쟁을 온전히 마무리하게 할 수는 없었다. 재조강산再造江山의 공을 그에게 넘길 수는 없었다. 이별할 때가 온 것이다.

11월 19일, 류성룡을 파직하라

영의정에서 체직된 풍원부원군 류성룡은 여전히 성 밖에서 임금의 처분을 기다리고 있었다. 서울로 돌아온 계사년 가을부터 꼬박 5년을 수상의 자리에서 아침을 맞았다. 이제 그 자리를 내려놓으라 했으니…. 이것으로 끝나지는 않을 것이다.

조정의 분위기가 싸늘하던 그사이. 이항복이 류성룡의 집을 찾았다. 어쩌면 다시 만나지 못할 옛 수상에게, 함께 전쟁을 치러낸 동지에게… 그대에 대한 시비란, 겨우 시비일 뿐이라 말해주고픈 것이었을까. 조정의 재상으로서 그 마지막 예를 다하겠다는 마음이기도 했다. 나라를 위해 충정을 다하였으니, 진심을 알아주는 누군가가 있으니, 그럼 된 것 아니겠느냐고.

> 서애공은 무술년 가을에 탄핵을 받고 동교東郊에 있었다. 내가 가서 방문하니 공이 나와서 맞이하며 웃으면서 말하기를 "공은 일찍이 내 집에 온 적이 없었는데, 다만 기성箕城에서 한 번 방문하였고 두 번째는 여기로 찾아온 것이니. 공은 반드시 남이 오지 않을 때에 오니 참으로 우습구려" 하였다.
> 그리고 종일토록 담론하면서 조금도 숨김없이 속마음을 다 토로하였는데, 한 번도 그 성내는 기색을 볼 수가 없었다.
>
> – 이항복 〈서애유사〉 《백사집》

남이 찾지 않는 때에 기꺼이 찾아주는 이가 있다면… 잘못 살아온 길은 아닐 것이다. 류성룡은 그 마음 씀이 고마웠다. 스산한 처지를 지탱해주는 이들이었다. 함께 힘든 시간을 겪어냈기에, 떠나야 하는 마음을 알아주는 것이겠지.

힘겨움을 나누지 않은 자들이 어찌 알겠는가. 어쩌면 탄핵소에 담긴 그 비겁한 문자들로 오히려 맞설 의지조차 사라졌는지도 모른다. 이렇게까지… 이렇게까지. 차라리 수상의 능력이 없으니 자리에서 물러나라, 떳떳하게 요구하면 좋겠다. 우리가 더 나은 조선으로 이끌겠다, 자신 있게 말해주면 좋겠다. 진심을 감춘 채, 명분은 항상 그럴듯한 이유로 치장되었다.

류성룡은 이 상황이 하루빨리 정리되었으면 싶었다. 하지만 그 오랜 탄핵에도 임금은 자신을 파직하지 않았다. 떠날 수 있는 명분을 허락하지 않았다. 지쳐갔다. 그렇게 수많은 탄핵소에 이름이 오르면서, 갈기갈기, 그 마음과 함께 이름 또한 찢겨져갔다. 기어이 11월 19일. 파직의 명이 내렸다.

사실, 임금이 섭섭함을 드러낸 그날, 이미 승패는 자명해지지 않았던가. 하지만 집요한 공격에 비하자면 조금 싱거운 결말이었다. 류성룡이 회심의 역습은커녕 방어마저 포기한 채. 사직소만 무수히 올리다가, 조용히 도성 밖으로 이사를 하여 죄를 기다리다가, 파직과 함께 그대로 고향으로 길을 떠나버렸기 때문이다.

오직 류성룡의 실각에 온 힘을 모으던 그들로서는 오히려 의아한 일이었다. 어찌 그리 쉽게 전투를 포기해버렸는지 이해할 수 없었다. 더 힘든 시절 속에서도 권력을 지켜낸 자가 아닌가. 어쩌면 이대로 떠난 것은 아닐지도 모른다. 잠시 물러났다가 돌아올 때를 노리고자 함일까. 사세를 가늠해보아야 했다. 파직으로는 안 될 것이다. 돌아오지 못하도록 이 기회에 삭탈관작을 윤허 받아야 한다. 연이어 상소를 올렸다. 망설이는 임금에게, 그 결단을 촉구했다.

홍문관이 상차하기를 "전 부원군 류성룡은 본래 말만 앞세우는 자질에다 문필의 기예로 수식하나, 쓸 만한 재주가 아닙니다. 시무에도 어두워, 임금의 총애를 한 몸에 받고 오래도록 정권을 잡았지만 그의 행동과 처사가 대부분 사람들의 기대에 만족스럽지 못했습니다. (…) 국사를 담당하여 일을 그르친 죄를 어떻게 면할 수 있겠습니까. 양사에서 삭탈관작시키자고 청한 일은 실로 공론이 격렬하게 일어난 데서 나온 것입니다. 망설이지 마시고 속히 유음綸音을 내리소서."

— 《선조실록》 1598년 11월 20일

마지막으로 돌아본… 서울, 그리고 한 사람

떠나는 길 위에서 류성룡은 자신의 선택이, 유일한 선택이라 생각했다. 그들은 의아해 하겠으나…. 그때는 나라가 위태로운 중이었기 때문이다. 돌아서고 싶어도 차마 그럴 수 없었다. 그것이 수상의 마음이다.

이미 세상에 나선 뒤였다. 나라를 위하기로 했다면, 백성을 위하기로 했다면. 작은 시비쯤 받아들이고 참아야 할 일이다. 이 전쟁에 대해 한 번은 봉직으로, 그리고 한 번은 사직으로. 책임을 다하고자 했다. 자신이 저질렀을 지난날의 과오들에 대해, 글 읽는 자로서 지녀야 할 도리에 대해. 스스로를 납득시키고 싶었다.

이미 지난해, 아니 갑오년 그때부터. 강화로 나라를 망쳤다는 무수한 비난들이 어찌 없었으랴. 권력을 탐한다는 질책 또한 어지러이 떠돌았다. 사림으로, 그 이름을 지키며 깨끗이 살고픈 이들에겐 때론 화의에 끌려가야 하는 조선의 처지가 못마땅했을 것이다. 정권을 가지고도 겨우 나라를 이리 만들었는가, 분개했을 것이다. 하지만 그 순간들을 견뎌가며 조선은 조선으로 살아남았다. 그대들이 딛고 선 그 땅 또한, 그렇게 지켜낸 조선의 한 조각이다.

탄핵하던 그들만이 진심을 몰라주고, 알고 싶어 하지 않는 것도 아니었다. 권력은 외로운 것. 지난해, 자신을 비난하는 사형師兄 조목에게 답서를 보냈다.

"화친을 주장하여 나라를 그르쳤다主和誤國"는 네 글자는 저 또한 스스로 반성해보았지만 이런 일은 없었습니다. 계사·갑오년(1593~1594) 사이에 백성들이 서로 잡아먹으며, 국가의 형세는 심히 위태로워 하루도 보전하기가 어려웠으니, 힘으로는 능히 적을 도모할 수 없었습니다. 저는 밖으로는 명나라의 기미羈縻의 계획을 좇아 적의 공세를 조금 완화시키고, 안으로는 전쟁과 수비에 대응할 준비를 닦아서 서서히 뒷날을 도모하고자 하는 계획을 세웠습니다. 오늘날 나라를 도모한 것이 바로 이에 지나지 않는데, 저를 미워하는 사람들이 서책 사이에서 좋은 제목을 찾아내어 비방하고 있으나 이는 당연히 웃으면서 받을 뿐입니다. (…) 그런데 위태로운 나라를 두고 떠날 수는 없다는 의리 때문에, 뻔뻔스러운 얼굴로 결단을 내리지 못하고 주저했던 것이 오히려 친지들에게 부끄러울 뿐입니다. 옛말에, "이르러본 뒤라야 알 수 있고, 실천을 해본 뒤라야 어려움을 안다" 했는데, 이 말이 참으로 그렇습니다.

— 〈조사경(목)에게 답함答趙士敬〉 1597년

전쟁이라는 현실에 대해, 그리고 수상의 책임에 대해 답하지 않을 수 없었다. 명분을 외치는 것만으로 나라를 구할 수 있다면, 그 쉬운 일을 어찌 마다하겠는가. 비난을 받으면서도 위태로운 나라를 두고 떠날 수는 없었다. 떠나고 싶어도 떠날 수 없는 자의 괴로움을, 답답함을… 겪어보지 않고는 알지 못할 일이다.

권력이란 그렇지 않은가. 영원할 수는 없는 일. 어찌 정적이 없겠는가. 하물며 수상의 자리에서 5년이었다. 그렇지만 강화의 죄 또한 어쩌면 그저 명분일 뿐이다. 자신의 정책들이 불편하기도 했을 터. 작미, 속오법이 나라를 망치고 백성을 도탄에 빠뜨린 실책이라 지목받는 지경이었다. 사욕을 위해 악용했다고도 했다. 시작하던 날부터 계속된 비방이었다. 벼슬아치들이 좋아할 수 없는 제도였으리니. 다시 예전으로 돌아갈 수 있는 기회 아닌가, 류성룡만 없다면. 그리 생각한 것일까. 그렇게 많은 이들이 내게서 멀어져간 것일까.

명분이 무엇이든 진실이 무엇이든. 파직의 명을 받고 고향으로 향했다. 길을 떠나 사흘째. 말을 세우고 뒤돌아본 곳에… 삼각산이었다. 겨울 산다운 우뚝함으로, 하지만 그 가파름이 오히려 외롭게 떠오르는 산이었다. 도성으로 돌아올 때마다 나를 맞아주던 산. 그 얼마나 반갑고 설레었던가. 도성은 내게 그런 곳이었다.

임진년 파천의 날, 통곡으로 도성을 떠나던 날. 이곳을 되찾기 위해, 이곳으로 돌아오기 위해. 수많은 밤들을 근심으로 잠들지 못했다. 그렇게 돌아온 도성이었다. 저 산도 이것으로 마지막인가. 그리움으로… 이제 얼마나 더 많은 밤들을 뒤척여야 할 것인가.

말에서 내려 네 번, 도성을 향해 절을 올렸다. 임금과의 영원한 이별이었으므로. 저 산도 다시는 볼 수 없을 것이므로.

전원으로 돌아가는 길은 삼천 리	田園歸路三千里
유악의 깊은 은혜는 사십 년	帷幄深恩四十年
도미천에 말 세우고 뒤돌아보니	立馬渡迷回首望
종남산 자태는 그 옛날 그대로	終南山色故依然

- 류성룡, 1598년 11월 22일

　30여 년을 함께한, 삶의 가장 많은 시간을 나눈 사람이었다. 마지막 한 잔 술로 아름답게 헤어지지는 못했으나 그 은혜에 감사했다. 이 전쟁을 치를 수 있도록, 나라와 백성을 위해 일할 수 있는 자리를 허락한 것만도 임금의 은혜였다. 하지만 마음속 소란함이 어찌 없으랴. 정녕 이렇게 물러나야 했는지. 한순간에 이처럼 돌아서야 했는지.

　전쟁이 끝나고 누군가 책임을 져야 한다면… 임금의 뜻을 받아들이기로 했다. 임금께서 다시 시작하기를 원하신다면 그렇게 해드릴 것이다. 이것이 평생을 모신 군주에 대한, 신하로서의 마지막 마음이었다. 여기까지다. 나의 전쟁도 여기에서 끝낼 것이다. 만약 우리가 평화로운 시대의 군신으로 만났더라면, 그랬더라면. 임금이 그런 시대를 사셨다면 다른 군주가 되셨을 거라 생각했다. 내게도 다른 시절이 주어졌다면 더 나은 모습으로 살고 있을까. 모르겠다. 그런 류성룡이, 쉬이 그려지지 않았다.

　여전히 남쪽으로 향하는 길, 아직 고향에 들어서기도 전인 12월 6일. 삭탈관작의 명이 떨어졌다. 이제 그 이름을 어느 곳에도 남겨서는 아니 되는, 죄인의 몸이 된 것이다. 7년의 전쟁을 치러낸 수상의 이름은 그렇게

　　　　　　　　　　　　　　　· 류성룡, 7년의 전쟁 ·

사라졌다.

어째서인가, 그가 떠난 뒤
————

다들 어디로 가버린 것인가. 나를 버린 것인가. 임금은 부쩍 울적한 중이었다. 짜증이 일기도 했다. 대간들의 탄핵만 무수히 쌓여갈 뿐, 재상의 자리가 텅 비어 있었다. 영의정 이원익도 떠나버렸다. 류성룡을 변호하는 상소로 인해 탄핵을 받고. 그렇다면 그런 조정에 서지 않겠다며. 결국 임금은 그의 열여덟 번째 사직소를 받아들일 수밖에 없었다.

우의정 이항복도 그렇다. 강화의 죄를 묻는다면, 이 조정에서 누가 혐의를 피할 수 있겠느냐고. 자신 또한 그때 함께 그 길을 의논한 죄인이라 했다. 대간들이 들고 일어났으나 그 자신은 병으로 사직을 청한 후 틀어박힌 채였다. 좌의정 이덕형은 명 제독 유정과의 갈등과 오해로 제자리를 지키기 불편한 상황이었다. 그 또한 책임을 다하지 못한 죄를 청하며, 사직소를 올리는 중이었다.

임금은 신하가 필요했다. 나라를 이끌 재상이 간절했다. 전쟁은 끝났으나 조정의 하루하루가 전쟁 같았다. 삼공三公의 자리가 비어버린, 이것이 대간들이 원했던 전쟁의 결과인가. 하지만 여전히 시비 중이었다. 류성룡에 대한 탄핵도 고삐를 늦추지 않고 있었다. 나라를 그르친 간신이자, 인륜을 무너뜨린 죄인이라며 효시梟示를 거론하기가지 했다.

그런 죄인이었던가. 류성룡이 떠난 자리… 탐욕으로 사리를 채웠으며, 강화를 주도하여 나라를 그르쳤고, 임금을 위한 변무를 회피했다는, 불충한 그가 떠난 이후에. 어째서인가. 그를 그렇게 보내고 난 후 임금은 기댈 곳이 없었다. 임금은 대간들에게 물었다. 그대들은 알고 있는가. 나는 도무지 알 수가 없다고.

> 류성룡이 어떤 사람인지는 알 수 없다만, 그가 떠나간 후로 국사가 날로 엉성해지고 더욱 해이되는 것은 무슨 까닭인지 알 수 없다.
>
> — 《선조실록》 1599년 7월 29일

알 수 없는 일이 어디 그뿐이겠는가. 임금은 자신의 마음 또한 알 수 없었을 것이다. 다시 류성룡의 이름과 자리를 떠올렸다. 경자년庚子年(1600) 11월 그의 직첩을 돌려주었으며, 다음 해인 신축년辛丑年(1601) 12월에 서용*의 명을 내렸다. 임인년壬寅年(1602)에는 청백리**로 선정하여 그 명예를 회복시켜주었다. 그리고 다시 갑진년甲辰年(1604) 3월 관직을 복구하였으며, 7월 호성공신 2등에 봉하였다. 돌아오라, 여러 차례 사람을 보냈다.

그림자에 기대다

이름을 부를 때마다, 그에게서 돌아온 답은 돌아가지 않겠다는 것이었다. 은혜는 감사하지만 모두 사양하겠노라 했다.

---

* 서용敍用. 죄로 인해 면직되었던 사람을 다시 임용하는 일.
** 청백리淸白吏. 청렴결백한 벼슬아치를 뽑아 이를 공식적으로 인정한 제도로, 조정 대신과 대간들의 추천자 가운데 선발했다. 류성룡은 이때의 청백리 선발로, 부정축재했다는 탄핵소의 오명을 씻게 되었다.

신이 나라를 섬김에 변변치 못하였으니 공의公議대로 처리하면 시정
과 조정에 효시하여 국인에게 사과해야 할 것입니다. 그런데도 성덕
으로 널리 용서하여 곡진하게 은혜를 내려주시니, 신이 비록 지극히
우둔한 자이지만 어찌 다행스러움을 모르겠습니까. 하지만 신은 이
미 죄과가 막중한 데다가 가화家禍마저 연이어 어머니와 형을 잃고,
저의 형체와 그림자만이 서로 의지할 뿐입니다.

－《서애선생연보》 1604년 3월

관직도 공신도 원치 않는 일이라고. 고향에서 조용히 치사致仕할 수 있
게, 이대로 두어 달라고 청하였다. 자신의 형체와 그림자만이 서로 의지
하고 있을 뿐. 아무것도 남은 것이 없었다. 아니, 아무것도 더 필요하지
않았다. 쇠약해진 형체를 따라 그 그림자마저 점차 희미해져갔다.

전쟁 속에 7년, 다시 부끄러움으로 7년. 그림자 희미해져가는, 그 시간도 이제 얼마 남지 않았다. 서애는 더 깊은 곳을 찾아 조용히 쉬고 싶었다. 하회의 고향 집도, 마음의 집 옥연정사도. 헤어질 때가 되었다. 전쟁의 기억도, 그 슬픔도… 부끄러움마저 모두 털어놓았으니.

병오년丙午年(1606) 봄. 산 깊은 서미동에 세 칸 초가를 지었다. 오랜 병은 이미 돌이킬 수 없었다. 스스로에게, 이 마지막 계절들쯤은 온전히 주고 싶었다. 이곳에서 계절을 한 번씩만, 천천히 바라볼 수 있다면 좋겠다고.

그렇게 한 해를 중병의 신음 속에서, 하지만 혼자의 시간 속에서. 계절의 오고 감을 온몸으로 느끼며 충만했다. 처음 만나는 듯 새롭고 눈부신 봄, 여름, 가을… 겨울. 그리고 다시 봄이 되었다.

정미년丁未年(1607) 4월의 마지막 날. 산 그림자가 오래 머무는 밤이었다. 저 아련히도 울리는 것이 두견새 울음인가. 아무도 답하지 않는 텅 빈 산속. 골짜기 사이를 서럽게 떠돌고 있었다. 차라리 저 소리 위로 달빛이라도 스며준다면. 달도 뜨지 않을 그믐의 밤이었으나 어디선가 희부연 달빛이 피어나는 것 같았다. 그 달빛 떨어진 자리, 한 줄기 매화 희게 빛나고 있으리니. 눈을 감고 오래도록 그 소리에, 풍경에 잠겨들었다. 처연했다. 아름다웠다.

산은 말이 없고 두견새는 우는데	山無語杜宇啼
두견새 울어대도 산은 답하지 않네	杜宇啼啼山不答
산은 비록 말 없으나 뜻은 이미 족하니	山雖無語意已足
희부연 달 떠올라 매화가지 끝이 희구나	淡月飛上梅杪白

- 류성룡, 1607년 4월 30일

산은 아무런 말이 없었다. 그래도 두견새는 제 울음을 멈추지 않는다. 답이 없다 하여 원망하지도 않는다. 제 소리로 우는 자, 이미 스스로 족하였으니. 그저 달빛 걸려 희게 빛나는, 한 줄기 매화를 바라볼 뿐이다. 달빛 온 산을 적신다 해도 오직 그 빛을 기다린 것은. 어쩌면 매화가지 하나, 그뿐인 것을.

그리고 며칠. 5월 6일, 서애 류성룡이 세상을 떠났다. 안정安靜해서 조화造化로 돌아가고 싶다는 자신의 뜻대로. 예순여섯, 고요히 자연의 섭리로 돌아갔다.

전 의정부 영의정 풍원부원군 류성룡이 졸하였다. 3일 동안 조회와 시장을 정지하였다. 도성 각전의 백성들이 빠짐없이 묵사동에 모여 조곡弔哭하였는데 그 숫자가 천여 명에 이르렀다. 묵사동에는 류성룡의 고가의 터가 남아 있었다. 각 아문의 늙은 아전 30여 명도 와서 곡하였다. 시민과 서리 등이 그의 본가가 청빈하여 치상治喪을 하지 못할 것이라 하여 포布를 모아 부의하였다. (…) 그가 조정에서 발자취가 끊어졌고 상喪이 천 리 밖에 있었는데도 온 성안 사람들이 빈집에서 회곡하였다. 시사가 날로 잘못되어가고 민생이 날로 피폐해지는데도 그를 이어 수상이 된 자들이 모두 앞사람만 못하기 때문에 이렇게 추감追感하기에 이른 것이 아니겠는가. 지금의 백성들 역시 불쌍하다.

- 《선조실록》 1607년 5월 13일

산은 답하지 않았으나 새의 울음이 그저 흩어져 사라진 것은 아니었다. 백성들의 마음, 옛 수상의 이름에 기대었던 그 마음에 닿아 또 다른 노래로 이어졌다. 누군가의 울음이 그리움으로 남겨진다면, 뜨거움으로 기억된다면. 떠나는 그 또한, 그것으로 족하다… 끄덕이지 않았을까.

그가 떠난 자리. 그리움은 뜨거운 만기輓歌로 남아 빈산을 흔들듯, 그렇게 일렁이고 있었다.

류성룡의 삶과 함께 살펴보는
임진왜란 연표(1587~98)

임 진 왜 란	시기	류 성 룡
6월 도요토미 히데요시가 대마도주 소 요시토시에게 조선의 항복을 받아올 것을 명령함. 9월 도요토미 히데요시의 서신을 가지고 다치바나 야스히로가 조선에 건너와 통신사 요청. 조선이 거부함.	1587년 정해 — 46세	사직소를 올리고 고향 안동에서 지냄. 스승인 퇴계 이황의 문집을 편차함.
	1588년 무자 — 47세	10월 형조판서가 되어 양관 대제학 겸직.
6월 소 요시토시가 겐소 등과 함께 조선으로 들어옴.	1589년 기축 — 48세	봄, 사헌부 대사헌이 되어 병조판서 겸직. 7월 부인 이씨 상을 당함. 일본 통신사 문제로 휴가를 얻지 못하여 신천까지 상여 전송하고 돌아옴.
9월 조선, 통신사 파견 결정.		9월 예조판서가 되어 선조와 통신사 문제 논의. 10월 정여립 역모 사건(기축옥사)으로 사직을 요청하나 윤허 받지 못함.
11월 정사 황윤길, 부사 김성일, 서장관 허성을 통신사에 임명.		12월 이조판서가 됨.
3월 조선통신사 일행이 일본으로 출발.	1590년 경인 — 49세	5월 우의정이 되어 이조판서 겸직. 6월 종계변무宗系辨誣의 공으로 풍원부원군에 봉해짐.
11월 통신사 일행이 도요토미 히데요시를 만남.		
1월 통신사 일행 귀국.	1591년 신묘 — 50세	2월 좌의정이 되어 이조판서 겸직. 　이순신을 전라좌수사로, 권율을 의주목사로

· 류성룡의 삶과 함께 살펴보는, 임진왜란 연표(1587~98) ·   375

임진왜란	시기	류성룡
10월 도요토미 히데요시, 나고야 성 건설을 명함. 조선, 통신사가 가져온 왜서 가운데 명 침략을 위해 길을 빌려 달라는 내용을 명에 알리기로 결정.	1591년 신묘 — 50세	천거. 10월 이일을 경상우병사에 임명할 것과 제승방략을 폐하고 진관제를 복구할 것을 건의하나 모두 받아들여지지 않음.
1월 5일 도요토미 히데요시, 조선 침략 명령 내림. 4월 13일 고니시 유키나가의 제1군 부산 상륙. 　14일 부산성, 15일 동래성 함락. 　21일 가토 기요마사의 제2군에 경주성 함락. 　22일 곽재우, 의령에서 의병 일으킴. 　25일 이일, 상주에서 고니시 유키나가 제1군에 패배. 　28일 신립, 충주에서 고니시 유키나가 제1군에 패배. 　29일 선조, 파천 결정. 광해군을 세자로 책봉. 　30일 선조, 서울을 떠남. 5월 1일 선조 개성 도착. 　2일 고니시 유키나가의 제1군 서울 입성, 이어 제2군도 서울 입성. 　7일 선조 평양 도착. 　7일 이순신, 옥포·합포에서 도도 다카토라 藤堂高虎의 수군에 승리. 　18일 도원수 김명원, 임진강 방어 실패. 　29일 이순신, 사천에서 승리. 6월 2일 이순신, 당포에서 승리. 도요토미 히데요시, 조선 도해 계획 보류. 　5일 이순신, 당항포에서 승리. 　6일 조선 삼도 연합군, 용인에서 와키사카 야스하루 군에 패배. 　9일 이덕형, 대동강에서 일본 제1군의 겐소, 야나가와 시게노부와 회담. 의견 차로 회담 결렬됨.	1592년 임진 — 51세	3월 이순신에게 병서 《증손전수방략》 보냄. 4월 도체찰사가 됨. 김성일의 사면을 청함. 　30일 어가를 호종하여 피난길에 오름. 5월 1일 명에 내부 청하겠다는 선조의 의견에 반대. 　2일 영의정에 임명되었다가 하루 만에 파직, 백의로 어가를 따름. 6월 1일 풍원부원군에 복직.

임진왜란	시기	류성룡
11일 선조, 평양 떠남. 14일 선조, 영변에서 명에 망명 결심. 세자에게 분조를 명함. 15일 고니시 유키나가 제1군에 평양 함락. 17일 가토 기요마사 제2군, 함경도로 진격하여 안변 도착. 22일 선조, 의주 도착. 7월 8일 이순신, 한산도에서 대승. 권율·황진, 이치 전투에서 승리. 13일 도요토미 히데요시, 일본 수군에 해전 금지령 내림. 조승훈이 이끄는 명의 원군, 순안에서 조선군과 합류. 17일 1차 평양성 전투. 조승훈·김명원의 조명 연합군, 일본 제1군에 패배. 24일 가토 기요마사, 회령에서 임해군·순화군 두 왕자를 볼모로 넘겨받음. 8월 1일 2차 평양성 전투. 순찰사 이원익군 패배. 명, 대규모의 원군 파병 결정. 17일 명 유격장군 심유경 의주에 도착. 18일 의병장 영규·조헌 금산 전투에서 전사. 9월 1일 이순신, 부산포에서 승리. 심유경과 고니시 유키나가, 평양성 회담에서 휴전 합의. 2일 이정암 군, 연안성 전투 승리. 9일 박진 군, 경주 탈환. 16일 의병 정문부 군, 경성 탈환. 10월 10일 김시민 군, 1차 진주성 전투 승리. 11월 26일 심유경과 고니시 유키나가, 평양에서 2차 회담. 12월 8일 경략 송응창과 제독 이여송, 요양에서 만남. 25일 이여송이 이끄는 명군 의주 도착.	1592년 임진 — 51세	11일 어가가 떠난 후 평양에 남아 군량 준비 등 명의 원군과 관련된 군사 업무를 관장함. 7월 명군의 진로와 군량 등을 조처하기 위해 조승훈 부대에 앞서 안주로 내려감. 평양 전투 패배 후 계속 안주에 남아 평양 주변의 군사 업무를 관장함. 9월 건주위 누르하치의 구원병 제의를 거절하도록 계청. 12월 평안도 도체찰사가 됨. 왜적의 간첩인 김순량 등을 잡아 처형함. 안주에서 이여송을 만나 평양 수복 논의.

임 진 왜 란	시기	류 성 룡
1월 8일 3차 평양성 전투에서 조명 연합군 평양성 탈환. 고니시 유키나가 군, 이여송이 열어준 퇴로로 후퇴. 17일 고니시 유키나가 군, 서울로 퇴각. 18일 선조, 의주 떠나 남하 시작. 24일 감독관인 이시다 미쓰나리石田三成 등, 도요토미 히데요시에게 전황 보고. 27일 이여송 군, 벽제관 전투에서 패배. 30일 이여송, 개성으로 퇴각. 2월 12일 권율 군, 행주산성에서 우키타 히데이에 군에 승리. 18일 이여송, 평양으로 퇴각. 28일 경략 송응창, 의주로 들어옴. 29일 가토 기요마사 군, 서울로 들어옴. 3월 8일 심유경과 고니시 유키나가, 서울에서 만나 강화협상. 10일 도요토미 히데요시, 서울 철군 및 왜성 구축 등 명령. 15일 심유경과 고니시 유키나가, 서울에서 다시 협상. 4월 18일 일본군, 서울에서 퇴각. 송응창, 사용재·서일관을 명의 정식 사절로 속여 일본군과 동행시킴. 20일 이여송, 서울 입성. 5월 2일 이여송, 서울에서 남하하며 일본군의 뒤를 따름. 16일 이여송, 문경에 이르러 서울로 회군. 23일 도요토미 히데요시, 나고야에서 명 사절과 회담, 7개 강화조건 제시. 6월 9일 권율, 도원수에 임명. 29일 2차 진주성 전투, 조선군 패배. 7월 명 사절, 부산 도착. 심유경, 나이토 조안과 함께 서울 도착. 22일 임해군, 순화군 두 왕자 송환. 8월 이순신, 삼도수군통제사에 임명. 일본군, 조선 남부 해안에 왜성 축성.	1593년 계사 ─ 52세	1월 조명 연합군의 평양성 공격 시 군수물자 지원. 황해도 조선군에게 일본군의 퇴로를 칠 것을 비밀리에 명함. 임진강에 부교를 설치하고 군량을 조달하며 명군의 진격을 도움. 이여송의 퇴각 만류하며 서울로 진군할 것을 계속하여 요청. 이여송 군 퇴각 이후 계속 동파에 머물며 조선군을 정비하고 백성을 구휼함. 3월 명과 일본 사이의 강화협상을 행재소에 알림. 선조, 강화 장계에 격노하여 류성룡을 질책. 명군의 강화 주장에 반대하여 명 측과 대립. 4월 퇴각하는 일본군을 공격하도록 조선군에 지시. 20일 이여송 부대를 따라 서울 입성, 황폐화된 서울 수습에 진력. 23일 중병으로 공무를 보지 못함. 5월 15일 공무 시작함. 김성일의 부음을 들음. 병졸을 훈련하고 무기를 만들 것 등을 계청함. 6월 20일 남쪽으로 순시 떠남. 7월 진주성 패배 이후 현지에서 전황 파악과 수습에 힘씀. 8월 남쪽에 머물며 각 지역을 순시, 군사와 백성의 상황을 살핌.

임진왜란	시기	류성룡
9월 이여송과 송응창 명으로 돌아감. 10월 1일 선조, 서울로 돌아옴. 윤11월 12일 선조, 명의 사신 사헌 접견, 황제의 칙유 받음. 　19일 세자, 분조 이끌고 남하. 　경략이 송응창에서 고양겸으로 교체.	1593년 계사 — 52세	9월 순시를 마치고 행재로 올라옴. 10월 훈련도감 설치를 건의. 　영의정이 됨. 윤11월 12일 밤, 선조의 선위 결심을 만류함. 　17일 명 사신에게 선위의 불가함을 고하고 사태를 무마시킴.
1월 20일 심유경, 〈관백항표〉 가지고 웅천에서 명으로 출발. 2월 고언백, 가토 기요마사와 접촉. 4월 14일 사명대사 유정, 가토 기요마사와 1차 회담. 일본 측 강화조건의 실상 확인. 5월 17일 선조, 고양겸이 보낸 호택 접견. 　고양겸, 일본 봉공 요청 주문 요구함. 6월 경략이 고양겸에서 손광으로 교체. 7월 12일 사명대사 유정, 가토 기요마사와 2차 회담. 9월 명 총병 유정 귀국. 　허욱, 명에 주문 올림. 11월 22일 김응서, 고니시 유키나가와 회담. 12월 나이토 조안, 북경으로 들어가 명의 세 가지 강화조건 받아들임. 　명 조정, 책봉사 파견 결정.	1594년 갑오 — 53세	2월 훈련도감 설치, 도제조로 임명. 3월 진관제 복구를 계청. 4월 안집도감安集都監 설치, 도제조로 임명. 5월 병이 위독해짐. 　강화 문제 장계로 시비에 오른 이정암의 체직을 반대함. 6월 전수기의戰守機宜 10조를 올림. 　명군의 둔전과 둔병 논의에 반대. 7월 군사훈련을 병조에서 전담할 것을 계청. 　작미법에 대해 반대 여론에 흔들리지 말고 굳게 시행할 것을 청함. 겨울 군국기무軍國機務 10조를 올림.
1월 책봉사(정사 이종성, 부사 양방형) 북경 출발. 4월 19일 심유경, 부산의 일본군 진영으로 들어가 일정 논의. 　20일 책봉사 서울 도착. 　30일 고니시 유키나가, 소식 전하기 위해 일본으로 건너감.	1595년 을미 — 54세	1월 기축옥사에 억울하게 연루된 이들의 신원을 청함.

임진왜란	시기	류성룡
6월 말 도요토미 히데요시, 조선 주둔 장수들에게 귀환 명령. 10월 8일 책봉부사 양방형, 부산 일본군 진영으로 들어감. 11월 22일 책봉정사 이종성, 부산 일본군 진영으로 들어감. 12월 29일 일본 측, 심유경에게 조선 측 사신 차출 요청.	1595년 을미 — 54세	10월 북사도(경기·황해·평안·함경) 도체찰사에 임명. 부사 이덕형, 종사관 한준겸·최관. 11월 남한산성 순시함. 이 산성에 주요 진을 만들어 서울을 지킬 것을 계청.
1월 4일 심유경과 고니시 유키나가, 일본으로 건너감. 4월 4일 이종성, 일본군 진영 탈출. 5월 4일 양방형을 정사로, 심유경을 부사로 삼음. 10일 가토 기요마사, 일본으로 귀환. 6월 15일 양방형, 일본으로 출발. 일본군은 부산·가덕도·죽도에만 남음. 7월 이몽학의 난. 8월 4일 김덕령 옥사. 8일 조선 측 통신사 일본으로 건너감. 13일 교토 부근에 대지진 발생. 9월 2일 도요토미 히데요시, 책봉사 만나 책봉 받음. 통신사 접견은 거부. 강화 교섭 결렬과 재침 선언. 11월 초 조선 조정에 강화 결렬 소식 전해짐. 12일 명에 고급사告急使 파견. 17일 하사도 체찰사 이원익 남으로 내려감. 12월 21일 통신사 서울로 돌아옴.	1596년 병신 — 55세	1월 군사 훈련 규칙을 정하여 각 도에 반포. 4월 여진의 누르하치를 경계, 대비하도록 평안도에 지시. 7월 위관이 되어 옥사 다스림. 이때부터 사직소를 여러 차례 올리나 윤허 받지 못함. 윤8월 선조의 선위 하교의 명을 거둘 것을 한 달 동안 복합상소함.
1월 이순신, 전투를 방기하고 적장을 놓아주었다는 혐의 받음. 2월 명의 병부상서 석성, 강화 파탄의 책임으로 투옥, 식탈관직됨. 4일 이순신, 사헌부의 탄핵 받음. 11일 명, 원군 파병 결정. 군문 형개·경리 양호·대장 마귀로 지휘부의 지위를 격상함.	1597년 정유 — 56세	1월 29일 명을 받고 경기도 순시 떠남. 2월 말 여러 차례 사직소 올리나 윤허 받지 못함.

380

임 진 왜 란	시기	류 성 룡
21일 도요토미 히데요시, 조선 재침략 위한 부대 편성. 26일 이순신 압송, 투옥. 4월 1일 이순신 석방. 도원수 권율 휘하에서 백의종군하라는 명 받음. 5월 명의 부총병 양원, 선발군 이끌고 서울 도착. 7월 심유경, 경리 양호의 명으로 양원에게 체포됨. 16일 수군통제사 원균이 이끄는 조선 수군, 칠천량에서 대패. 22일 이순신, 다시 삼도수군통제사에 임명. 8월 16일 남원성 함락. 19일 전주성 함락. 9월 7일 명군, 직산에서 일본군에 승리. 16일 이순신, 명량에서 대승. 28일 정기룡, 보은에서 가토 기요마사 군에 승리. 12월 23일~다음 해 1월 4일 1차 울산성 전투에서 경리 양호가 이끄는 명군, 가토 기요마사 군에 패배.	1597년 정유 — 56세	4월 2일 이순신과 밤새 이야기를 나눔. 8월 7일 경기도 순시 떠남. 22일 선조, 류성룡의 사직 만류하며 사과함. 북사도의 군사를 징발하여 서울을 호위함. 9월 25일 경기도와 호서 순시 떠남. 11월 21일 울산성 공격에 앞서 군량 등을 조치하기 위해 남쪽으로 내려감. 12월 명군과 함께 울산으로 감.
1월 말 명군, 일본과 강화협상 시작. 좌영도사 오종도, 순천성으로 들어가 고니시 유키나가와 회담. 6월 정응태, 경리 양호 탄핵. 조선에 대해서도 무고의 주문을 올림. 7월 명의 수군 제독 진린, 고금도의 이순신과 합진. 이원익, 경리 양호 변호 위해 명에 사신으로 감. 8월 18일 도요토미 히데요시 사망.	1598년 무술 — 57세	4월 어가를 호종하고 서강에 가서 진법을 연습함. 6월 진린의 합진과 지휘권 요구를 걱정하며 대책을 건의함. 7월 벽제에서 군문 형개를 맞이함.

임진왜란	시기	류성룡
9월 4로군 공격 시작.	1598년 무술 — 57세	
21일 마귀의 동로군, 울산성의 가토 기요마사 군에 패배.		
22일 선조, 정응태의 무고로 정무를 보지 못하겠다고 함.		9월 23일 백관을 거느리고 임금께 정무 볼 것을 청함.
		24일 진주사를 자청하지 않은 문제로 탄핵을 받음.
		25일 과도관의 아문에 나가 무고를 씻어줄 것을 호소함. 사직을 청함.
		27일 진주사에 차임됨.
28일 선조, 다시 정무를 보기 시작.		28일 성균관 유생들의 탄핵을 받음.
		29일 다시 사직을 청하고 동성 밖에 나가 명을 기다림.
10월 1일 도요토미 히데요시의 사망 소식이 조선 주둔 일본군에 전해짐.		
동일원의 중로군, 사천성의 시마즈 요시히로 군에 패배.		
2일 유정의 서로군, 순천성의 고니시 유키나가 군에 패배. 3로의 명 지휘부, 일본군과 협상 시작. 철수에 합의.		10월 6일 진주사 체면함.
		7일 전농리로 이사. 영의정 체면함.
		22일 왕십리로 이사.
11월 18일 시마즈 요시히로 군, 고니시 유키나가 군을 구원하기 위해 출전. 노량에서 이순신 군과 격돌.		
19일 노량해전 승리. 이순신 전사.		11월 19일 파직.
		20일 고향으로 떠남.
26일 고니시 유키나가를 비롯한 일본 전군, 본국으로 철수.		
		12월 6일 삭탈관작됨.

조선시대 주요 관직

품계	문관	문관(외관직)	무관
당상관 정1품	의정부–영의정, 좌의정, 우의정 각 부, 관–영사 도제조		중추부–영사
종1품	의정부–좌 · 우찬성 각 부, 관–판사		중추부–판사
정2품	의정부–좌 · 우참찬 6조–각 판서 한성부–판윤 홍문관, 예문관(양관)–대제학 각 부, 관–지사		오위도총부–도총관 중추부, 훈련원–지사
종2품	육조–각 참판 한성부–좌 · 우윤 사헌부–대사헌 양관–제학 각 부, 관–동지사	관찰사 부윤	오위, 내금위–장 각 도–병마절도사 (이하 외관직)
정3품	육조–각 참의 승정원–도승지 등 각 승지 사간원–대사간 홍문관–부제학 성균관–대사성	목사 대도호부윤	수군절도사 병마절제사
당하관 정3품	양관–직제학 승문원–판교		
종3품	홍문관–전한 사헌부–집의 사간원–사간	도호부사	병마우후 병마첨절제사 수군첨절제사

	품계	문관	문관(외관직)	무관
당하관	정4품	사헌부-장령 양관-응교		수군우후
	종4품	한성부-서윤 홍문관-부응교	군수 서윤	병마동첨절제사 수군만호
참상관	정5품	육조-각 정랑 사헌부-지평 사간원-헌납 홍문관-교리		
	종5품	홍문관-부교리	도사 판관 현령	
	정6품	육조-각 좌랑 사헌부-감찰 사간원-정언 홍문관-수찬		
	종6품	홍문관-부수찬	찰방 현감 교수	병마절제도위

참고문헌

류성룡 저서

《西厓全書》, 권1~4, 서애선생기념사업회, 1991.

《서애집 1 · 2》, 민족문화추진위원회, 1977.

《교감해설 징비록》, 김시덕 역해, 아카넷, 2013.

《국역 근폭집》, 이재호 번역 · 감수, 서애선생기념사업회, 2001.

《국역 진사록 1 · 2》, 이재호 번역 · 감수, 서애선생기념사업회, 2001.

《국역 군문등록》, 이재호 번역 · 감수, 서애선생기념사업회, 2001.

《국역 잡저》, 이재호 번역 · 감수, 서애선생기념사업회, 2001.

《국역 류성룡 시1》, 류명희 역주, 안유호 감수, 서애선생기념사업회, 2011.

실록

《선조실록》

《선조수정실록》

문집류

김성일, 정선용 외 역, 《학봉전집鶴峰全集》, 민족문화추진위원회, 1998.

류진, 홍재휴 역주, 《임진록壬辰錄》, 영남대학교출판부, 2000.

이덕형, 이경영 역, 《한음선생문고漢陰先生文稿》, 광주이씨좌의정공파종회, 1992.

이항복, 임정기 역, 《백사집白沙集》, 민족문화추진위원회, 1998.

단행본

국립진주박물관 편, 오만 · 장원철 역, 《프로이스의 《일본사》를 통해 다시 보는 임진왜란과 도요토미 히데요시》, 부키, 2003.

국립중앙박물관 편, 《하늘이 내린 재상 류성룡》, 통천문화사, 2007.

김명준, 《임진왜란과 김성일》, 백산서당, 2005.

김시덕, 《그들이 본 임진왜란》, 학고재, 2012.

동북아역사재단, 《임진왜란과 동아시아세계의 변동》, 경인문화사, 2010.

루이스 프로이스, 정성화 · 양윤선 역, 《임진난의 기록》, 살림, 2008.

박기봉 편역, 《충무공 이순신 전서》, 비봉, 2006.

박준호, 《풀어쓴 징비록, 류성룡의 재구성》, 동아시아, 2009.

아사오 나오히로 외 편, 이계황 외 역, 《새로 쓴 일본사》, 창비, 2003.

윤인식, 《역사추적 임진왜란》, 북랩, 2013.

이성무 외, 《류성룡의 학술과 경륜》, 태학사, 2008.

이순신, 노승석 역, 《난중일기》, 동아일보사, 2005.

이이화, 《한국사이야기 11 : 조선과 일본의 7년전쟁》, 한길사, 2002.

정두희 외, 《임진왜란 동아시아 삼국전쟁》, 휴머니스트, 2007.

정재훈, 《조선의 국왕과 의례》, 지식산업사, 2011.

최관 · 김시덕, 《임진왜란 관련 일본 문헌 해제 근세 편》, 도서출판 문, 2010.

한국사상연구회 편저, 《조선 유학의 학파들》, 예문서원, 1996.

한명기, 《광해군》, 역사비평사, 2002.

한명기, 《임진왜란과 한중관계》, 역사비평사, 2001.

한명기 외, 《민음한국사 : 16세기, 성리학 유토피아》, 민음사, 2014.

후지이 조지 외, 박진한 외 역, 《쇼군, 천황, 국민》, 서해문집, 2012.

논문

강성준, 「西厓 柳成龍의 詩文學 硏究」, 단국대학교 박사논문, 2007.

계승범, 「세자 광해군」, 『한국인물사연구』 제20호, 2013.

김경태, 「임진전쟁기 강화교섭 연구」, 고려대학교 박사논문, 2014.

김기주, 「初期 士林派의 정치적 좌절과 退溪學」, 『양명학』 23호, 2009.

김덕진, 「송강 정철의 학문과 정치활동」, 『역사와 경계』 74. 2010.

김문자, 「임진왜란기 일 · 명 강화교섭의 파탄에 관한 一考察」, 『정신문화연구』 제28권 제3호, 2005.

김문준, 「한음 이덕형의 생애와 실천사상」, 『한국인물사연구』 7호, 2007.

김범, 「조선시대 사림 세력 형성의 역사적 배경」, 『국학연구』 19집, 2011.

김병국,「한음 이덕형의 문학 연구」,『한국인물사연구』7호, 2007.

김성우,「선조대 사림파의 정국 장악과 개혁노선의 충돌」,『한국사연구』132, 2005.

김영두,「소통의 시각에서 본 율곡 이이의 정치활동」,『역사비평』89집, 2009.

김영수,「조선 공론정치의 이상과 현실 : 당쟁발생기 율곡 이이의 공론정치론을 중심으로」,『한국정치학회보』39집 5호, 2005.

김용재,「西厓 柳成龍의 陽明學 理解와 批判에 關한 考察」,『양명학』23호, 2009.

김태훈,「광해군대 초반 대일정책의 전개와 그 특징」,『奎章閣』42, 2013.

김훈식,「朝鮮初期의 정치적 변화와 士林派의 등장」,『한국학논집』45집, 2011.

노영구,「16~17세기 鳥銃의 도입과 조선의 軍事的 변화」,『한국문화』58, 2012.

민덕기,「이율곡의 십만양병설은 임진왜란용이 될 수 없다」,『한일관계사연구』41집, 2012.

민덕기,「임진왜란기 조선의 북방 여진족에 대한 위기의식과 대응책」,『한일관계사연구』34집, 2009.

박균섭,「그들은 어떤 제자였는가 : 월천 조목, 서애 유성룡, 학봉 김성일」,『인격교육』제4권 제1호, 2010.

서정문,「朝鮮中期의 文集編刊과 門派形成」, 국민대학교 박사논문, 2006.

설석규,「안동 사림의 정치적 분화와 혼반 형성」,『안동학연구』1집, 2002.

신병주,「관료학자 李山海의 학문과 현실 대응」,『한국문화』49, 2010.

신병주,「정인홍의 지역적 기반과 정치활동」,『역사와 경계』81, 2011.

신복룡,「정여립의 생애와 사상」,『한국정치학회보』33집 1호, 1999.

안영상,「西厓 柳成龍의 陽明學觀에 對한 再檢討」,『儒敎思想硏究』38집, 2009.

오바타 미치히로,「鶴峰 金誠一의 日本使行에 대한 思想的 考察」,『한일관계사연구』10집, 1999.

오상학,「조선시대의 일본 지도와 일본 인식」,『대한지리학회지』38집 1호, 2003.

오항녕,「《宣祖實錄》修正攷」,『한국사연구』123, 2003.

우인수,「조선 선조대 남북 분당과 내암 정인홍」,『역사와 경계』81, 2011.

이경룡,「임진왜란 전후 조선과 명조 학자들의 학술 논변」,『明淸史硏究』30집, 2008.

이민웅,「壬辰倭亂 海戰史 硏究」, 서울대학교 박사논문, 2002.

이상혁,「朝鮮朝 己丑獄事와 宣祖의 對應」, 경북대학교 석사논문, 2009.

이승수,「李恒福 이야기의 전승 동력과 기원」,『한국어문학연구』제56집, 2011.

이양희, 「오리 이원익의 임진왜란기 군사활동」, 『한국인물사연구』 제4호, 2005.

이완범, 「임진왜란의 국제정치학-일본의 조선 분할 요구와 명의 對 조선 종주권 확보의 대립 1592~1596」, 『정신문화연구』 제25권 제4호, 2002.

이정철, 「선조 대 당쟁의 원인과 전개 양상 – 이이를 중심으로」, 『奎章閣』 28, 2012.

이정화, 「西厓 柳成龍의 樓亭詩 硏究」, 『한민족어문학』 제48집, 2006.

이철성, 「李德馨의 임진왜란 중 외교활동」, 『한국인물사연구』 7호, 2007.

장숙필, 「白沙 李恒福 經世說의 사상적 특징」, 『한국인물사연구』 8호, 2007.

전세영, 「퇴계의 제자 평가와 평가 덕목」, 『한국정치학회보』 제47집 제5호, 2013.

정억기, 「白沙 李恒福과 서인과의 관계에 대한 연구」, 『경주사학』 제24~25호 합집, 2006.

정억기, 「白沙 李恒福의 외교활동」, 『한국인물사연구』 8호, 2007.

정해은, 「임진왜란기 경기 의병의 활동 양상과 특징」, 『史學硏究』 105호, 2012.

정호훈, 「爲民과 休息의 정치론– 來庵 鄭仁弘의 정치의식과 현실인식」, 『역사와 경계』 81, 2011.

조정기, 「西厓 柳成龍의 國防政策 硏究」, 단국대학교 박사논문, 1990.

최이돈, 「16세기 사림 중심의 지방정치 형성과 민」, 『역사와 현실』 16집, 1995.

최종호, 「柳成龍의 經學과 經世」, 『동아인문학』 8집, 2005.

최종호, 「西厓 柳成龍의 詩文學 硏究」, 영남대학교 박사논문, 2007.

최종호, 「西厓 柳成龍의 壬亂詩 考察」, 『동아인문학』 12집, 2007.

최진홍, 「율곡의 위정론」, 『동양정치사상사』 8권 2호, 2009.

최효식, 「임란기 학봉 김성일의 구국활동」, 『신라문화』 23집, 2004.

하우봉, 「김성일의 일본 인식과 귀국 보고」, 『한일관계사연구』 43집, 2012.

하태규, 「임진왜란 초 호남 지방의 실정과 관군의 동원 실태」, 『지방사와 지방문화』 제16권 2호, 2013.

한명기, 「이여송과 모문룡」, 『역사비평』 90집, 2010.

허권수, 「梧里 李元翼과 嶺南人과의 관계에 관한 연구」, 『한국인물사연구』 4호, 2005.

허남린, 「명분과 실리의 정치역학-임진왜란 시기의 강화 논의를 둘러싼 유성룡의 역할과 정쟁」, 『안동학연구』 11집, 2012.

홍원식, 「서애 유성룡의 양명학에 대한 관심과 퇴계 심학의 전개」, 『양명학』 31호, 2012.

류성룡, 7년의 전쟁

초판 1쇄 발행일 2015년 1월 16일
초판 4쇄 발행일 2020년 9월 11일

지은이 │ 이종수

발행인 │ 박재호
편집팀 │ 고아라, 홍다휘, 강혜진
마케팅팀 │ 김용범, 권유정
총무팀 │ 김명숙

디자인 │ 이석운
교정 │ 이수희
종이 │ 세종페이퍼
인쇄 │ 우진제책

발행처 │ 생각정원
출판신고 │ 제25100-2011-000320호
주소 │ 서울시 마포구 양화로 156(동교동) LG팰리스 814호
전화 │ 02-334-7932 팩스 │ 02-334-7933
전자우편 │ 3347932@gmail.com

ISBN 979-11-85035-23-9 (03910)

이 도서의 국립중앙도서관 출판예정도서목록(CIP)은 서지정보유통지원시스템 홈페이지(http://seoji.nl.go.kr)와
국가자료종합목록 구축시스템(http://kolis-net.nl.go.kr)에서 이용하실 수 있습니다.(CIP제어번호: 2014038111)